Ullstein

DAS BUCH

Zusammen mit »Der Golem« (1915) zählt das ein Jahr später veröffentlichte Werk »Das grüne Gesicht« zu den unheimlichsten Romanen der deutschen Literatur, wobei Meyrink das Unheimliche dazu dient, die Macht der geistigen über die materielle Welt zu veranschaulichen. An einzelnen Gestalten einer holländischen Mystikergruppe zeigt er die möglichen Wege und Irrwege auf. Hinter allen steht Chidher Grün, der »Baum« der chassidischen Kabbala, der sein Mysterium offenbart: »Die vergängliche Liebe ist eine gespenstische Liebe. Wo ich aber auf Erden eine Liebe keimen sehe, die über die Liebe zwischen Gespenstern hinauswächst, da halte ich meine Hände wie schimmernde Äste über sie zum Schutz gegen den früchtepflückenden Tod, denn ich bin nicht nur das Phantom mit dem grünen Gesicht – ich bin auch Chidher, der ewig grünende Baum.«

DER AUTOR

Gustav Meyrink wurde am 19. 1. 1869 in Wien geboren. 1889 gründete er gemeinsam mit einem Neffen Christian Morgensterns in Prag ein Bankhaus. Sein exzentrisches Auftreten und sein Interesse für alle Bereiche des Okkulten machten ihn bald zum bewunderten und angefeindeten Mittelpunkt der Prager Boheme. 1901–1909 Mitarbeiter des »Simplicissimus«. Nach der 1913 erschienenen zeitkritisch-satirischen Novellensammlung »Des deutschen Spießers Wunderhorn« begründete 1915 der Roman »Der Golem« seinen literarischen Ruhm. Auch in den nachfolgenden Werken gestaltete Meyrink sein esoterisches Wissen, das er aus europäischen und asiatischen Quellen bezog. Er unterhielt Kontakte zu Freimaurern und orientalischen Orden, zu Spiritisten und Okkultisten und war bestens bewandert in schwarzen magischen Praktiken. Er starb am 4. 12. 1932 in Starnberg.

GUSTAV MEYRINK

Das grüne Gesicht

Roman

Mit einem Nachwort von
Dr. Eduard Frank

ULLSTEIN

Ullstein Buchverlage GmbH & Co. KG,
Berlin
Taschenbuchnummer: 24439

Ungekürzte Ausgabe
Dezember 1998

Umschlaggestaltung:
Tandem Design, Hamburg
Illustration:
Silvia Christoph

Alle Rechte vorbehalten
Taschenbuchausgabe mit
freundlicher Genehmigung der
F. A. Herbig Verlagsbuchhandlung GmbH,
München
© Albert Langen Georg Müller Verlag München
Mit Genehmigung der
F. A. Herbig Verlagsbuchhandlung GmbH,
München
Printed in Germany 1998
Gesamtherstellung:
Ebner Ulm
ISBN 3 548 24439 4

Gedruckt auf alterungsbeständigem
Papier mit chlorfrei gebleichtem
Zellstoff

Die Deutsche Bibliothek –
CIP-Einheitsaufnahme

Meyrink, Gustav: Das grüne Gesicht :
Roman / Gustav Meyrink.
Mit einem Nachw. von Eduard Frank.
– Ungekürzte Ausg. –
Berlin : Ullstein, 1998
(Ullstein-Buch ; Nr. 24439)
ISBN 3-548-24439-4

Erstes Kapitel

Vexiersaloon
van
Chidher Grün

---

las der vornehm gekleidete Fremde, der auf dem Fußsteig
der Jodenbreestraat unschlüssig stehengeblieben war, auf
der schwarzen Ladentafel eines schräg gegenüberliegenden Gebäudes eine kuriose Inschrift aus weißen, auffallend
verschnörkelten Buchstaben.

Neugierig geworden, oder um der Menge nicht länger
als Zielscheibe zu dienen, die ihn in holländisch bärenhaf-
ter Plumpheit umdrängte und ihre Glossen über seinen
Gehrock, seinen blanken Zylinder und seine Handschuhe
machte, – lauter Dinge, die in diesem Stadtteil Amsterdams zu den Seltenheiten gehörten, – überquerte er zwischen hundebespannten Gemüsekarren hindurch den
Fahrdamm, gefolgt von ein paar Gassenbuben, die, die
Hände tief in die unförmlich weiten, blauen Leinwandho-
sen vergraben, mit krummem Rücken, eingezogenem
Bauch und gesenktem Hintern, dünne Gipspfeifen durch
die roten Halstücherknoten gesteckt, sich in schlurrenden
Holzschuhen faul und schweigsam hinter ihm drein-
schoben.

Das Haus, in dem der Laden des Chidher Grün in einen gürtelartig rings herumlaufenden, rechts und links bis in zwei parallele Quergäßchen sich hineinziehenden schmalen Glasvorbau mündete, schien, nach den trüben leblosen Fensterscheiben zu schließen, ein Warenspeicher zu sein, dessen Rückseite vermutlich in eine sogenannte Gracht abfiel – eine der zahlreichen, für den Handelsverkehr bestimmten Wasserstraßen.

In niedriger Würfelform aufgeführt, glich es dem oberen Teil eines dunklen viereckigen Turmes, der im Lauf der Jahre allmählich bis zum Rande seiner steinernen Halskrause – des jetzigen Glasvorbaues – in der weichen Torferde versunken war.

Mitten im Schaufenster des Ladens lag auf einem mit rotem Tuch bespannten Sockel ein dunkelgelber Totenkopf aus Papiermaché von unnatürlichem Aussehen, – der Oberkiefer unter der Nasenöffnung viel zu lang und die Augenhöhlen und Schatten um die Schläfen schwarz getuscht, – und hielt zwischen den Zähnen ein Pique-As.

»Het Delpsche Orakel, of de stemm uit het Geesteryk«, stand darüber geschrieben.

Große Messingringe, ineinandergreifend wie Kettenglieder, hingen von der Decke herab und trugen Girlanden grellbemalter Ansichtskarten, die warzenübersäte Gesichter von Schwiegermüttern mit Vorhängeschlössern an den Lippen darstellten oder bösartige, mit Besen drohende Ehegattinnen; andere Bildchen dazwischen in transparenten Farben: üppige junge Damen im Hemde, den Brustlatz schamhaft festhaltend, und darunter die Erklärung: »Tegen het Licht te bekijken. Voor Gourmands.«

Verbrecherhandschellen, als die »berühmte Hamburger Acht« bezeichnet, daneben ägyptische Traumbücher in Reihen ausgebreitet, künstliche Wanzen und Schwaben (ins Bierglas des Wirtshausnachbars zu werfen), bewegliche Nasenflügel aus Gummi, retortenförmige Glasflaschen mit rötlichem Saft gefüllt: »das köstliche Liebesthermometer oder der unwiderstehliche Schäker in Damengesellschaft«, Würfelbecher, Schüsseln mit Blechgeld, »der Coupéschrecken« (ein unfehlbares Mittel für die p. p. Herren Handlungsreisenden, während der Eisenbahnfahrt dauernde Bekanntschaften anzuknüpfen), bestehend aus einem Wolfsgebiß, das man unter dem Schnurrbart befestigen konnte, – und über all der Pracht reckte sich aus stumpfschwarzem Hintergrund segnend eine Wachsdamenhand, um das Gelenk eine papierne Spitzenmanschette.

Weniger aus Kauflust, als um der Fischgeruchaura seiner beiden jugendlichen Begleiter zu entrinnen, betrat der Fremde den Laden.

In einem Lehnstuhl in der Ecke, den linken Fuß mit dem arabeskenverzierten Lackschuh über den Schenkel gelegt, studierte ein dunkelhäutiger Kavalier, violett rasiert und mit fettglänzendem Scheitel – der Typus eines Balkangesichtes – die Zeitung und blitzte einen messerscharfen, musternden Blick nach ihm, während gleichzeitig eine Art Waggonfenster in dem mannshohen Verschlag, der den Raum für die Kunden von dem Innern des Geschäftes trennte, prasselnd herabgelassen wurde und in der Öffnung die Büste eines dekolletierten Fräuleins mit hellblauen verführerischen Augen und blonder Pagenfrisur erschien.

Im Handumdrehen hatte sie an der Aussprache und dem stockenden Holländisch: »Kaufen, gleichgültig was, irgend etwas«, erkannt, daß sie einen Landsmann, einen Österreicher, vor sich habe, und begann ihre Erklärung eines Zauberkunststückes an drei rasch ergriffenen Korkpfropfen in deutscher Sprache, wobei sie den ganzen Charme wohlgeübter Weiblichkeit in allen Schattierungen spielen ließ, vom Stechen mit den Brüsten nach dem männlichen Gegenüber angefangen, bis zum fast telepathisch-diskreten

Hautduftausstrahlen, das sie durch gelegentliches Achsel-
lüften noch wirksamer zu gestalten verstand.

»Sie sehen hier drei Stöpsel, mein Herr, nicht wahr? Ich
lege den ersten in meine rechte Hand; hierauf den zweiten,
und schließe die Hand. So. Den dritten stecke ich« – sie lächelte errötend – »in die Tasche. Wieviel habe ich in der
Hand?«

»Zwei.«

»Nein, drei.«

Es stimmte.

»Dieses Kunststück heißt: die fliegenden Korke und kostet nur zwei Gulden, mein Herr.«

»Schön; bitte zeigen Sie mir den Trick!«

»Wenn ich vorher um das Geld bitten darf, mein Herr?
Es ist Geschäftsusance.«

Der Fremde legte zwei Gulden hin, bekam eine Wieder-
holung des Experimentes zu sehen, das lediglich auf Fin-
gerfertigkeit beruhte, mehrere neuerliche Wellen weiblichen Hautgeruches und schließlich vier Korkstöpsel, die er
voll Bewunderung für die kaufmännische Umsicht der
Firma Chidher Grün und mit der festen Überzeugung, das
Zauberkunststück niemals nachmachen zu können, einsteckte.

»Sie sehen hier drei eiserne Gardinenringe, mein Herr«,
begann die junge Dame abermals, »ich lege den ersten – –«
da wurde ihr Vortrag durch lautes Johlen, gemischt mit
schrillen Pfiffen, von der Gasse her unterbrochen und
gleichzeitig die Ladentür heftig aufgerissen und klirrend
wieder ins Schloß geworfen.

Erschreckt drehte sich der Fremde um und erblickte eine
Gestalt, deren wundersamer Aufzug sein höchstes Erstaunen erweckte.

Es war ein riesenhafter Zulukaffer mit schwarzem, krau-
sem Bart und wulstigen Lippen, nur mit einem karierten
Regenmantel bekleidet, einen roten Ring um den Hals

und das von Hammeltalg triefende Haar kunstvoll in die Höhe gebürstet, so daß es aussah, als trüge er eine Schüssel aus Ebenholz auf dem Kopfe.

In der Hand hielt er einen Speer.

Sofort sprang das Balkangesicht aus dem Lehnstuhl, machte dem Wilden eine tiefe Verbeugung, nahm ihm dienstbeflissen die Lanze ab, stellte sie in einen Regenschirmständer, und nötigte ihn, mit verbindlicher Handbewegung einen Vorhang zur Seite ziehend, unter höflichem: »Als 't u belieft, Mijnheer; hoe gaat het, Mijnheer?«, in ein Nebengemach einzutreten.

»Bitt' schön, vielleicht auch weiter zu kommen«, wendete sich die junge Dame wieder an den Fremden und öffnete ihren Verschlag, »und ein wenig Platz zu nehmen, bis sich die Menge beruhigt hat«; dann eilte sie zur Glastür, die abermals aufgeklinkt worden war, stieß einen vierschrötigen Kerl, der breitbeinig auf der Schwelle stand und im Bogen hereinspuckte, mit einer Flut von Verwünschungen: »stik, verrek, god verdomme, fall dood, stek de moord« zurück und schob den Riegel vor.

Das Innere des Ladens, das der Fremde inzwischen betreten hatte, bestand aus einem durch Schränke und türkische Portièren abgeteilten Raum mit mehreren Sesseln und Taburetts in den Ecken, sowie einem runden Tisch in der Mitte, an dem zwei behäbige alte Herren, anscheinend Hamburger oder holländische Kaufleute, mit gespanntester Aufmerksamkeit beim Lichte einer elektrisch montierten Moschee-Ampel in Guckkästen – kleine kinematographische Apparate, wie das Surren verriet – stierten.

Durch einen dunklen, aus Warenstellagen gebildeten Gang konnte man in ein kleines Bureau mit auf die Seitengasse mündenden Milchglasfenstern hineinblicken, in dem ein prophetenhaft aussehender alter Jude im Kaftan, mit langem weißem Bart und Schläfenlocken, ein rundes seidenes Käppi auf dem Haupte und das Gesicht im Schatten unsichtbar, regungslos vor einem Pulte stand und Eintragungen in ein Hauptbuch machte.

»Sagen Sie, Fräulein, was war das vorhin für ein merkwürdiger Neger?« fragte der Fremde, als die Verkäuferin wieder zu ihm trat und die Vorstellung mit den drei Gardinenringen fortsetzen wollte.

»Der? Oh, das ist ein gewisser Mister Usibepu. Er ist eine Attraktion und gehört zu der Zulutruppe, die im Zirkus Carré auftritt. – Ein sehr fescher Herr«, setzte sie mit leuchtenden Augen hinzu. »Er ist in seiner Heimat medicinae doctor – – –«

»Ja, ja, Medizinmann, – ich verstehe.«

»Ja, Medizinmann. Und da lernt er bei uns bessere Sachen, um, wenn er wieder heimkommt, seinen Landsleuten gehörig imponieren zu können und sich gelegentlich auf den Thron zu schwingen. – Der Herr Professor des Pneumatismus, Herr Zitter Arpád aus Preßburg, unterrichtet ihn grad«, – sie hielt mit den Fingern einen Schlitz im Vorhang auseinander und ließ den Fremden in ein mit Whistkarten austapeziertes Kabinett schauen.

Zwei Dolche kreuzweis durch die Gurgel gestochen, so daß die Spitzen hinten herausragten, und ein blutbeflecktes Beil tief in einer klaffenden Schädelwunde steckend, verschluckte das Balkangesicht soeben ein Hühnerei und zog es dem Zulukaffern, der abgelegt hatte und sprachlos vor Staunen, nur mit einem Leopardenfell bekleidet, vor ihm stand, aus dem Ohr wieder heraus.

Gern hätte der Fremde noch mehr gesehen, aber die junge Dame ließ rasch die Portière fallen, da ihr der Herr Professor einen verweisenden Blick zuwarf und ein schrilles Klingeln sie überdies ans Telephon rief.

»Seltsam bunt wird das Leben, wenn man sich Mühe gibt, es in der Nähe zu betrachten, und den sogenannten wichtigen Dingen den Rücken kehrt, die einem nur Leid und Verdruß bringen«, dachte der Fremde, nahm von einem

Bord, auf dem allerhand billiges Spielzeug lag, eine kleine offene Schachtel herunter und roch zerstreut daran. Sie war angefüllt mit winzigen, geschnitzten Kühen und Bäumchen, deren Laub aus grün gebeizter Holzwolle bestand.

Der eigentümliche Duft nach Harz und Farbe nahm ihn einen Augenblick ganz gefangen. – Weihnachten! Kinderjahre! Atemloses Warten vor Schlüssellöchern; ein wackliger Stuhl mit rotem Rips überzogen, – ein Ölfleck darin. Der Spitz – Durudeldutt, ja, ja, so hat er geheißen – knurrt unter dem Sofa und beißt der beweglichen Schildwache ein Bein ab, kommt dann, das linke Auge zugekniffen, schwerverstimmt hervorgekrochen: die Feder des Uhrwerkes ist losgegangen und ihm ins Gesicht gesprungen. – Die Tannennadeln knistern, und die brennenden roten Kerzen am Christbaum haben lange Tropfbärte. –

Nichts vermag die Vergangenheit so schnell wieder jung zu machen, wie der Lackgeruch von Nürnberger Spielzeug, – der Fremde schüttelte den Bann ab, »es wächst nichts Gutes aus der Erinnerung: Erst läßt sich alles süß an, dann hat das Leben eines Tages plötzlich ein Oberlehrergesicht, um einen schließlich mit blutrünstiger Teufelsfratze – – – nein, nein, ich will nicht!« – er wandte sich dem drehbaren Büchergestell zu, das neben ihm stand. »Lauter Bände in Goldschnitt?« – Kopfschüttelnd buchstabierte er die wundersamen, ganz und gar nicht zur übrigen Umgebung passenden, gekerbten Rückentitel: »Leidinger, G., Geschichte des akademischen Gesangvereins Bonn«, »Aken, Fr., Grundriß der Lehre vom Tempus und Modus im Griechischen«, »Neunauge, K. W., Die Heilung der Hämorrhoiden im klassischen Altertum«? – »nun, Politik scheint, Gott sei Dank, nicht vertreten zu sein« – und er nahm: »Aalke Pott, Über den Lebertran und seine steigende Beliebtheit, 3. Band« vor und blätterte darin.

Der miserable Druck und das elende Papier standen in verblüffendem Gegensatz zu dem kostbaren Einband.

»Sollte ich mich geirrt haben? Handelt es sich vielleicht gar nicht um eine Hymne auf ranziges Öl?« – der Fremde schlug die erste Seite auf und las erheitert:

»Sodom- und Gomorrhabibliothek«
Ein Sammelwerk für Hagestolze.
(Jubiläumsausgabe.)

Bekenntnisse eines lasterhaften
Schulmädchens.
[Fortsetzung des berühmten Werkes: Die Purpurschnecke]

»Wahrhaftig, man glaubt die ›Grundlage des zwanzigsten Jahrhunderts‹ vor sich zu haben: außen brummliges Gelehrtengetue und innen – der Schrei nach Geld oder Weibern«, brummte er vergnügt und lachte dann laut hinaus.

Nervös fuhr der eine der beiden wohlbeleibten Handelsherren von seinem Guckkasten empor (der andere, der Holländer, ließ sich nicht stören), murmelte verlegen etwas von »wunnerschoenen Sstädteansichten« und wollte sich schnell entfernen, nach Kräften bestrebt, seinem durch den überstandenen optischen Genuß ein wenig ins Schweinskopfartige zerflossenen Gesichtsausdruck wieder das altgewohnte Gepräge des unentwegt auf geradlinig strenge Lebensauffassung gerichteten Edelkaufmanns zu verleihen, da leistete sich der satanische Versucher aller Schlichtgesinnten in Gestalt eines hämischen Zufalls, aber fraglos in der Absicht, die Seele des Biedermanns nicht länger im unklaren zu lassen, in welch frivoler Umgebung sie sich befand, einen höchst unziemlichen Scherz:

Durch eine allzu eilige Flatterbewegung beim Anziehen des Mantels hatte der Handelsherr mit dem Ärmel das Pendel einer großen Wanduhr in Bewegung gesetzt, und sofort fiel eine mit trauten Familienszenen bemalte Klappe herunter; nur erschien statt des zu erwartenden Kuckucks

12

der wächserne Kopf nebst spärlich bekleidetem Oberleib einer über die Maßen frechblickenden Frauensperson und sang zum feierlichen Glockenklang der zwölften Stunde mit verschleimter Stimme:

>>Tischlah sejen
>>ganz verwejen,
>>hobeln flott drauf los;
>>fein und glatt
>>wird das Blatt – – –«

»Blatt, Blatt, Blatt« – ging es plötzlich, sich rhythmisch wiederholend, in einen krächzenden Baß über. Entweder hatte der Teufel ein Einsehen oder war ein Haar ins Grammophongetriebe geraten.

Nicht länger gesonnen, neckischen Kobolden zum Opfer zu fallen, suchte der Chef der Meere mit empört gequäktem »aarch anstößich« fluchtartig das Weite.

Obschon mit der Sittenreinheit nordischer Völkerstämme wohl vertraut, konnte sich der Fremde dennoch die übermäßige Verwirrung des alten Herrn nicht recht erklären, bis ihm langsam der Verdacht dämmerte, er müsse ihn irgendwo kennengelernt haben, – ihm wahrscheinlich in einer Gesellschaft vorgestellt worden sein. Ein schnell vorübergehendes, damit verknüpftes Erinnerungsbild: eine ältere Dame mit feinen traurigen Zügen und ein schönes junges Mädchen, bestärkte ihn in seiner Annahme, nur konnte er sich des Ortes und der Namen nicht mehr entsinnen.

Auch das Gesicht des Holländers, der soeben aufstand, ihn mit kalten, wasserblauen Augen verächtlich von oben bis unten abschätzte und sich dann träge hinauswälzte, half seinem Gedächtnis nicht nach. Es war ein ihm völlig Unbekannter von brutalem, selbstbewußtem Aussehen.

Immer noch telephonierte die Verkäuferin.

13

Nach ihren Antworten zu schließen, handelte es sich um große Aufträge für einen Polterabend.

»Eigentlich könnte ich auch gehen«, überlegte der Fremde; »worauf warte ich denn noch?«

Ein Gefühl der Abspannung überfiel ihn; er gähnte und ließ sich in einen Sessel fallen.

»Daß einem nicht der Kopf zerspringt, oder man sonstwie überschnappt«, schälte sich ein Gedanke in seinem Hirn los, »bei all dem verrückten Zeug, das das Schicksal um einen herumstellt! Es ist ein Wunder! – Und warum man im Magen Übelkeit empfindet, wenn die Augen häßliche Dinge hineinschlingen?! Was hat denn, um Gottes willen, die Verdauung damit zu tun! – Nein, mit der Häßlichkeit hängt's nicht zusammen«, grübelte er weiter, »auch bei längerem Verweilen in Gemäldegalerien packt einen unvermutet der Brechreiz. Es muß so etwas wie eine Museumskrankheit geben, von der die Ärzte noch nichts wissen. – Oder sollte es das Tote sein, das von allen Dingen, ob schön oder häßlich, ausgeht, die der Mensch gemacht hat? Ich wüßte nicht, daß mir schon einmal beim Anblick selbst der ödesten Gegend übel geworden wäre, – also wird es wohl so sein. – Ein Geschmack nach Konservenbüchsen haftet allem an, das den Namen ›Gegenstand‹ trägt; man kriegt den Skorbut davon.« – Er mußte unwillkürlich lächeln, da ihm eine barocke Äußerung seines Freundes Baron Pfeill, der ihn für Nachmittag ins Café »De vergulde Turk« bestellt hatte und alles, was mit perspektivischer Malerei zusammenhing, aus tiefster Seele haßte, einfiel: ›Der Sündenfall hat gar nicht mit dem Apfelessen begonnen; das ist wüster Aberglaube. Mit dem Bilderaufhängen in Wohnungen hat's angefangen! Kaum hat einem der Maurer die vier Wände schön glatt gemacht, schon kommt der Teufel als „Künstler“ verkleidet und malt einem „Löcher mit Fernblick“ hinein. Von da bis zum äußersten Heulen und Zähneklappern ist dann nur noch ein

Schritt und man hängt eines Tages in Orden und Frack neben Isidor dem Schönen oder sonst einem gekrönten Idioten mit Birnenschädel und Botokudenschnauze im Speisezimmer und schaut sich selber beim Essen zu.‹ – – »Ja, ja, man sollte wirklich bei allem und jedem ein Lachen bereit haben«, fuhr der Fremde in seiner Gedankenreihe fort, »so ganz ohne Grund lächeln die Statuen Buddhas nicht, und die der christlichen Heiligen sind tränenüberströmt. Wenn die Menschen häufiger lächeln würden, gäb's vermutlich weniger Kriege. – Da laufe ich nun schon drei Wochen in Amsterdam herum, merke mir absichtlich keine Straßennamen; frage nicht, was ist das oder jenes für ein Gebäude, wohin fährt dieses oder jenes Schiff, oder woher kommt es, lese keine Zeitungen, um nur ja nicht als ›Neuestes‹ zu erfahren, was schon vor Jahrtausenden in Blau genau so passiert ist; ich wohne in einem Hause, in dem jede Sache mir fremd ist, bin schon bald der einzige – Privatmann, den ich kenne; wenn mir ein Ding vor Augen kommt, spioniere ich längst nicht mehr, wozu es dient, – es dient überhaupt nicht, läßt sich nur bedienen! – und warum tue ich das alles? Weil ich es satt habe, den alten Kulturzopf mit zu flechten: erst Frieden, um Kriege vorzubereiten, dann Krieg, um den Frieden wiederzugewinnen usf.; weil ich wie Kasper Hauser eine neue urfremde Erde vor mir sehen will, – ein neues Staunen kennen lernen will, wie es ein Säugling an sich erfahren müßte, der über Nacht zum erwachsenen Manne heranreift, – weil ich ein Schlußpunkt werden will und nicht ewig ein Komma bleiben. Ich verzichte auf das ›geistige Erbe‹ meiner Vorfahren zugunsten des Staates und will lieber lernen, alte Formen mit neuen Augen zu sehen, statt, wie bisher, neue Formen mit alten Augen; vielleicht gewinnen sie dann ewige Jugend! – Der Anfang, den ich gemacht habe, war gut; nur muß ich noch lernen, über alles zu lächeln und nicht bloß zu staunen.«

Nichts wirkt so einschläfernd wie geflüsterte Reden, deren Sinn dem Ohre unverständlich bleibt. Die in leisem Ton und großer Hast geführten Gespräche zwischen dem Balkangesicht und dem Zulukaffern hinter dem Vorhang betäubten den Fremden durch ihre hypnotisierend eintönige Unablässigkeit, so daß er einen Moment in tiefen Schlummer fiel.

Als er sich gleich darauf wieder emporriß, hatte er die Empfindung, eine überwältigende Menge innerer Aufschlüsse bekommen zu haben; aber nur ein einziger dürrer Satz war als Quintessenz in seinem Bewußtsein zurückgeblieben, – eine phantastische Verkettung von kürzlich erlebten Eindrücken und fortgesponnenen Gedanken: »Schwerer ist es, das ewige Lächeln zu erringen, als den Totenschädel in den abertausend Gräbern der Erde herauszufinden, den man in einem früheren Leben auf den Schultern getragen; erst muß der Mensch sich die alten Augen aus dem Kopf weinen, bevor er die Welt mit neuen Augen lächelnd zu betrachten vermag.«

»Und wenn es noch so schwer ist, der Totenschädel wird gesucht!« verbiß sich der Fremde hartnäckig in die Traumidee, felsenfest überzeugt, daß er vollkommen wach sei, während er in Wirklichkeit wieder tief eingenickt war, »ich werde die Dinge schon zwingen, deutsch mit mir zu reden und mir ihren wahren Sinn zu verraten, und zwar in einem neuen Alphabet, statt mir, wie früher, mit wichtigtuerischer Miene alten Kram ins Ohr zu raunen, wie: ›Siehe, ich bin ein Medikament und mache dich gesund, wenn du dich überfressen hast, oder ich bin ein Genußmittel, damit du dich überfressen und wieder zum Medikament greifen kannst.‹ – Hinter den Witz, daß sich alles in den Schwanz beißt, wie mein Freund Pfeill sagt, bin ich nachgerade gekommen, und wenn das Leben keine gescheiteren Lektionen aufzugeben weiß, gehe ich in die Wüste, nähre mich von Heuschrecken und kleide mich in wilden Honig.«

»Sie wollen in die Wüste gehen und die höhere Zauberei lernen, – nebbich –, wo Sie noch so dumm sind, einen albernen Trick mit Korkstöpseln bar in Silber zu bezahlen, einen Vexiersalon von der Welt kaum unterscheiden können und nicht einmal ahnen, daß in den Büchern des Lebens etwas anderes steht, als hinten draufgedruckt ist? – Sie sollten ›Grün‹ heißen und nicht ich«, hörte der Fremde plötzlich eine tiefe, bebende Stimme auf seine Reminiszenzen antworten und, als er erstaunt aufblickte, stand der alte Jude, der Inhaber des Ladens, im Raum und starrte ihn an.

Der Fremde entsetzte sich; ein Gesicht, wie das vor ihm, hatte er noch nie gesehen.

Es war faltenlos, mit einer schwarzen Binde über der Stirn, und dennoch tief gefurcht, so, wie das Meer tiefe Wellen hat und doch nie runzlig ist. – Die Augen lagen darin wie finstere Schlünde und waren trotzdem die Augen eines Menschen und keine Höhlen. Die Farbe der Haut spielte ins Olive und war wie aus Erz; so, wie es die Geschlechter der Vorzeit, von denen es heißt, sie wären gleich schwarzgrünem Gold gewesen, ähnlich gehabt haben mögen.

»Seit der Mond, der Wanderer, am Himmel kreist«, sprach der Jude weiter, »bin ich auf der Erde. Ich habe Menschen gesehen, die waren wie Affen und trugen steinerne Beile in den Händen; sie kamen und gingen von Holz« – er zögerte eine Sekunde – »zu Holz, von der Wiege zum Sarg. Wie Affen sind sie noch immer – und tragen Beile in den Händen. Es sind Abwärtsstarrer und wollen die Unendlichkeit, die im Kleinen verborgen liegt, ergründen.

Daß im Bauch der Würmer Millionen von winzigen Wesen leben und in diesen wieder Milliarden, haben sie ergründet, aber noch immer wissen sie nicht, daß es auf diese Art kein Ende nimmt. Ich bin ein Abwärtsstarrer und ein

Aufwärtsstarrer; das Weinen habe ich vergessen, aber das Lächeln habe ich noch nicht gelernt. – Meine Füße sind naß gewesen von der Sintflut, aber ich habe keinen gekannt, der Grund zum Lächeln gehabt hätte; mag sein, ich habe ihn nicht beachtet und bin an ihm vorübergegangen.

Jetzt spült an meine Füße ein Meer von Blut, und da soll einer kommen, der lächeln darf? Ich glaub's nicht. – Ich werde wohl warten müssen, bis das Feuer selbst Wogen wirft.«

Der Fremde zog sich den Zylinder über die Augen, um das schreckliche Gesicht, das sich immer tiefer in seine Sinne einfraß und seinen Atem stocken machte, nicht länger zu sehen, und daher bemerkte er nicht, daß der Jude zum Pult zurückging, die Verkäuferin auf den Zehenspitzen an seine Stelle trat, einen Totenkopf aus Papiermaché, ähnlich dem in der Auslage, aus dem Schrank nahm und geräuschlos auf ein Taburett stellte.

Als dem Fremden plötzlich der Hut vom Kopf rutschte und zu Boden fiel, hob sie ihn blitzschnell auf, noch ehe sein Besitzer danach greifen konnte, und begann gleichzeitig ihren Vortrag:

»Sie sehen hier, mein Herr, das sogenannte Delphische Orakel; durch es sind wir jederzeit in der Lage, einen Blick in die Zukunft zu tun und sogar Antworten auf Fragen, die in unserm Herzen« – sie schielte aus unbekannten Gründen in ihren Busenausschnitt – »schlummern, zu erhalten. Ich bitte, mein Herr, im Geiste eine Frage zu tun!«

»Ja, ja, schon gut«, brummte der Fremde, noch ganz verwirrt.

»Sehen Sie, der Schädel bewegt sich bereits!«

Langsam öffnete der Totenkopf das Gebiß, kaute ein paarmal, spuckte eine Papierrolle aus, die die junge Dame hurtig auffing und entrollte, und klapperte dann erleichtert mit den Zähnen; –

18

>»Ob deiner Seele Sehnsucht in
Erfüllung geht? – Fahr drein
mit fester Hand und setz das
Wollen an der Wünsche Statt!«

stand mit roter Tinte – oder war es Blut? – auf dem Streifen
geschrieben.

»Schade, daß ich mir nicht gemerkt habe, was es für eine
Frage war«, dachte der Fremde. – »Kostet?«

»Zwanzig Gulden, mein Herr.«

»Schön. Bitte –«, der Fremde überlegte, ob er den Schädel gleich mitnehmen solle, – »nein, es geht nicht, man
würde mich auf der Straße für den Hamlet halten«, sagte er
sich, »bitte, schicken Sie ihn mir in meine Wohnung; hier
ist das Geld.«

Er warf unwillkürlich einen Blick in das Bureau am Fenster, – mit verdächtiger Unbeweglichkeit stand der alte
Jude vor seinem Pult, als hätte er die ganze Zeit über nichts
als Eintragungen ins Hauptbuch gemacht, – dann schrieb
er auf einen Block, den die Verkäuferin ihm hinhielt, seinen
Namen nebst Adresse:

Fortunat Hauberrisser
Ingenieur
Hooigracht Nr. 47

und verließ, noch immer ein wenig betäubt, den Vexiersalon.

19

Zweites Kapitel

Seit Monaten war Holland überschwemmt von Fremden aller Nationen, die, kaum daß der Krieg beendet war und beständig wachsenden inneren politischen Kämpfen den Schauplatz abgetreten hatte, ihre alte Heimat verließen und teils dauernd Zuflucht in den niederländischen Städten suchten, teils sie als vorübergehenden Aufenthalt wählten, um von dort aus einen klaren Überblick zu gewinnen, auf welchem Fleck Erde sie künftighin ihren Wohnsitz aufschlagen könnten.

Die billige Prophezeiung, das Ende des europäischen Krieges werde einen Auswandererstrom der ärmeren Bevölkerungsschichten aus den am härtesten mitgenommenen Gegenden zur Folge haben, hatte gründlich geirrt, und reichten auch die verfügbaren Schiffe, die nach Brasilien und andern als fruchtbar geltenden Erdteilen fuhren, nicht hin, die vielen Zwischendeckspassagiere zu befördern, so stand doch der Abfluß der auf ihrer Hände Arbeit Angewiesenen in keinem Verhältnis zur Zahl derer, die entweder wohlhabend waren und überdrüssig, sich ihre Einkünfte durch den immer unerträglicher werdenden Druck der heimischen Steuerschrauben zusammenpressen zu lassen – also der sogenannten Unidealen – oder zur Zahl derer, die bisher in intellektuellen Berufen tätig gewesen, keine Möglichkeit mehr vor sich sahen, mit ihrem Verdienst den unerhört kostspielig gewordenen Kampf um das auch nur nackte Leben weiterzuführen.

Hatte schon in den verflossenen Zeiten der Friedens-greuel das Einkommen eines Schornsteinfegermeisters oder Schweinemetzgers das Gehalt eines Universitätspro-fessors weit überstiegen, so war doch jetzt die europäische Menschheit bereits auf dem Glanzpunkt angelangt, wo der alte Fluch »im Schweiße deines Angesichts sollst du dein Brot essen« buchstäblich und nicht nur im übertragenen Sinne aufgefaßt werden mußte; – die »innerlich« Schwit-zenden sahen sich dem Elend preisgegeben und gingen aus Mangel an Stoffwechsel zugrunde.

Der Muskel des Armes griff nach dem Szepter der Herr-schaft, die Ausscheidungen der menschlichen Denkdrüse sanken täglich tiefer im Kurs, und saß Gott Mammon auch noch auf dem Throne, so war seine Fratze doch recht unsi-cher geworden: – die Menge schmutziger Papierfetzen, die sich um ihn herum angehäuft hatte, verdroß seinen Schön-heitssinn.

Und die Erde war wüst und leer, und es war finster auf der Tiefe, bloß der Geist der Handlungsreisenden konnte nicht, wie früher, auf dem Wasser schweben.

So war es gekommen, daß sich die große Masse der eu-ropäischen Intelligenz auf Wanderschaft befand und von den Hafenstädten der vom Kriege mehr oder weniger ver-schont gebliebenen Länder nach Westen spähte, ähnlich dem Däumling, der auf hohe Bäume kletterte, um nach ei-nem Herdfeuer in der Ferne auszuschauen.

In Amsterdam und Rotterdam waren die alten Hotels bis auf das letzte Zimmer besetzt, und täglich entstanden neue; ein Mischmasch von Sprachen schwirrte durch die besseren Straßen, und stündlich gingen Extrazüge nach dem Haag, gefüllt mit ab- und durchgebrannten Politikern und Politikerinnen aller Rassen, die beim Dauerfriedens-kongreß ein immerwährendes Wort mit dreinreden wollten, wie man der endgültig entflohenen Kuh am sichersten die Stalltür verrammeln könnte.

In den feineren Speisehäusern und Kakaostuben saß man Kopf an Kopf und studierte überseeische Zeitungen, – die binnenländischen schwelgten noch immer in den Krämpfen vorgeschriebener Begeisterung über die herrschenden Zustände, – aber auch in ihnen stand nichts, was nicht auf den alten Weisheitssatz herausgekommen wäre: »Ich weiß, daß ich nichts weiß, aber auch das weiß ich nicht sicher.«

– – – – – – – – –

»Ist denn Baron Pfeill noch immer nicht hier? Ich warte jetzt schon eine volle Stunde«, fuhr im Café »de vergulde Turk«, einem dunkeln, winkligen und verräucherten Lokal, das versteckt und abseits vom Verkehr in der Cruysgade lag, eine ältere Dame mit spitzen Gesichtszügen, zerkniffenen Lippen und fahrigen, farblosen Augen, – der Typus der gewissen entmannten Frauen mit dem ewig nassen Haar, die mit dem fünfundvierzigsten Jahre ihren galligen Rattlern anfangen ähnlich zu sehen und mit dem fünfzigsten bereits selber die geplagte Menschheit ankläffen – wutentbrannt auf den Kellner los: »'pörend. Pe. Wahrhaftig kein Vergnügen, in der Spelunke zu sitzen und sich als Dame von lauter Kerlen anglotzen zu lassen.«

»Herr Baron Pfeill? – Wie soll er denn aussehen? Ich kenne ihn nicht, Myfrouw«, fragte der Kellner kühl.

»'türlich bartlos. Vierzig. Fünfundvierzig. Achtundvierzig. Weiß nicht. Hab' seinen Taufschein nicht gesehen. Groß. Schlank. Scharfe Nase. Strohhut. Braun.«

»Der sitzt doch schon lange da draußen, Myfrouw« – der Kellner deutete gelassen durch die offene Tür auf den kleinen, durch Efeugitter und berußte Oleanderstauden gebildeten Vorraum zwischen Straße und Kaffeehaus.

– »Garnaale, Garnaale«, dröhnte der Brummbaß eines Krabbenverkäufers an den Fenstern vorüber. »Banaantje, Banaantje«, quietschte ein Weib dazwischen.

»Pe. Der ist doch blond! Und kurzgeschnittenen Schnurrbart. Zylinder. Pe.« – Die Dame wurde immer wütender.

»Ich meine den Herrn neben ihm, Myfrouw; Sie können ihn von hier nicht sehen.«

Wie ein Jochgeier stürzte die Dame auf die beiden Herren los und überschüttete den Baron Pfeill, der mit betretener Miene aufstand und seinen Freund Fortunat Hauberrisser vorstellte, mit einem Hagel von Vorwürfen, daß sie ihn mindestens zwölfmal vergebens angeklingelt und schließlich in seiner Wohnung aufgesucht habe, ohne ihn anzutreffen, und das alles bloß, – »pe« – weil er natürlich wieder mal nicht zu Hause gewesen sei. »Zu einer Zeit, wo jeder Mensch beide Hände voll zu tun hat, um den Frieden zu befestigen, Präsident Taft die nötigen Ratschläge zu geben, den Heimatsflüchtigen zuzureden, wieder an ihre Arbeit zu gehen, die internationale Prostitution zu unterbinden, dem Mädchenhandel zu steuern, Gesinnungsschwachen das moralische Rückgrat zu stählen und – Sammlungen von Flaschenstanniol für die Invaliden aller Völker einzuleiten«, schloß sie, empört ihre Pompadour aufreißend und mit einer seidenen Schnur wieder erdrosselnd, »ich dächte, da hat man zu Hause zu bleiben, statt – statt Schnaps zu trinken.« – Sie schoß einen bösartigen Blick auf die beiden dünnen Glasröhren, die, gefüllt mit einem regenbogenfarbigen Gemisch aus Likören, auf der marmornen Tischplatte standen.

»Frau Consul Germaine Rukstinat interessiert sich nämlich für – Wohltäterei«, erläuterte Baron Pfeill seinem Freunde, den Doppelsinn seiner Worte hinter der Maske scheinbar ungeschickt gewählter deutscher Ausdrücke verbergend; »sie ist der Geist, der stets bejaht und nur das Gute will – – wie Goethe sagt.«

»Na, wenn sie das nicht merkt!« dachte Hauberrisser und blickte scheu nach der Furie, – zu seiner Überra-

23

schung lächelte sie bloß besänftigt – »Pfeill hat leider recht, die Menge kennt Goethe nicht nur nicht, sie verehrt ihn sogar; je falscher man ihn zitiert, desto tiefer fühlen sie sich in seinen Geist eingedrungen.«

»Ich finde, Myfrouw«, wandte sich Pfeill wieder an die Gnädige, »man überschätzt mich in Ihren Kreisen als – Philantropf. Mein Vorrat an Flaschenstanniol, der den Invaliden so mangelt, ist wesentlich geringer, als es den Anschein hat, und wenn ich auch – obwohl, ich versichere, unwissentlich – einmal in einen Mildherzigkeitsklub hineingetreten bin und mir der Geruch eines öffentlichen Samaritercharakters gewissermaßen anhaftet, so gebricht es mir leider doch an ausreichend stählernem Gesinnungsmark, um der internationalen Prostitution die Einnahmsquelle zu verstopfen, und ich möchte mich in dieser Hinsicht des Mottos bedienen: Yoni soit, qui mal y pense. – Was ferner das Steuer des Mädchenhandels anbelangt, so fehlt es mir gänzlich an Beziehungen zu den leitenden Kapitänen dieser Organisation, denn ich hatte niemals Gelegenheit, die höheren Beamten der Sittenpolizei im Ausland – vertraulich kennenzulernen.«

»Aber unbrauchbare Sachen für Kriegerwaisen werden Sie doch haben, Baron?«

»Ist denn die Nachfrage nach unbrauchbaren Sachen seitens der Kriegerwaisen so groß?«

Die Gnädigste überhörte die spöttische Gegenfrage oder wollte sie überhören. »Ein paar Eintrittskarten für die große Redoute, die im Herbst stattfindet, müssen Sie aber zeichnen, Baron! Der vermutliche Nettoerlös, der im nächsten Frühjahr verrechnet wird, soll der Gesamtheit aller Kriegsbeschädigten zugute kommen. Es wird ein aufsehenerregendes Fest werden, die Damen sämtlich maskiert, und die Herren, die mehr als fünf Eintrittskarten gelöst haben, bekommen den Barmherzigkeitsorden der Herzogin von Lusignan an den Frack.«

»Freilich, eine Redoute dieser Art bietet viel Reiz«, gab Baron Pfeill sinnend zu, »zumal bei derlei maskierten Wohltätigkeitstänzen oft im weit ausgreifenden Sinne der Nächstenliebe die linke Hand nicht weiß, was die rechte tut, und es den Reichen begreiflicherweise ein dauerndes Vergnügen bereiten muß, daß der Arme auf die große Abrechnung zu – warten hat, aber andererseits bin ich nicht Exhibitionist genug, um den Nachweis fünfmal öffentlich betätigten Mitgefühls aus dem Knopfloch heraushängen zu lassen. – Natürlich, wenn Frau Konsul darauf bestehen – – –«

»Kann ich also fünf Karten für Sie bereithalten?«

»Wenn ich bitten darf: nur vier, Myfrouw!«

– – – – – – – – –

»Herr, gnädiger Herr, gnä-diger Herr Baron!« hauchte eine Stimme, und eine winzige schmutzige Hand zupfte Baron Pfeill schüchtern am Ärmel. Als er sich umdrehte, sah er ein kleines, ärmlich gekleidetes Mädchen mit eingefallenen Wangen und weißen Lippen, das sich zwischen den Oleanderkübeln hindurch an ihn herangeschlichen hatte und ihm einen Brief hinhielt, vor sich stehen. Sofort wühlte er in seinen Taschen nach Kleingeld.

»Der Großvater draußen läßt sagen – – –«

»Wer bist du denn, Kind?« fragte Pfeill halblaut.

»Der Großvater, der Schuster Klinkherbogk, läßt sagen, ich bin sein Kind«, verwirrte das Mädchen die Antwort mit dem Auftrag, den es überbringen sollte, »und der Herr Baron hat sich geirrt. Statt der zehn Gulden für die letzten Paar Schuhe waren tausend – – –«

Pfeill wurde blutrot, klapperte heftig mit seiner silbernen Zigarettendose auf den Tisch, um die Worte der Kleinen zu übertönen, und sagte laut und brüsk: »Da hast du zwanzig Zents für den Weg«, mit milderem Ton hinzufügend, es sei schon alles recht – sie solle nur wieder nach Hause gehen und den Brief nicht verlieren.

Gleichsam als Antwort, daß das Kind nicht allein gekommen sei – der Sicherheit wegen von seinem Großvater begleitet, damit es auf dem Wege zum Kaffeehaus das Kuvert mit der Banknote nicht verlöre –, tauchte eine Sekunde lang zwischen den sich teilenden Efeustauden das totenblasse Gesicht eines alten Mannes auf, der augenscheinlich die letzten Sätze gehört hatte und vor Ergriffenheit unfähig, ein Wort hervorzubringen, mit schlotterndem Unterkiefer und gelähmter Zunge ein leises röchelndes Lallen ausstieß. – – –

Ohne den Vorgängen irgendwelche Aufmerksamkeit geschenkt zu haben, hatte die wohltätige Dame die Eintragung der vier Ballkarten in eine Rolle vorgenommen und sich nach ein paar kühl verbindlichen Worten empfohlen. – –

Eine Weile saßen die beiden Herren stumm, wichen einander mit den Blicken aus und trommelten gelegentlich mit den Fingern auf den Stuhllehnen.

Hauberrisser kannte seinen Freund zu gut, um nicht genau zu fühlen: er brauche jetzt nur zu fragen, was für eine Bewandtnis es mit dem Schuster Klinkherbogk habe, und Pfeill würde gereizt das Blaue vom Himmel herunterphantasieren, um nur ja nicht den Verdacht aufkommen zu lassen, er hätte einem armen Schuster aus bittrer Not geholfen. Daher sann er, um ein möglichst abseits liegendes Gespräch einzuleiten, nach einem Thema, das – selbstverständlich – nichts mit Wohltätigkeit oder einem Schuster zu tun haben durfte, aber andererseits auch nicht so klingen sollte, als sei es an den Haaren herbeigeholt.

So lächerlich leicht die Aufgabe zu sein schien – sie wurde ihm von Minute zu Minute schwerer.

»Es ist eine verwünschte Sache mit dem ›Gedankenfassen‹«, überlegte er, »man glaubt, man bringt sie mit dem Gehirn hervor, aber in Wirklichkeit machen sie mit dem Gehirn, was sie wollen, und sind selbständiger als irgend-

ein Lebewesen.« Er gab sich einen Ruck. »Sag mal, Pfeill«,
(das Traumgesicht, das er in dem Vexiersalon gehabt hatte,
war ihm plötzlich eingefallen) »sag mal, Pfeill, du hast ja so
viel im Leben gelesen: Ist die Sage vom Ewigen Juden
nicht in Holland entstanden?«

Pfeill blickte argwöhnisch auf. – »Du meinst, weil er ein
Schuhmacher gewesen ist?«

»Schuhmacher? Wieso?«

»Nun, es heißt doch, der Ewige Jude sei ursprünglich
der Schuster Ahaschwerosch in Jerusalem gewesen und
habe Jesus, als er auf seinem Weg nach Golgatha – der
Schädelstätte – ausruhen wollte, mit Flüchen fortgejagt.
Seitdem müsse er selbst wandern und könne nicht sterben,
ehe nicht Christus« wiedergekommen sei.« (Als Pfeill bemerkte, daß Hauberrisser ein äußerst verblüfftes Gesicht
machte, erzählte er hastig weiter, um auch seinerseits so
rasch wie möglich von dem Thema »Schuster« loszukom-
men.) »Im dreizehnten Jahrhundert behauptete ein engli-
scher Bischof, in Armenien einen Juden namens Kartaphi-
los kennengelernt zu haben, der ihm anvertraut hätte, zu
gewissen Mondphasen verjünge sich sein Körper, und er
sei dann eine Zeitlang Johannes der Evangelist, von dem
Christus bekanntlich gesagt hat, er werde den Tod nicht
schmecken. – In Holland heißt der Ewige Jude: Isaac La-
quedem; man hat in einem Mann, der diesen Namen trug,
den Ahasver vermutet, weil er lange vor einem steinernen
Christuskopf stehengeblieben war und ausgerufen hatte:
›Das ist er, das ist er; so hat er ausgesehen!‹ – In den Mu-
seen von Basel und Bern wird sogar je ein Schuh gezeigt,
ein rechter und ein linker, kuriose Dinger, aus Lederstük-
ken zusammengesetzt, einen Meter lang und zentner-
schwer, die an verschiedenen Orten in den Gebirgspässen
der italienisch-schweizerischen Grenze gefunden und wegen ihrer Rätselhaftigkeit in unklare Verbindung mit dem
Ewigen Juden gebracht wurden. Übrigens – –«

– Pfeill zündete sich eine Zigarette an –

»Übrigens merkwürdig, daß du gerade jetzt auf die ausgefallene Idee gekommen bist, nach dem Ewigen Juden zu fragen, wo mir ein paar Minuten früher – und zwar außergewöhnlich lebhaft – ein Bild in der Erinnerung aufgetaucht war, das ich einmal vor vielen Jahren in einer Privatgalerie in Leyden gesehen habe. Es soll von einem unbekannten Meister stammen und stellt den Ahasver dar: ein Gesicht von olivbronzener Farbe, unglaublich schreckhaft, eine schwarze Binde um die Stirn, die Augen ohne Weiß und ohne Pupillen, wie – wie soll ich sagen – fast wie Schlünde. Es hat mich noch lange bis in die Träume verfolgt.«

Hauberrisser fuhr empor, aber Pfeill achtete nicht darauf und erzählte weiter:

»Die schwarze Binde um die Stirn, las ich später irgendwo, gilt im Orient als sicheres Kennzeichen des Ewigen Juden. Angeblich soll er damit ein flammendes Kreuz verhüllen, dessen Licht immer wieder sein Gehirn verzehrt, wenn dieses bis zu einem gewissen Grade der Vollkommenheit nachgewachsen ist. – Die Gelehrten behaupten, es seien das lediglich Anspielungen auf kosmische Vorgänge, die den Mond beträfen, und der Ewige Jude heiße auch deshalb: Chidher, das ist: der ›Grüne‹, aber das scheint mir Blech zu sein.

Die Manie, alles, was man am Altertum nicht begreifen kann, als Lesart für Himmelszeichen zu deuten, ist heute wieder sehr beliebt, – eine Zeitlang hat sie gestockt, als ein witziger Franzose eine satirische Abhandlung schrieb: Napoleon hätte nie gelebt, auch er wäre ein Astralmythos, hieße eigentlich Apollon, der Sonnengott, und seine zwölf Generäle bedeuteten die zwölf Tierkreiszeichen.

Ich glaube, die alten Mysterien haben viel gefährlicheres Wissen verborgen als das Wissen von Sonnenfinsternissen und Mondgezeiten, nämlich Dinge, die wirklich verborgen werden mußten; – Dinge, die man heute nicht mehr zu verbergen braucht, weil die dumme Menge sie, Gott sei Dank, sowieso nicht glauben würde und darüber lacht, – Dinge, die gleichen harmonischen Gesetzen gehorchen wie die Sternenwelt und dieser daher ähnlich sind. Nun, sei es, wie es mag, vorläufig schlagen die Gelehrten den Sack, ohne daß der Esel damit gemeint wäre.«

Hauberrisser war in tiefes Nachdenken versunken.

»Was hältst du von den Juden überhaupt?« fragte er nach längerem Stillschweigen.

»Hm. Was ich von ihnen halte? Durchschnittlich sind sie wie Raben ohne Federn. Unglaublich listig, schwarz, krummer Schnabel, und können nicht fliegen. Aber zuweilen kommen Adler unter ihnen vor, das ist keine Frage. Zum Beispiel Spinoza.«

»Du bist also nicht Antisemit?«

»Fällt mir nicht im Schlaf ein. Schon deshalb nicht, weil ich die Christen für zu wenig wertvoll halte. Man wirft den Juden vor, sie hätten keine Ideale. Jedenfalls haben die Christen nur falsche. Die Juden übertreiben alles: Gesetze halten und Gesetze brechen, Frömmigkeit und Gottlosigkeit, Arbeiten und Faulenzen, bloß das Bergeklettern und das Wettrudern, das sie »Gojjim naches« nennen, übertreiben sie nicht, und vom Pathos halten sie nicht viel; die Christen übertreiben das Pathos und – hintertreiben so ziemlich den Rest. In Glaubenssachen sind mir die Juden zuviel Talmud, die Christen zu sehr Talmi.«

»Glaubst du, die Juden haben eine Mission?«

»Freilich! Die Mission, sich selbst zu überwinden. Alles hat die Mission, sich selbst zu überwinden. Wer von andern überwunden wird, hat seine Mission verfehlt; wer seine Mission verfehlt, wird von andern überwunden. Wenn einer sich selbst überwindet, merken die andern nichts davon; wenn aber einer die andern überwindet, wird der Himmel – rot. Der Laie nennt diese ›Licht‹erschei-

29

nung: Fortschritt. Ein Trottel hält ja auch bei einer Explosion das Feuerwerk für das Wesentliche. – Aber verzeih, ich muß jetzt abbrechen«, schloß Pfeill und sah auf die Uhr, »erstens muß ich schleunigst nach Hause, und zweitens könnte ich auf die Dauer soviel Gescheitheit vor dir nicht verantworten. Also: ›Servus‹ – wie die Österreicher sagen, wenn sie das Gegenteil meinen – und falls du Lust hast, besuch mich recht bald in Hilversum.«

Er legte ein Geldstück auf den Tisch für den Kellner, winkte seinem Freunde lächelnd einen Gruß zu und schritt hinaus.

Hauberrisser bemühte sich, seine Gedanken in Ordnung zu bringen.

»Träume ich denn noch immer?« fragte er sich voll Erstaunen. »Was war das? Zieht sich durch jedes Menschenleben ein solcher roter Faden merkwürdiger Zufälle, oder bin ich der einzige, dem derartige Dinge passieren? Greifen die Ringe der Geschehnisse vielleicht erst dann ineinander und bilden eine Kette, wenn man ihre Zusammenhänge nicht dadurch stört, daß man sich Pläne schafft, denen man tölpelhaft nachjagt und infolgedessen das Schicksal in einzelne Stücke reißt, die sonst ein fortlaufendes, wundersam gewebtes Band gebildet hätten?« –

Aus alter ererbter Gewohnheit und den Erfahrungen gemäß, die er bisher im Leben für – scheinbar richtig befunden hatte, versuchte er, das gleichzeitige Auftauchen ein und desselben Bildes in seinem Gehirn und dem seines Freundes auf Gedankenübertragung zurückzuführen und damit zu erklären, aber die Theorie wollte sich diesmal nicht mit der Wirklichkeit decken wie sonst, wo er derlei Dinge auf die leichte Achsel genommen und sie möglichst rasch wieder zu vergessen getrachtet hatte. Pfeills Erinnerung an das olivgrün schimmernde Gesicht mit der schwarzen Binde über der Stirn hatte eine greifbare Grundlage gehabt: Ein Porträt, das angeblich in Leyden hing, – aber woraus war die Traumvision, ebenfalls von einem olivgrün schimmernden Gesicht mit einer schwarzen Binde über der Stirn, die er kurz vorher im Laden des Chidher Grün gehabt hatte, entsprossen?

»Die Wiederkehr des seltsamen Namens ›Chidher‹ in dem kurzen Zeitraum von einer Stunde, – einmal als Firmenschild, dann als sagenhafte Bezeichnung für die Figur des Ewigen Juden, wunderbar genug ist es ja«, sagte sich Hauberrisser, »aber es gibt wohl wenig Menschen, die nicht derartige Beobachtungen in Menge gemacht hätten. Woher es kommen mag, daß Namen, die man früher nie gehört hat, plötzlich serienweise auf einen losprasseln, daß ferner die Leute auf der Gasse, wie das so häufig geschieht, einem Bekannten, den man jahrelang nicht mehr getroffen hat, immer ähnlicher und ähnlicher sehen, bis er selbst gleich darauf um die Ecke biegt – ähnlich, nicht nur in der Einbildung, nein: photographierbar ähnlich, so ähnlich, daß man an den Betreffenden denken muß, ob man will oder nicht, – woher das alles kommen mag? Ob Menschen, die einander ähnlich sehen, nicht auch ein ähnliches Schicksal haben? Wie oft habe ich es schon bestätigt gefunden. Das Schicksal scheint so etwas wie eine unvermeidliche Begleiterscheinung der Körperbildung und Gesichtsform zu sein, an ein bis ins kleinste greifendes Gesetz der Übereinstimmung gebunden. Eine Kugel kann nur rollen, ein Würfel nur kollern, warum sollte ein Lebewesen mit seinem tausendfach komplizierteren Dasein nicht mit ebenso gesetzmäßigen, aber nur tausendfach komplizierteren Erlebnisvorausbestimmungen vor eine Deichsel gespannt sein! – Ich kann es sehr wohl verstehen, daß die alte Astrologie nicht aussterben kann und heute vielleicht mehr Anhänger zählt, als jemals früher, und daß jeder zehnte sich ein Horoskop stellen läßt; nur sind die Menschen offenbar auf dem Holzweg, wenn sie glauben, die sichtbaren Sterne am Himmel bestimmten den Schicksalsweg. Es wird sich da um andere ›Planeten‹ handeln, um solche, die im Blut um das Herz kreisen und andere Umlaufszeiten haben als die Himmelskörper: Jupiter, Saturn usw. – Wenn gleicher Geburtsort, gleiche Geburtsstunde und Geburtsminute allein das entscheidende wären, wie könnte es dann sein, daß Monstrositäten wie die zusammengewachsenen Schwestern Blaschek, die doch in derselben Sekunde geboren wurden, ein so verschiedenes Schicksal hatten, daß die eine Mutter wurde und die andere Jungfrau blieb?«

Ein Herr in weißem Flanellanzug, roter Krawatte, einen Panamahut ein wenig schief aufgesetzt, die Finger überladen mit protzigen Ringen und ein Monokel ins dunkel glühende Auge geklemmt, war bereits vor längerer Zeit an einem entfernten Tische hinter einer großen ungarischen Zeitung aufgetaucht und hatte sich nach mehrmaligem Platzwechsel – als störe ihn überall die Zugluft – bis dicht an Hauberrisser herangepirscht, ohne daß ihn dieser in seinem Grübeln bemerkt hätte.

Erst als der Fremde sich mit auffallend lauter Stimme beim Kellner nach Amsterdamer Vergnügungslokalen und sonstigen Sehenswürdigkeiten erkundigte, wurde Hauberrisser aufmerksam, und der Eindruck der Außenwelt scheuchte sofort seine tiefsinnigen Betrachtungen in das Dunkel zurück, aus dem sie aufgestiegen waren.

Ein schneller Blick überzeugte ihn, daß es der Herr »Professor« Zitter Arpád aus dem Vexiersalon war, der da so sichtlich bestrebt schien, den gänzlich unorientierten, soeben erst der Eisenbahn entschlüpften Neuankömmling zu spielen.

Wohl fehlte der Schnurrbart, und die Pomade war in ein neues Strombett geleitet worden, aber die Gaunervisage des unverkennbaren »Preßburger Hähndelfangers« hatte dadurch nicht das mindeste an Ursprünglichkeit eingebüßt.

Hauberrisser war viel zu gut erzogen, um auch nur mit

einem Wimperzucken zu verraten, daß er sich erinnere, wen er vor sich habe; überdies machte es ihm Spaß, die feinere List des Gebildeten der grobdrähtigen des Ungebildeten entgegenzustellen, der immer und überall glaubt, eine Verkleidung sei gelungen, bloß weil der, dem die Täuschung gelten soll, nicht sofort in komödiantenhaft plumpes Gebärdenspiel und Stirnrunzeln verfällt.

Daß der »Professor« ihm heimlich bis ins Café nachgegangen war und irgendeine balkanesische Halunkerei im Schilde führte, stand für Hauberrisser außer Zweifel; um jedoch ganz sicher zu sein, daß ihm und nicht noch anderen der Mummenschanz galt, machte er eine Bewegung, als wolle er zahlen und gehen. Sofort malte sich ärgerliche Bestürzung in den Mienen des Herrn Zitter.

Hauberrisser schmunzelte befriedigt in sich hinein; »die Firma Chidher Grün – angenommen, der Herr Professor ist tätiger Teilhaber – scheint ja über die mannigfaltigsten Hilfsmittel zu verfügen, wenn es gilt, ihre Kunden im Auge zu behalten: – duftende Damen mit Pagenfrisur, fliegende Korke, gespenstische alte Juden, prophetische Totenköpfe und weißgekleidete talentlose Spione! Allerhand Hochachtung!«

»Irgendeine Bank gibt es wohl hier in der Nähe nicht, Kellner, in der man ein paar englische Tausendpfundnoten in holländisches Geld umwechseln lassen könnte, wie?« fragte der Professor nachlässig, aber wieder mit sehr lauter Stimme und tat sehr ärgerlich, als er eine verneinende Antwort bekam. »In Amsterdam ist es scheinbar recht schljecht mit dem Kljeingeld bestellt«, brach er, halb zu Hauberrisser gewendet, ein Anknüpfungsgespräch vom Zaun. »Schon im Hotel hatte ich Schwjierigkeiten damit.«

Hauberrisser schwieg.

»Ja, hm, recht vjiel Schwjierigkeiten.«

Hauberrisser ließ sich nicht erweichen.

»Zum Glück kannte der Hotelbesitzer meinen Stammsitz. – – – Graf Ciechonski, wenn ich mich vorstellen darf. Graf Wlodzimierz Ciechonski.«

Hauberrisser verbeugte sich kaum merklich und murmelte seinen Namen so unverständlich wie nur möglich, der Graf schien jedoch ein ungemein feines Ohr zu haben, denn er sprang freudig erregt auf, eilte zum Tisch, nahm sofort in Pfeills leerem Sessel Platz und rief jubelnd: »Hauberrisser? Der berühmte Torpedoingenieur Hauberrisser? Graf Ciechonski mein Name, Graf Wlodzimierz Ciechonski, Sie gestatten doch?«

Hauberrisser schüttelte lächelnd den Kopf. »Sie irren, ich war niemals Torpedoingenieur.« (»Ein dummes Luder das«, setzte er innerlich hinzu, »schade, daß er den polnischen Grafen mimt; als Professor Zitter Arpád aus Preßburg wäre er mir lieber gewesen; ich hätte ihn dann im Lauf der Zeit wenigstens über seinen Kompagnon Chidher Grün ausholen können.«)

»Njicht? Schade. Aber das macht nichts. Schon der Name Hauberrisser erweckt in mir, oh, so liebe Erinnerungen«, die Stimme des Grafen zitterte vor Rührung, – »er und der Name Eugène Louis Jean Joseph sind eng mit unserer Familie verknjüpft.«

»Jetzt will er, daß ich frage, wer dieser Louis Eugène Joseph ist. Just nicht«, dachte sich Hauberrisser und sog stumm an seiner Zigarette.

»Eugène Louis Jean Joseph war nämlich mein Taufpate. Gleich darauf ging er nach Afrika in den Tod.«

»Wahrscheinlich aus Gewissensbissen«, brummte Hauberrisser in sich hinein. »So, hm, in den Tod, sehr bedauerlich.«

»Ja leider, leider, leider. Eugène Louis Jean Joseph! Er hätte Kaiser von Frankreich sein können.«

»Was hätte er?« – Hauberrisser glaubte falsch gehört zu haben – »Kaiser von Frankreich hätt' er sein können?«

»Sicherlich!« Stolz spielte Zitter Arpád seinen Trumpf

aus: »Prinz Eugène Louis Jean Joseph Napoleon IV. Er fiel am 1. Juni 1879 im Kampf gegen die Zulus. Ich besitze sogar eine Locke von ihm«, er zog eine goldene Taschenuhr von Beefsteakgröße und geradezu teuflischer Geschmacklosigkeit hervor, öffnete den Deckel und deutete auf ein Büschel schwarzer Pinselhaare. »Die Uhr ist auch von ihm. Ein Taufgeschenk. Ein Wunderwerk.« Er erläuterte: »Wenn man hier drückt, schlägt sie Stunden, Minuten und Sekunden, und gleichzeitig erscheint auf der Rückseite ein bewegliches Liebespaar. Dieser Knopf löst die Rennzeiger aus; dieser stoppt sie; wenn man ihn weiter hinunterdrückt, erscheint das jeweilige Mondviertel; noch tiefer hinein, und das Datum klappt auf. Dieser Hebel nach links, und ein Tropfen Moschusparfüm spritzt hervor, – nach rechts, und es ertönt die Marseillaise. Es ist ein wahrhaft königliches Geschenk. Es existieren im ganzen nur zwei Stück davon.«

»Immerhin ein Trost«, gab Hauberrisser höflich und doppeldeutig zu. Das Gemisch von bodenloser Frechheit und gänzlicher Unkenntnis weltmännischer Umgangsformen belustigte ihn auf das höchste.

Graf Ciechonski, ermutigt durch die freundliche Miene des Ingenieurs, wurde immer zutraulicher, erzählte von seinen immensen Gütern in Russisch-Polen, die leider durch den Krieg verwüstet wären, (zum Glück sei er nicht darauf angewiesen, denn durch intime Beziehungen zu amerikanischen Börsenkreisen verdiene er in London mit Spekulationen ein paar tausend Pfund im Monat) – kam auf Pferderennen zu sprechen und bestochene Jockeis, auf Milliardärsbräute, die er zu Dutzenden kenne, auf spottbillige Territorien in Brasilien und im Ural, auf noch unbekannte Petroleumquellen am Schwarzen Meer, auf ungeheuerliche Erfindungen, die er in der Hand hätte und die eine Million täglich tragen müßten, – auf vergrabene Schätze, deren Besitzer geflohen oder gestorben seien, auf untrügliche Methoden, im Roulette zu gewinnen, – er-

35

zählte von riesigen Spionagegeldern, die Japan vertrauenswürdigen Personen auszuzahlen nur so brenne (natürlich müsse man zuerst Depot erlegen), schwätzte von unterirdischen Freudenhäusern in den großen Städten, zu denen nur Eingeweihte Zutritt hätten, ja sogar vom Goldlande Ophir des Königs Salomo, das, wie er ganz sicher aus Papieren seines Taufpaten Eugène Louis Jean Joseph wisse, im Zululande läge, berichtete er bis ins kleinste genau.

Er war vielseitiger noch als seine Taschenuhr, warf tausend Angelhaken aus, einen plumper als den andern, um seinen Fisch zu ködern; wie ein kurzsichtiger Einbrecher, der Dietrich um Dietrich am Türschloß eines Hauses probiert, ohne das Schlüsselloch zu erwischen, tastete er die Seele Hauberrissers ab, aber es gelang ihm nicht, das Fenster zu finden, durch das er hätte einsteigen können.

Endlich gab er es erschöpft auf und fragte Hauberrisser kleinlaut, ob dieser ihn nicht in irgendeinen vornehmen Spielklub einführen möchte; doch auch hierin schlugen seine Hoffnungen fehl: Der Ingenieur entschuldigte sich damit, daß er selber in Amsterdam fremd sei.

Mißmutig schlürfte er seinen Sherry-Cobler.

Hauberrisser betrachtete ihn sinnend. »Ob es nicht das gescheiteste wäre«, überlegte er, »ich sagte ihm auf den Kopf zu, daß er ein Taschenspieler ist. Ich gäbe etwas darum, wenn er mir sein Leben erzählte. Bunt genug mag es gewesen sein. Eine Welt von Schmutz muß dieser Mensch schon durchwatet haben. Aber natürlich, er würde leugnen und schließlich grob werden.« – Ein Gefühl von Gereiztheit stieg in ihm auf; »unerträglich ist das Dasein unter den Menschen und Dingen dieser Welt geworden; Berge von leeren Schalen überall, und stößt man einmal auf etwas, was so aussieht wie eine Nuß, die des Aufknakkens wert wäre, – siehe da, es ist ein toter Kiesel.«

»Juden! Chassiden!« brummte der Hochstapler verächtlich und deutete auf einen Trupp zerlumpter Gestalten, die

36

eilig – die Männer mit wirren Bärten und schwarzen Kaftans voran, die Frauen, ihre Kinder in Bündel geschnürt auf dem Rücken, hinterdrein – lautlos, mit weit aufgerissenen, irrsinnig in die Ferne starrenden Augen die Straße vorbeizogen. »Auswanderer. Keinen Cent in der Tasche. Sie glauben, das Meer wird eine Gasse bilden, wenn sie kommen. Verrückt! Neulich in Zandvoort wäre eine ganze Menge beinahe ersoffen, wenn man sie nicht noch rechtzeitig herausgezogen hätte.«

»Meinen Sie das im Ernst, oder machen Sie bloß Spaß?«

»Nein, nein, mein voller Ernst. Haben Sie denn nicht davon gelesen? Der Religionswahnsinn bricht jetzt überall aus, wohin man schaut. Vorläufig sind's ja meist nur die Armen, die davon befallen werden, aber« – Zitters ärgerliche Miene hellte sich auf bei dem Gedanken, daß vielleicht bald eine Zeit kommen könne, wo sein Weizen blühen würde – »aber es wird nicht lange dauern, dann packt's die Reichen auch. Ich kenne das.« – Froh, wieder ein Gesprächsthema gefunden zu haben, denn Hauberrisser hatte gespannt aufgehorcht, wurde er sofort wieder geschwätzig. »Nicht nur in Rußland, wo von jeher die Rasputins und Johann Sergiews und andere Heilige aus dem Boden wuchsen, – in der ganzen Welt breitet sich der Wahnsinn aus, daß der Messias kommt. Sogar unter den Zulus in Afrika gärt's schon; da läuft zum Beispiel dort ein Nigger herum, nennt sich ›der schwarze Elias‹ und tut Wunder. Ich weiß das ganz genau von Eugène Louis« – er verbesserte sich rasch – »von einem Freund, der kürzlich dort auf Leopardenjagd war. Einen berühmten Zuluhäuptling kenne ich übrigens selber von Moskau her« – sein Gesicht wurde plötzlich unruhig – »und, wenn ich's nicht mit eignen Augen gesehen hätte, würde ich's nie geglaubt haben: Der Kerl, in allen andern Tricks ein Mordsesel, kann wahrhaftig, so wahr ich hier sitze, zaubern. Ja ja: zaubern! Lachen Sie nicht, lieber Hauberrisser; ich hab's selber gesehen, und mir macht kein Artist was vor«, – er vergaß einen Moment ganz, daß er die Rolle eines Grafen Ciechonski zu spielen hatte, – »das Zeug kann ich selber auf dem ff. Wie er's macht, weiß der Teufel. Er sagt, er habe einen Fetisch, und wenn er den anruft, wird er feuerfest. Tatsache ist: Er macht große Steine rotglühend – Herr, ich hab' sie selbst untersucht! – und schreitet langsam drüber weg, ohne sich die Füße zu verbrennen.« In der Erregung fing er an, an seinen Fingernägeln zu beißen, und brummte in sich hinein: »Aber wart nur, Bursche, ich komme dir schon dahinter.« – Erschreckt, daß er sich möglicherweise zuviel habe gehenlassen, nahm er schnell wieder die polnische Grafenmaske vor und leerte sein Glas, »Prost, ljieber Hauberrisser, prost, prost. Vielleicht sehen Sie ihn einmal selber, den Sulu; ich chöre, er ist in Cholland und tritt in einem Zirkus auf. Aber wollen wir jetzt nicht nebenan im Amstelroom einen Imbiß –«

Hauberrisser stand rasch auf, der »Graf« interessierte ihn an Herrn Zitter Arpád ganz und gar nicht. »Bedaure lebhaft, aber ich bin für heute vergeben. Vielleicht ein anderes mal. Adieu. Sehr gefreut.«

Verblüfft durch den kurzen Abschied, sah ihm der Hochstapler mit offnem Munde nach.

Drittes Kapitel

Von einer wilden innern Aufregung ergriffen, über deren Ursache er sich keinerlei Rechenschaft zu geben vermochte, eilte Hauberrisser durch die Straßen.

Als er an dem Zirkus vorüberkam, in dem die Zulutruppe Usibepus auftrat – Zitter Arpád konnte nur sie gemeint haben –, überlegte er einen Augenblick, ob er sich die Vorstellung ansehen solle, ließ aber gleich darauf seinen Entschluß wieder fallen. Was kümmerte es ihn, ob ein Neger zaubern konnte; Neugierde nach Ungewöhnlichem war es nicht, das ihn umhertrieb und ruhelos machte. Etwas Unwägbares, Gestaltloses, das in der Luft lag, peitschte seine Nerven auf, – derselbe rätselhafte Gifthauch, der ihn zuweilen, noch ehe er nach Holland gereist war, so heftig gewürgt hatte, daß er in solchen Fällen unwillkürlich mit Selbstmordideen spielte.

Er überlegte, woher es diesmal wieder gekommen sein mochte. Ob es von den jüdischen Auswanderern, die er gesehen hatte, wie eine Ansteckung auf ihn übergegangen war?

»Es muß der gleiche unbegreifliche Einfluß sein, der diese religiösen Fanatiker über die Erde jagt und mich aus meiner Heimat vertrieben hat«, fühlte er; »bloß unsere Motive sind verschieden.«

Schon lange vor dem Kriege hatte er diesen unheimli-

39

chen seelischen Druck an sich erfahren, nur war es damals noch möglich gewesen, ihn durch Arbeit oder Vergnügen zeitweilig zu unterdrücken; er hatte ihn als Reisefieber, als nervöse Launenhaftigkeit, als Begleiterscheinung falscher Lebensführung gedeutet, dann später, als die Blutfahne über Europa zu flattern begann: als Vorahnung der Ereignisse. Aber warum steigerte sich jetzt nach dem Kriege dieses Gefühl noch von Tag zu Tag fast bis zur Verzweiflung? Und nicht nur bei ihm – fast jeder, mit dem er darüber gesprochen hatte, wußte von sich selbst Ähnliches zu berichten.

Sie alle, wie er, hatten sich damit getröstet, wenn der Krieg beendet sei, werde der Frieden auch in den Herzen der einzelnen wiederkehren. Statt dessen war genau das Gegenteil eingetreten.

Die banale Weisheit der gewissen Hohlköpfe, die gewohnheitsgemäß bei allem und jedem die billigste Erklärung zur Hand haben und die Fieberschauer der Menschheit auf gestörte Behaglichkeit zurückführten, – konnte sie das Rätsel lösen? Die Ursache lag tiefer.

Gespenster, riesenhafte, formlos und nur erkennbar an den entsetzlichen Verheerungen, die sie angerichtet, bei den heimlichen Sitzungen kaltherziger, ehrgeiziger Greise um den grünen Tisch herum entstandene Gespenster hatten sich Millionen von Opfern geholt und sich dann scheinbar wieder für einige Zeit schlafen gelegt; aber jetzt erhob das grauenhafteste aller Phantome, längst schon zu lauerndem Leben erweckt durch den Fäulnishauch einer verwesenden Scheinkultur, sein Medusenhaupt vollends aus dem Abgrund und höhnte der Menschheit ins Gesicht, daß es nur ein Rad der Qual gewesen war, das sie im Kreise getrieben hatte im Wahn, dadurch für kommende Geschlechter die Freiheit zu gewinnen, – und weiter treiben würde trotz Wissen und Erkenntnis für alle Zeiten.

In den letzten Wochen war es Hauberrisser scheinbar

gelungen, sich über seinen Lebensüberdruß hinwegzutäuschen; er hatte sich die sonderbare Idee zurechtgelegt, mitten in einer Stadt, die sozusagen über Nacht infolge der Zeitläufte aus einem Weltmarkt mit gezügelter Leidenschaft zu einem internationalen Tummelplatz hirnverwirrender, wilder Instinkte geworden war, als Einsiedler, als innerlich Unbeteiligter, zu leben, und hatte seinen Plan auch bis zu einem gewissen Grade durchgeführt, doch jetzt brach die alte Müdigkeit, durch irgendeinen winzigen Anlaß wiedererweckt, abermals hervor, stärker als je, verzehnfacht durch den Anblick der plan- und sinnlos um ihn her durchs Dasein taumelnden Menge.

Als sei er bisher blind gewesen, erschreckte ihn plötzlich aufs tiefste der Ausdruck in den Gesichtern, die ihn umwimmelten.

Das waren nicht mehr die Mienen von Menschen, die, vergnügungssüchtig oder, um die Sorgen des Tages zu verschütten, zu einer Schaustellung eilten, wie sie von früher her in seiner Erinnerung lebten! Die beginnenden Anzeichen eines unheilbaren Entwurzeltseins sprachen aus ihnen.

Der bloße Kampf ums Dasein gräbt andere Furchen und Linien in die Haut.

Er mußte an Kupferstiche denken, die die Pestorgien und Tänze des Mittelalters darstellten, und dann wieder an Vogelschwärme, die, das Kommen eines Erdbebens spürend, lautlos und in dumpfer Angst über die Erde kreisen. – –

Wagen um Wagen raste zum Zirkus, und mit einer nervösen Hast, als ginge es um Leben und Tod, eilten die Leute hinein: Damen, brillantenübersät, mit fein geschnittenen Gesichtern, zu Kokotten gewordene französische Baronessen, vornehme, schlanke Engländerinnen, noch vor kurzem zur besten Gesellschaft gehörig, jetzt zu zweit am Arme irgendeines über Nacht reich gewordenen Börsenhalunken mit Rattenaugen und Hyänenschnauze, – russische Fürstinnen, jede Fiber an ihnen zuckend vor Übernächtigkeit und Überreiztheit; nirgends mehr auch nur eine Spur ehemaliger aristokratischer Gelassenheit – alles hinweggespült von den Wellen einer geistigen Sintflut.

Wie das Vorzeichen einer kommenden furchtbaren Zeit erscholl im Innern des Hauses in Intervallen, bald schreckhaft nahe und laut, dann wieder plötzlich erstickt von zufallenden dicken Vorhängen, das langgezogene heisere Gebrüll von wilden Bestien, und ein beißender Geruch nach Raubtieratem, Parfüm, rohem Fleisch und Pferdeschweiß wehte auf die Straße heraus.

Durch den Ideenkontrast wachgerufen, schob sich ein Bild aus der Erinnerung von Hauberrissers Blick: ein Bär hinter den Käfigstäben einer wandernden Menagerie, der, die linke Tatze gefesselt, eine Verkörperung grenzenloser Verzweiflung, von einem Bein aufs andere trat – unablässig, tagelang, monatelang, noch Jahre später, als er ihm wieder auf einem Schaubudenmarkte begegnete.

»Warum hast du ihn damals nicht losgekauft!« schrie ein Gedanke Hauberrisser ins Hirn hinein, – ein Gedanke, den er wohl hundertmal schon verjagt hatte, der aber immer wieder aus dem Hinterhalte auf ihn lossprang, immer mit demselben brennenden Gewand des Vorwurfs angetan, wenn seine Stunde kam, – ewig jung und unversöhnlich wie am ersten Tage, als er entstanden war, – ein Zwerg, scheinbar nichtig und klein gegenüber den riesengroßen Versäumnissen, die im Leben eines Menschen einander die Hand reichen, und dennoch von allen Gedanken der einzige, über den die Zeit keine Macht besaß.

»Die Schatten der Myriaden gemordeter und gefolterter Tiere haben uns verflucht, und ihr Blut brüllt nach Rache«, ballte sich eine wirre Vorstellung in Hauberrissers Gehirn einen Pulsschlag lang zusammen; »wehe uns Menschen, wenn beim Jüngsten Gericht die Seele auch nur eines einzigen Pferdes im Rate der Ankläger sitzt. – Warum habe ich ihn damals nicht losgekauft!« – – Wie oft hatte er sich schon die bittersten Vorwürfe deshalb gemacht und sie jedesmal mit dem Argument erstickt, daß die Befreiung des Bären belangloser gewesen wäre als das Umdrehen eines Sandkorns in der Wüste. Aber – er überflog im Geiste sein Leben – hatte er jemals irgend etwas vollbracht, das belangreicher gewesen wäre? Er hatte studiert und die Sonne versäumt, um Maschinen zu bauen, hatte Maschinen gebaut, die längst verrostet waren, und darüber versäumt, andern zu helfen, daß sie sich hätten der Sonne erfreuen können, – hatte nur sein Teil beigetragen zur großen Zwecklosigkeit.

Er erkämpfte sich mühsam einen Weg durch die andrängende Menge zu einem freien Platz, rief eine Droschke an und ließ sich hinaus vor die Stadt fahren.

Ein Heißhunger nach versäumten Sommertagen hatte ihn mit einemmal überfallen. – –

Die Räder rumpelten mit quälender Langsamkeit über das Pflaster, und die Sonne war doch schon im Untergehen begriffen; vor Ungeduld, ins Freie zu kommen, wurde er nur noch gereizter.

Als er endlich das fette Grün des Landes, bis in die unendlich scheinende Ferne von einem Gitter aus braunen regelmäßigen Wasserstraßen zerschnitten, vor sich sah, mitten in den Inseln Abertausende gefleckter Rinder, die alle eine Matratze auf dem Rücken trugen als Schutz gegen die abendliche Kühle, und dazwischen die holländischen Bäuerinnen mit den weißen Hauben, den messingnen Krulltjes an den Schläfen und den sauberen Melkeimern, – wie das Bild auf einer großen blaßblauen Seifenblase stand es vor ihm, in der die Windmühlen mit ihren Flügeln als die ersten schwarzen Kreuzeszeichen einer kommenden ewigen Nacht erschienen.

Es war ihm wie das Traumgesicht eines Landes, in das er

den Fuß nicht mehr setzen dürfe, wie er so an schmalen Wegen die Weideplätze entlangfuhr, immer durch einen von den letzten Sonnenstrahlen roten Flußstreifen von ihnen getrennt.

Der Geruch nach Wasser und Wiesen, der zu ihm herüberzog, löste seine Unruhe nur in ein Gefühl der Schwermut und Verlassenheit auf.

Dann, als das Gras dunkel wurde und aus der Erde ein silbriger Nebel stieg, bis die Herden in Rauch zu stehen schienen, kam es ihm vor, als wäre sein Kopf ein Kerker, und er selbst säße darin und blickte durch seine Augen hindurch wie durch langsam erblindende Fenster in eine Welt der Freiheit hinein, die für immer Abschied nimmt. – – – – – – – – – –

Die Stadt lag in tiefer Dämmerung, und das hallende Dröhnen von den zahllosen seltsam geformten Türmen und ihre Glockenspiele zitterten durch den Dunst, als die ersten Häuserreihen ihn aufnahmen.

Er entließ den Wagen und ging der Richtung zu, in der seine Wohnung lag, durch winklige Gassen, Grachten entlang, in denen regungslos schwarze plumpe Kähne schwammen, eingetaucht in eine Flut fauler Äpfel und verwesenden Unrats, unter Giebeln mit eisernen Hebearmen hinweg, die aus vornübergeneigten Mauern sich im Wasser spiegelten.

An den Türen saßen gruppenweise auf Stühlen, die sie aus ihren Stuben geholt hatten, Männer in blauen weiten Hosen und roten Kitteln, Weiber flickten schwätzend an Netzen, und Scharen von Kindern spielten auf der Straße.

Rasch schritt er hindurch an den offenen Hausfluren vorbei, die ihn anhauchten mit ihrem Atem von Fischgeruch, Arbeitsschweiß und ärmlichem Alltag, über Plätze hin, wo an den Ecken die Waffelbäcker ihre Stände aufgeschlagen hatten und ein Brodem von brenzlichem Schmalzdampf bis in die schmalen Gassen zog.

Die ganze Trostlosigkeit der holländischen Hafenstadt mit dem sauber gewaschenen Pflaster und den unsagbar schmutzigen Kanälen, den wortkargen Menschen, dem fahlweißen Netzwerk der Schiebefenster an den engbrüstigen Häuserfassaden, den engen Käse- und Heringsläden mit ihren schwelenden Petroleumlichtern und den giebligen rotschwärzlichen Dächern, legte sich ihm auf die Brust.

Einen Augenblick sehnte er sich fast aus diesem Amsterdam mit seiner finsteren Abkehr von Heiterkeit zurück in die lichteren Städte, die er von früher kannte und in denen er gelebt hatte. Das Dasein in ihnen schien ihm mit einemmal wieder begehrenswert, – wie alles, was in der Vergangenheit liegt, schöner und besser erscheint als die Gegenwart, – doch die letzten, häßlichen Erinnerungen, die er von ihnen mitgebracht hatte, die Eindrücke äußern und innern Verfalls und des unaufhaltsamen Hinwelkens erstickten sofort das leise erwachende Heimweh.

Um seinen Weg abzukürzen, passierte er eine eiserne Brücke, die über eine Gracht in die feinen Stadtviertel führte, und durchquerte eine in Licht getauchte, dichtbelebte Straße mit prunkvollen Schaufenstern, um ein paar Schritte später, als habe die Stadt blitzschnell ihr Antlitz verändert, wieder in einer stockfinstern Gasse zu stehen: Die alte Amsterdamer »Neß«, die berüchtigte Dirnen- und Zuhälterstraße, vor Jahren niedergerissen, war hier wie eine scheußliche Krankheit, die plötzlich von neuem hervorbricht, in einem andern Stadtteil wieder auferstanden mit einem ähnlichen, nicht mehr so wilden und rohen, aber weit furchtbareren Gesicht.

Was Paris, London, die Städte Belgiens und Rußlands an Existenzen ausspien, die, auf kopfloser Flucht vor den losbrechenden Revolutionen ihre Heimat mit dem erstbesten Zug verlassen hatten, traf hier in diesen »vornehmen« Lokalen zusammen.

Portiers mit langen blauen Röcken, Dreispitze auf dem Kopf und Stäbe mit Messingknäufen in der Hand, rissen stumm wie Automaten die gepolsterten Eingangstüren auf und schlugen sie wieder zu, als Hauberrisser vorüberschritt, so daß jedesmal ein greller, blendender Schein auf die Gasse fiel und eine Sekunde lang wie aus einer unterirdischen Kehle heraus ein wüster Schrei von Negermusik, Zimbalbrausen oder wahnwitzig aufheulenden Zigeunergeigen die Luft zerriß.

Oben, in den ersten und zweiten Stockwerken einzelner Häuser, herrschte eine andere Art Leben – ein lautloses, flüsterndes, katzenhaft lauerndes hinter roten Gardinen. Kurzes, schnelles Fingertrommeln an den Scheiben, da und dort gedämpfte Rufe, hastig abgerissen, in allen Sprachen der Welt und dennoch nicht mißzuverstehen, – ein Oberleib in weißer Nachtjacke, der Kopf unsichtbar in der Finsternis, wie abgehauen von einem Rumpf mit winkenden Armen, – dann wieder: offene, pechschwarze Fenster, leichenhaft still, als wohne in den Zimmern dahinter der Tod.

Das Eckhaus, das die lange Gasse abschloß, schien verhältnismäßig harmlosen Charakters zu sein; – ein Gemisch aus Tingeltangel und Restaurant, nach den Zetteln zu schließen, die an den Mauern klebten.

Hauberrisser trat ein.

Ein menschenüberfüllter Saal mit runden, gelbgedeckten Tischen, an denen gegessen und getrunken wurde.

Im Hintergrund ein erhöhtes Podium mit einem Halbkreis von etwa zwölf Chansonetten und Komikern, die auf Stühlen saßen und warteten, bis ihre Nummer drankam.

Ein alter Mann mit kugelförmigem Bauch, aufgeklebten Glotzaugen, weißem Kehlbart, die unglaublich dünnen Beine in grünen Froschtrikots mit Schwimmhäuten, saß zehenwippend neben einer französischen Coupletsängerin im Incroyablekostüm und unterhielt sich flüsternd mit ihr über anscheinend sehr wichtige Dinge, während das Publikum verständnislos den in deutscher Sprache gehaltenen Vortrag eines als polnischer Jude verkleideten Charakterdarstellers in Kaftan und hohen Stiefeln über sich ergehen ließ, der, eine kleine Glasspritze, wie sie in Bandagistenläden feil sind – für Ohrenleidende – in der Hand hielt und dazu, nach jeder Strophe einen grotesken »Deigestanz« einschaltend, durch die Nase sang:

»Jach ordiniier
vün draj bis vier
und wohn' im zweiten Stock;
als Spezialist
berihmt sehr ist
der Doktor Feiglstock.«

––––––––––

Hauberrisser sah sich nach einem noch freien Platz um; überall war die Menge – anscheinend zumeist Einheimische bürgerlichen Mittelstandes, – dicht gedrängt; nur an einem Tisch in der Mitte lehnten auffallenderweise noch ein paar leere Stühle. Drei wohlbeleibte, gereifte Frauen und eine alte, streng blickende mit Adlernase und Hornbrille saßen, emsig Strümpfe strickend, um eine mit buntwollener Gockelhaube bedeckte Kaffeekanne herum wie in einer Insel häuslichen Friedens.

Ein freundliches Nicken der vier Damen gestattete ihm, sich zu setzen.

Im ersten Augenblick hatte er geglaubt, es sei eine Mutter mit ihren verwitweten Töchtern, aber, wie er jetzt sah, konnten sie kaum verwandt sein. Dem Typus nach waren die drei jüngern, wenn auch einander ganz unähnlich – alle blond, fett, etwa fünfundvierzig Jahre alt und von kuhartiger Behäbigkeit –, Holländerinnen, während die weißhaarige Matrone offenbar aus dem Süden stammte.

47

Schmunzelnd brachte ihm der Kellner das Beefsteak; ringsum die Leute an den Tischen grinsten, sahen herüber, tauschten halblaute Bemerkungen, was hatte das alles zu bedeuten? Hauberrisser konnte nicht klug daraus werden; er musterte heimlich die vier Frauen, nein, unmöglich, – sie waren die Spießbürgerlichkeit selbst.

Schon das gesetzte Alter verbürgte ihre Ehrbarkeit.

Oben auf dem Podium hatte soeben ein sehniger Rotbart mit sternenbannergeschmücktem Zylinderhut, enganliegenden, blauweißgestreiften Hosen, an der grün-gelb karierten Weste eine Weckeruhr und in der Tasche eine erwürgte Ente – seinem Kollegen, dem greisen Frosch, unter den gellenden Klängen des Yankeedoodle den Schädel gespalten, und ein Rotterdamer Lumpensammlerehepaar sang »met Piano Begeleidingen« das alte schwermütige Lied von der gestorbenen »Zandstraat«:

>»Zeg Rooie, wat zal jij verschrikken
>Als jij's thuis gevaren ben:
>Dan zal je zien en ondervinden
>Dat jij de Polder nie meer ken.
>De heele keet wordt afgebroken,
>De heeren krijgen nou d'r zin.
>De meides motten uit d'r zaakies
>De Burgemeester trekt erin.«

Ergriffen, als handle es sich um einen protestantischen Choral, – die Augen der drei fetten Holländerinnen glänzten tränenfeucht, – brummte das Publikum mit:

>»Ze gaan de Zandstraat netjes maken
>'t Wordt 'n kermenadebuurt
>De huisies en de stille knippies
>Die zijn al an de Raad verhuurt.
>Bij Nielsen ken je nie meer dansen

Bij Charley zijn geen meisies meer.
En moeke Bet draag al'n hoedje
Die wordt nu zuster in den Heer.«

_ _ _ _ _ _ _ _ _

Grell, wie die Arabesken in einem Kaleidoskop, lösten die Nummern des Programms einander ab, ohne Pause, kunterbunt zusammengestellt: pudellockige englische Babygirls von schreckenerregender Unschuld, Apachen mit rotwollenen Shawls, eine syrische Bauchtänzerin, gefüllt mit wild wogenden Eingeweiden, Glockenimitatoren und bayerische melodisch rülpsende Schnadahüpfler.

Eine fast narkotische Nervenberuhigung ging von diesem Mischmasch von Sinnlosigkeiten aus, als hafte ihnen etwas an von der seltsamen Zauberkraft, die einem kindischen Spielzeug innewohnt und oft ein besseres Heilmittel ist für ein vom Leben zermürbtes Herz als das erhabenste Kunstwerk.

Hauberrisser verging die Zeit, er merkte es kaum, und als eine Schlußapothese die Vorstellung krönte und die Artistentruppe mit entfalteten Bannern aller Völker der Erde – vermutlich ein Symbol für den glücklich wiederhergestellten Weltfrieden – abzog, voran ein kakewalktanzender Neger mit dem üblichen:

Oh Susy Anna
Oh don't cry for me
I'm goin' to Loosiana
My true love for to see – – –

konnte er sich nicht genug wundern, daß er das Verschwinden der zahlreichen Zuschauer nicht gemerkt hatte; der Saal war beinahe leer.

Auch seine vier Tischnachbarinnen hatten sich lautlos empfohlen.

Statt dessen lag als zartes Angebinde auf seinem Weinglas: eine rosa Visitenkarte mit zwei schnäbelnden Tauben und der Aufschrift

> MADAME GITEL SCHLAMP
> die ganze Nacht geöffnet
> Waterloo Plein Nr. 21
> 15 Damen
> Im eigenen Palais

Also doch! – – – –

»Wünscht der Herr ein verlängertes Eintrittsbillet?« fragte der Kellner leise, vertauschte flink das gelbe Tischtuch mit einer weißen Damastdecke, stellte einen Strauß Tulpen in die Mitte und legte silberne Bestecke auf.

Ein ungeheurer Ventilator fing an zu surren und saugte die plebejische Luft empor.

Livrierte Diener zerstäubten Parfüms, ein roter Sammetläufer rollte seine Zunge auf über dem Boden bis über das Podium, Klubsessel aus grauem Leder wurden hereingeschoben.

Man hörte das Vorfahren von Wagen und Automobilen auf der Straße.

Damen in Abendtoiletten von ausgesuchter Eleganz, Herren im Frack strömten herein: dieselbe internationale, scheinbar feinste Gesellschaft, die Hauberrisser abends sich in den Zirkus hatte drängen sehen.

In wenigen Minuten waren die Räume voll bis zum letzten Platz.

Leises Klirren von Lorgnonketten, halblautes Lachen, Knistern seidner Röcke, Duft von Damenhandschuhen und Tuberosen, blitzende Perlenrivièren und Brillanttropfen, Zischen von Champagnerflaschen, das spröde Rascheln der Eisstücke in den silbernen Kühlern, wütendes

Kläffen eines Schoßhündchens, weiße, diskret gepuderte Frauenschultern, Schaumwellen von Spitzen, süßlich scharfer Geruch von kaukasischen Zigaretten; – das Bild, das der Saal soeben noch geboten, war nicht mehr zu erkennen.

Wieder saßen an Hauberrissers Tisch vier Damen, – eine ältere mit goldner Lorgnette und drei jüngere, – eine schöner als die andere: Russinnen mit schmalen, nervösen Händen, blondem Haar und dunklen Augen, die niemals zwinkerten, den Blicken der Herren nicht auswichen und sie dennoch nicht zu sehen schienen.

Ein junger Engländer, dessen Frack von weitem den ersten Schneider verriet, kam vorüber, blieb eine Weile stehen, wechselte ein paar verbindliche Worte mit ihnen – ein feines, vornehmes, todmüdes Gesicht; der linke Ärmel, leer bis zur Achsel, baumelte schlaff herab und ließ seine schmächtige hohe Gestalt noch schmaler erscheinen; das Monokel wie festgewachsen in der tiefen Knochenhöhle unter der Braue.

Lauter Menschen ringsum, die der Spießer aller Völker instinktiv haßt wie der krummbeinige Dorfköter den hochgezogenen Rassehund, – Geschöpfe, die den breiten Massen immer ein Rätsel bleiben, ihr ein Gegenstand der Verachtung und des Neides zugleich sind, – Wesen, die in Blut waten können, ohne mit der Wimper zu zucken, und ohnmächtig werden, wenn eine Gabel auf dem Teller kreischt, – die wegen eines schiefen Blickes zur Pistole greifen und ruhig lächeln, wenn man sie beim Falschspielen ertappt, – die ein Laster alltäglich finden, vor dem der »Bürger« sich bekreuzigt, und lieber drei Tage dursten, als aus einem Glas trinken, das ein anderer benutzt hat, – die an den lieben Gott glauben wie an etwas Selbstverständliches, aber sich von ihm absondern, weil sie ihn für uninteressant halten, – die für hohl gelten bei solchen, die voll Plumpheit als Lack und Tünche zu durchschauen glauben, was in Wirk-

lichkeit seit Geschlechtern zum wahren Wesenskern geworden ist, und doch weder hohl sind noch das Gegenteil,
– Geschöpfe, die keine Seele mehr haben und deshalb der
Inbegriff des Verabscheuungswürdigen sind für die
Menge, die nie eine Seele haben wird, – Aristokraten, die
lieber sterben als kriechen und mit unfehlbarem Spürsinn
den Proleten in einem Menschen wittern, ihn tiefer stellen
als ein Tier und unbegreiflicherweise vor ihm zusammen-
knicken, wenn er zufällig auf dem Thron sitzt, – Mächtige,
die hilfloser werden können als ein Kind, wenn das Schicksal nur die Stirne runzelt, – – Werkzeuge des Teufels und
sein Spielball zugleich. – – – –

Ein unsichtbares Orchester hatte den Hochzeitsmarsch
aus Lohengrin beendet.

Eine Glocke schrillte.

Der Saal wurde still.

An der Wand über der Bühne leuchteten in winzigen
Glühbirnen Buchstaben auf:

! La Force d'Imagination !

und ein französisch friseurhaft aussehender Herr in Smoking und weißen Handschuhen, mit schütterem Haar und
Spitzbart, schlaffen, gelben Hängebacken, eine kleine rote
Rosette im Knopfloch und tiefe Schatten um die Augen,
trat aus dem Vorhang heraus, verbeugte sich und setzte
sich stumm auf einen Sessel inmitten des Podiums.

Hauberrisser nahm an, es werde irgendein mehr oder
weniger zweideutiger Vortrag, wie man sie in Kabaretts zu
hören bekommt, folgen, und blickte ärgerlich weg, als der
Darsteller – ob aus Verlegenheit, oder sollte ein ordinärer
Witz daraus werden? – an seiner Toilette zu nesteln begann.

Eine Minute verging, und noch immer herrschte laut-
lose Stille im Saal und auf der Bühne.

Dann setzten gedämpft zwei Geigen im Orchester ein,
und wie aus weiter Ferne blies schmachtend ein Waldhorn:

»Behüt' dich Gott, es wär zu schön gewesen, behüt' dich Gott, es hat nicht sollen sein.«

Erstaunt nahm Hauberrisser seinen Operngucker und schaute auf die Bühne.

Vor Entsetzen fiel ihm beinahe das Glas aus der Hand. Was war das! War er plötzlich wahnsinnig geworden?« Kalter Schweiß trat ihm auf die Stirne – kein Zweifel, ja, er war wahnsinnig geworden! Unmöglich konnte das, was er sah, in Wirklichkeit auf dem Podium – hier vor Hunderten von Zuschauern, Damen und Herren der noch vor Monaten vornehmsten Kreise – stattfinden.

Vielleicht in einer Hafenschenke am Nieuve Dyk oder als medizinisches Kuriosum in einem Hörsaal, aber hier?!

Oder träumte er? War ein Wunder geschehen und der Zeiger der Zeit in die Epoche Ludwigs XV. zurückgesprungen? – – –

Der Darsteller hielt beide Hände fest auf die Augen gepreßt wie jemand, der sich innerlich mit Aufgebot seiner ganzen Phantasie irgend etwas so lebhaft wie möglich vorzustellen wünscht – – –, erhob sich dann nach einigen Minuten. Verbeugte sich hastig. Und verschwand.

Hauberrisser warf einen schnellen Blick auf die Damen an seinem Tisch und die Gesellschaft in der Nähe. Niemand verzog auch nur eine Miene.

Nur eine russische Fürstin leistete sich die Ungeniertheit zu applaudieren.

Als sei überhaupt nichts geschehen, ging man heiter plaudernd zur Tagesordnung über.

Hauberrisser hatte die Empfindung, als säßen mit einemmal lauter Gespenster um ihn herum; er fuhr mit den Fingern über das Tischtuch und sog den mit Moschus durchtränkten Blütenduft ein: – das Gefühl der Unwirklichkeit steigerte sich in ihm nur noch bis zum tiefsten Grauen.

Abermals schrillte die Glocke, und der Saal wurde dunkel.

Hauberrisser benützte die Gelegenheit und ging.

Draußen auf der Gasse schämte er sich beinah seiner Gemütsbewegung.

Was war, im Grunde genommen, eigentlich so Schreckliches geschehen? fragte er sich. Nichts, was nicht weit schlimmer in ähnlicher Art nach längeren Zeitläufen in der Geschichte der Menschheit immer wiedergekehrt wäre: das Wegwerfen einer Maske, die nie etwas anderes bedeckt hatte als bewußte oder unbewußte Heuchelei, sich als Tugend gebärende Temperamentlosigkeit oder in Mönchsgehirnen ausgebrütete asketische Ungeheuerlichkeiten! – Ein krankhaftes Gebilde, so kolossal, daß es schließlich einem zum Himmel ragenden Tempel geglichen, hatte ein paar Jahrhunderte lang Kultur vorgetäuscht; jetzt fiel es zusammen und legte den Moder bloß. War das Aufbrechen eines Geschwüres denn gräßlicher und nicht weit weniger furchtbar als sein beständiges Wachsen? Nur Kinder und Narren, die nicht wissen, daß die bunten Farben des Herbstes die Farben der Verwesung sind, jammern, wenn statt des erwarteten Frühlings der tödliche November kommt.

Sosehr sich Hauberrisser auch bemühte, sein Gleichgewicht wiederzufinden, indem er kühles Erwägen an Stelle des vorschnellen Gefühlsurteils setzte: das Grauen wich den Argumenten nicht – blieb hartnäckig bestehen, so, wie der Stein, weil sein innerstes Leben die Schwere ist, sich nicht durch Worte verrücken läßt.

Ganz allmählich, als flüstere es ihm eine Stimme in zögernden Sätzen silbenweise ins Ohr, wurde ihm nach und nach klar und verständlich, daß dieses Grauen nichts anderes war als wiederum dieselbe dumpfe, drosselnde Furcht vor etwas Unbestimmtem, die er schon so lange kannte – ein plötzliches Gewahrwerden unaufhaltsamen Hinabsausens der Menschheit in die Verderbnis.

Daß heute einem Publikum als selbstverständliches

Schauspiel erscheinen konnte, was gestern noch als Gipfel der Unmöglichkeit gegolten hätte, war das Atembeklemmende dabei, – dieses: »in rasenden Galopp verfallen« und »wie vor einem am Wege auftauchenden Gespenst scheu gewordene Ausbrechen« der sonst so geduldig schreitenden Zeit in die Dunkelheit geistiger Nacht hinein.

Hauberrisser fühlte, daß er wieder einen Schritt weiter hinabgeglitten war in jenes unheimliche Reich, in dem die Dinge der Welt um so schneller sich in wesenlosen Schein schemenhafter Unwirklichkeit auflösen, je krasser sie sind.

Er betrat eins der beiden schmalen Seitengäßchen, die links und rechts das Tingeltangel umgaben, und schritt gleich darauf an einem Laubengang aus Glas vorüber, der ihm merkwürdig bekannt vorkam.

Als er um die Ecke bog, stand er vor dem mit Rollblech verschlossenen Laden Chidher Grüns; das Lokal, das er soeben verlassen, war nur der rückwärtige Teil des sonderbaren, turmähnlichen Hauses in der Jodenbreetstraat mit dem flachen Dach, das schon nachmittags seine Aufmerksamkeit erregt hatte.

Er blickte empor zu den beiden trüben Fenstern, – auch hier wieder der befremdende Eindruck von Unwirklichkeit: Das ganze Gebäude glich täuschend in der Dunkelheit einem ungeheuern menschlichen Schädel, der mit den Zähnen des Oberkiefers auf dem Pflaster ruhte.

Unwillkürlich verglich er auf dem Wege zu seiner Wohnung das phantastische Durcheinander im Innern dieses Schädels aus Mauerwerk mit den vielerlei krausen Gedanken in dem Kopfe eines Menschen, und Mutmaßungen, als könnten hinter der finstern steinernen Stirne da oben Rätsel schlafen, von denen Amsterdam sich nichts träumen ließ, verdichteten sich in seiner Brust zu einem beklemmenden Vorgefühl gefährlicher, an der Schwelle des Geschickes lauernder Ereignisse.

War die Vision des Gesichtes aus grünem Erz im Laden

des Vexiersalons wirklich nur ein Traum gewesen? überlegte er.

Die regungslose Gestalt des alten Juden vor dem Pulte nahm plötzlich in seiner Erinnerung alle Merkmale einer schattenhaften Luftspiegelung an, – schien weit eher einem Traum entsprungen zu sein als das erzene Gesicht.

Hatte der Mann tatsächlich mit den Füßen auf dem Boden gestanden? Je schärfer er sich das Bild zu vergegenwärtigen suchte, um so mehr zweifelte er, daß es der Fall gewesen war.

Er wußte mit einemmal haargenau, daß er die Schubladen des Pultes durch den Kaftan hindurch deutlich gesehen hatte.

Ein jähes Mißtrauen gegenüber seinen Sinnen und der anscheinend so fest begründeten Stofflichkeit der Außenwelt flammte, tief aus der Seele hervorbrechend wie ein blitzartiges Licht, einen Augenblick in ihm auf, und gleichsam als Schlüssel zu den Geheimnissen derartiger unerklärlicher Vorgänge fiel ihm ein, was er schon als Kind gelernt: daß das Licht gewisser, unfaßbar weit entfernter Sterne in der Milchstraße am Himmel siebzigtausend Jahre braucht, um zur Erde zu gelangen, und man daher (gäbe es so scharfe Fernrohre, um jene Weltenkörper dicht vors Auge zu rücken) dort oben nur Begebenheiten schauen könnte, so wirklich und wahrhaftig, als vollzögen sie sich soeben, die seit siebzigtausend Jahren bereits in das Reich der Vergangenheit versunken sind. Es mußte also – ein Gedanke von erschütternder Furchtbarkeit! – in der unendlichen Ausdehnung des Weltenraumes jedes Geschehen, das einmal geboren worden, ewig als Bild, aufbewahrt im Licht, bestehenbleiben. »So gibt es also – wenn auch außerhalb des Bereiches menschlicher Macht – eine Möglichkeit«, schloß er, »Vergangenes zurückzubringen?«

Als hinge die Erscheinung des alten Juden vor dem Pulte mit diesem Gesetze einer gespenstischen Wiederkunft irgendwie zusammen, gewann sie plötzlich für ihn ein schreckhaftes Leben.

Er fühlte das Phantom gleichsam in Armesnähe neben sich hergehen, unsichtbar für die äußern Augen und doch weit gegenwärtiger als jener leuchtende, ferne Stern dort oben in der Milchstraße, den alle Menschen sehen konnten Nacht für Nacht und der trotzdem schon seit siebzigtausend Jahren am Himmel erloschen sein konnte – – –

Vor seiner Wohnung, einem engen, zweifenstrigen altertümlichen Hause mit einem Vorgärtchen, blieb er stehen und sperrte das schwere eichene Tor auf.

So deutlich war seine Empfindung geworden, als ginge jemand neben ihm, daß er sich unwillkürlich umblickte, bevor er eintrat.

Er klomm die kaum brustbreite Treppe empor, die, wie fast in allen holländischen Häusern, steil wie eine Feuerleiter in einer ununterbrochenen Flucht von ebener Erde bis hinauf unter das Dach lief, und ging in sein Schlafzimmer.

Ein Raum, schmal und langgezogen, die Decke getäfelt, nur ein Tisch und vier Stühle in der Mitte; alles andere: Schränke, Kommoden, Waschtisch, sogar das Bett, eingebaut in die mit gelber Seide bespannten Wände.

Er nahm ein Bad und legte sich schlafen.

Beim Auslöschen des Lichtes fiel sein Blick auf den Tisch, und er sah dort einen würfelförmigen grünen Karton stehen.

»Aha, das Delphische Orakel aus Papiermaché, das man mir aus dem Vexiersalon geschickt hat«, legte er sich mit bereits entschwindendem Bewußtsein zurecht.

Eine Weile später fuhr er halb aus dem Schlummer auf; er glaubte ein merkwürdiges Geräusch gehört zu haben, als schlüge eine Hand mit kleinen Stäben auf den Fußboden.

Es mußte jemand im Zimmer sein!

Aber er hatte doch die Haustür fest zugeschlossen! Er erinnerte sich genau.

Vorsichtig tastete er an der Wand hin nach dem Drücker des elektrischen Lichtes, da berührte ihn etwas, das sich anfühlte wie ein kleines Brett, mit leisem, schnellem Schlag am Arm. Gleichzeitig hörte er ein Klappen in der Mauer, und ein leichter Gegenstand rollte über sein Gesicht.

Im nächsten Augenblick blendete ihn die aufleuchtende Glühbirne.

Wieder ertönte das Geräusch der klopfenden Stäbe.

Es kam aus dem Innern der grünen Schachtel auf dem Tisch.

»Der Mechanismus in dem albernen pappendeckelnen Totenkopf wird losgegangen sein; das ist alles«, brummte Hauberrisser ärgerlich. Dann griff er nach dem Ding, das ihm übers Gesicht gekollert war und auf seiner Brust lag.

Es war eine zusammengebundene Rolle Schreibpapier, mit engen, verwischten Schriftzeichen bedeckt, wie er mit halbwachen Augen erkannte.

Er warf sie aus dem Bett hinaus, drehte das Licht ab und schlief wieder ein.

»Sie muß von irgendwo herabgefallen sein, oder bin ich an ein Klappfach in der Wand angekommen, in dem sie gelegen hat«, raffte er seine letzten klaren Gedanken zusammen, dann formten sie sich immer dichter und dichter zu konfusen Phantasiegebilden, und schließlich stand als Traumgestalt, wahllos aufgebaut aus den Eindrücken des Tages, ein Zulukaffer vor ihm, auf dem Kopf eine rotwollene Gockelhaube, die Füße geschmückt mit grünen Froschzehen, hielt in der Hand die Visitenkarte des Grafen Ciechonski, und das schädelhafte Haus in der Jodenbreestraat stand grinsend dabei und kniff zwinkernd bald das eine, bald das andere Auge zu.

Das ferne bange Heulen einer Schiffssirene im Hafen war das letzte Überbleibsel aus der Sinnenwelt, das Hauberrisser noch eine kleine Strecke hinabbegleitete in die Abgründe des Tiefschlafs.

Viertes Kapitel

Baron Pfeill hatte in der Absicht, den Spätnachmittagszug nach Hilversum noch zu erreichen, wo sein Landhaus »Buitenzorg« lag, die Richtung nach der Central Spoorweg-Station eingeschlagen und war bereits durch ein Gewimmel von Zelten und Buden hindurch dem beginnenden abendlichen Kirmesgetriebe entronnen und in der Nähe der Hafenbrücke angelangt, da verriet ihm der wie auf ein Zeichen eines Orchesterdirigenten hereinbrechende, ohrenbetäubende Lärm der hundert Glockenspiele auf den Kirchtürmen, daß es sechs Uhr war und er die Bahn nicht mehr erreichen konnte.

Rasch entschlossen ging er wieder in die Altstadt zurück.

Es war ihm fast eine Erleichterung, daß er den Zug versäumt hatte und ihm noch ein paar Stunden Zeit blieben, um eine Angelegenheit in Ordnung zu bringen, die ihm unablässig im Kopf herumging, seit er Hauberrisser verlassen hatte.

Vor einem wundervollen, altertümlichen Barockbau aus rötlichen, weißumrahmten Ziegeln in der düstern Ulmenallee der Heerengracht blieb er stehen, sah einen Augenblick hinauf zu dem ungeheuren Schiebefenster, das fast die ganze Höhe und Breite des ersten Stockes einnahm, und zog dann an dem schweren, bronzenen Türdrücker inmitten des Portals, der zugleich die Hausglocke bildete.

Es verging eine Ewigkeit, bis ein alter livrierter Diener mit weißen Strümpfen und maulbeerfarbenen seidenen Kniehosen öffnen kam.

»Ist Herr Doktor Sephardi zu Hause? – Sie kennen mich doch noch, Jan, wie?« Baron Pfeill suchte nach einer Visitenkarte. »Bringen Sie, bitte, diese Karte hinauf und fragen Sie, ob –«

»Der gnädige Herr erwartet Sie bereits, Mynheer. Wenn ich bitten darf?« – Der Alte ging die schmale, mit indischen Teppichen belegte und an den Wandseiten mit chinesischen Stickereien verkleidete Treppe voraus, die so steil war, daß er sich an dem gewundenen Messinggeländer halten mußte, um nicht das Gleichgewicht zu verlieren.

Ein stumpfer, betäubender Geruch nach Sandelholz erfüllte das ganze Haus.

»Erwartet mich? Wieso?« fragte Baron Pfeill erstaunt, da er seit Jahren Doktor Sephardi nicht mehr gesehen hatte und ihm vor knapp einer halben Stunde erst der Einfall gekommen war, Sephardi aufzusuchen, um eine Erinnerung an das Bild des »Ewigen Juden« mit dem olivgrünen Gesicht in gewissen Einzelheiten festzustellen, die in seinem Gedächtnis einander seltsam widersprachen und merkwürdigerweise nicht übereinstimmen wollten mit dem, was er Hauberrisser im Café erzählt hatte.

»Der gnädige Herr hat Ihnen heute vormittag nach Den Haag telegrafiert und Sie um Ihren Besuch gebeten, Mynheer.«

»Nach Den Haag? Ich wohne doch schon lange wieder in Hilversum. Es ist lediglich ein Zufall, daß ich heute hergekommen bin.«

»Ich werde den gnädigen Herrn sofort verständigen, daß Sie hier sind, Mynheer.«

Baron Pfeill setzte sich und wartete.

Bis ins kleinste stand alles genau auf demselben Platze wie damals, als er zum letztenmal hier gewesen: auf den

Spitzen der schweren geschnitzten Stühle schillernde Samarkandseidenüberwürfe, die beiden überdachten südniederländischen Sessel neben dem prachtvollen, säulengeschmückten Kamin mit den goldeingelegten moosgrünen Nephritkacheln, in buntleuchtenden Farben Isfahanteppiche auf den schwarzweißen Steinquadern des Fußbodens, die blaßrosa Porzellanstatuen japanischer Prinzessinnen in den Nischen der Täfelung, ein Wangentisch mit schwarzer Marmorplatte, an den Wänden Rembrandtsche und andere Meister-Porträts von den Vorfahren Ismael Sephardis: eingewanderte, vornehme portugiesische Juden, die das Haus im siebzehnten Jahrhundert von dem berühmten Hendrik de Keyser bauen ließen, darin gelebt hatten und gestorben waren.

Pfeill verglich die Ähnlichkeit dieser Menschen einer vergangenen Epoche im Geiste mit den Zügen Doktor Ismael Sephardis.

Es waren dieselben schmalen Schädel, dieselben großen, dunklen, mandelförmigen Augen, die gleichen dünnen Lippen und leicht gebogenen scharfen Nasen, derselbe weltfremde, fast hochmütig verächtlich blickende Typus der Spaniolen mit den unnatürlich schmalen Füßen und weißen Händen, der mit den gewöhnlichen Juden der Rasse Gomers, den sogenannten Aschkenasi, kaum mehr gemein hat als die Religion.

Nirgends auch nur eine Spur der Anpassung an eine anders gewordene Zeit in diesem, sich durch die Jahrhunderte ewig gleich bleibenden Gesichtsschnitte.

Eine Minute später wurde Baron Pfeill von dem eintretenden Doktor Sephardi begrüßt und einer jungen, blonden, auffallend schönen Dame von etwa sechsundzwanzig Jahren vorgestellt.

»Haben Sie mir wirklich telegrafiert, lieber Doktor?« fragte Pfeill, »Jan sagte mir –«

»Baron Pfeill hat so feinfühlige Nerven«, erklärte

61

Sephardi lächelnd der jungen Dame, »daß es genügt, einen Wunsch zu denken, und schon erfüllt er ihn. Er ist gekommen, ohne meine Depesche erhalten zu haben. – Fräulein van Druysen ist nämlich die Tochter eines verstorbenen Freundes meines Vaters«, er wandte sich an Pfeill, »und von Antwerpen hergereist, um mich in einer Angelegenheit um Rat zu fragen, in der aber nur Sie Bescheid wissen. Es betrifft ein Bild, – oder besser gesagt, könnte damit zusammenhängen, – von dem Sie mir einmal erzählten, Sie hätten es in Leyden in der Oudhedenschen Sammlung gesehen, und es stelle den Ahasver dar.«

Pfeill sah erstaunt auf. »Haben Sie mir deshalb telegrafiert?«

»Ja. Wir waren gestern in Leyden, um das Bild zu besichtigen, erfuhren jedoch, daß niemals ein ähnliches Gemälde in der Sammlung existiert habe. Direktor Holwerda, den ich gut kenne, versicherte mir, es hingen überhaupt keine Bilder dort, da das Museum nur ägyptische Altertümer und – – –«

»Erlauben Sie, daß ich dem Herrn erzähle, warum mich die Sache so interessiert?« mischte sich die junge Dame lebhaft in das Gespräch. »Ich möchte Sie nicht mit einer breiten Schilderung meiner Familienverhältnisse langweilen, Baron, ich will daher nur kurz sagen: in das Leben meines verstorbenen Vaters, den ich unendlich geliebt habe, spielte ein Mensch, oder – es klingt vielleicht sonderbar – eine ›Erscheinung‹ hinein, die oft monatelang sein ganzes Denken erfüllte.

Ich war damals noch zu jung – vielleicht auch zu lebenslustig –, um das Innenleben meines Vaters zu begreifen (meine Mutter war schon lange tot), aber jetzt ist plötzlich alles von damals wieder in mir wach geworden, und eine beständige Unruhe quält mich, Dingen nachzugehen, die ich längst hätte verstehen lernen sollen.

Sie werden denken, ich sei überspannt, wenn ich Ihnen

sage, ich möchte lieber heute als morgen aufhören zu leben. – Der blasierteste Genußmensch kann, glaube ich,
dem Selbstmord nicht näher sein als ich«; – sie war mit einemmal ganz verwirrt geworden und faßte sich erst, als sie
sah, daß Pfeill ihr mit tiefem Ernst zuhörte und die Stimmung, in der sie sich befand, sehr rasch zu verstehen
schien. – »Ja, und das mit dem Bild, oder der ›Erscheinung‹: Welche Bewandtnis es damit hatte? Ich weiß so gut
wie nichts darüber. Ich weiß nur, mein Vater sagte oft,
wenn ich – damals noch ein Kind – ihn über Religion oder
über den lieben Gott fragte, daß eine Zeit nahe bevor-
stünde, wo der Menschheit die letzten Stützen fortgerissen
würden und ein geistiger Sturmwind alles wegfegen
würde, was jemals Hände aufgebaut hätten.

Nur jene seien gefeit gegen den Untergang, die – das
waren genau seine Worte – die das erzgrüne Antlitz des
Vorläufers, des Urmenschen, der den Tod nicht schmecken
wird, in sich schauen können.

Als ich dann jedesmal neugierig in ihn drang und wissen
wollte, wie dieser Vorläufer aussehe, ob er ein lebender
Mensch sei oder ein Gespenst oder der liebe Gott selbst,
und woran ich ihn erkennen könne, wenn ich ihm auf dem
Wege zur Schule gelegentlich begegnen sollte, sagte er immer: Sei ruhig, mein Kind, und grüble nicht. Er ist kein
Gespenst, und wenn er auch einmal zu dir kommen wird
wie ein Gespenst, so fürchte dich nicht, er ist der einzige
Mensch auf Erden, der kein Gespenst ist. Auf der Stirne
trägt er eine schwarze Binde, darunter ist das Zeichen des
ewigen Lebens verborgen, denn wer das Zeichen des Lebens offen trägt und nicht tief innen verborgen, der ist ge-
brandmarkt wie Kain. Und schritte er auch im Glanz ein-
her wie ein wandelndes Licht: er wäre ein Gespenst und ein
Raub der Gespenster. Ob er Gott ist, das kann ich dir nicht
sagen; du würdest's nicht begreifen. Begegnen kannst du
ihm überall, am wahrscheinlichsten dann, wenn du es am

wenigsten erwartest. Nur reif mußt du dazu sein. Auch Sankt Hubertus hat den fahlen Hirsch mitten im Getümmel der Jagd erblickt, und als er ihn mit der Armbrust töten wollte. –«

»Als dann viele Jahre später« – fuhr Fräulein van Druysen nach einer Pause fort – »der grauenhafte Krieg kam und das Christentum sich so unsagbar blamierte –«

»Verzeihen Sie: die Christenheit! Das ist das Gegenteil«, unterbrach Baron Pfeill lächelnd.

»Ja, natürlich. Das meine ich: die Christenheit; – da dachte ich, mein Vater hätte prophetisch die Zukunft geschaut und auf das große Blutbad angespielt –«

»Sicher hat er den Krieg nicht gemeint«, fiel Sephardi ruhig ein, »äußere Geschehnisse wie ein Krieg, und mögen sie noch so entsetzlich sein, verhallen wie harmloser Donner an den Ohren aller derer, die den Blitz nicht gesehen haben und vor deren Füßen es nicht eingeschlagen hat; sie fühlen bloß das ›Gott sei Dank, mich hat's nicht getroffen‹.

Der Krieg hat die Menschen in zwei Teile gerissen, die einander nie mehr verstehen können, – die einen haben in die Hölle geblickt und tragen das Schreckbild stumm in der Brust ihr Lebtag lang, bei den andern ist es kaum mehr als Druckerschwärze. Zu diesen gehöre auch ich.

Ich habe mich genau geprüft und mit Entsetzen an mir erkannt und sage es ohne Scheu offen heraus: das Leid der Abermillionen ist spurlos an mir abgeglitten. Warum lügen?! Wenn andere von sich das Gegenteil sagen und sie sprechen die Wahrheit, will ich gern und demütig vor ihnen den Hut ziehen; aber ich kann ihnen nicht glauben; es ist mir unmöglich zu denken, daß ich so viel tausendmal verworfener bin als sie. – Aber entschuldigen Sie, gnädiges Fräulein, ich habe Sie unterbrochen.«

»Er ist ein Mensch mit einer aufrechten Seele, der sich der Blöße seines Herzens nicht schämt«, dachte Baron

Pfeill und warf einen Blick voll Freude in das dunkelhäutige stolze Gelehrtengesicht Sephardis.

»Da glaubte ich, mein Vater hätte auf den Krieg angespielt«, nahm die junge Dame ihre Erzählung wieder auf, »aber allmählich fühlte ich, was heute jeder spürt, der nicht von Stein ist, – daß eine würgende Schwüle aus dem Erdboden steigt, die mit dem Tod nicht verwandt ist, und diese Schwüle, dieses Nicht-leben-und-nicht-sterben-Können, wird mein Vater, denke ich, mit den Worten gemeint haben: Die letzten Stützen werden der Menschheit fortgerissen.

Als ich nun Doktor Sephardi von dem erzgrünen Gesicht des Urmenschen, wie ihn mein Vater nannte, erzählte und ihn, da er doch in solchen Gebieten ein großer Forscher ist, bat, mir zu sagen, was ich von all dem halten solle und ob nicht vielleicht mehr dahinterstecken könne als eine Wahnvorstellung meines Vaters, erinnerte er sich, von Ihnen, Baron, gehört zu haben, Sie kennten ein Porträt – – –«

»Das leider nicht existiert«, ergänzte Pfeill. »Ich habe Doktor Sephardi von diesem Bild erzählt, alles das stimmt; auch daß ich – allerdings seit ungefähr einer Stunde nicht mehr – fest überzeugt war, das Bild vor Jahren, – wie ich annahm, in Leyden, – gesehen zu haben, stimmt.

Jetzt stimmt für mich nur noch das eine: ich habe es sicher niemals im Leben gesehen. Weder in Leyden noch irgendwo anders.

Heute nachmittag sprach ich noch mit einem Freund über das Bild, sah es in der Erinnerung in einem Rahmen an einer Wand hängen; dann, als ich zum Bahnhof ging, um nach Hause zu fahren, erkannte ich plötzlich, daß dieser Rahmen nur scheinbar, so wie hinzuphantasiert, das Bildnis des olivgrünen Gesichtes in meinem Gedächtnis umgab, und ich ging sofort in die Heerengracht zu Doktor Sephardi, um mich zu überzeugen, ob ich ihm damals vor

Jahren wirklich von dem Porträt erzählte, oder auch das am Ende nur geträumt hätte.

Wie das Bild in meinen Kopf gekommen sein mag, ist mir ein unlösbares Rätsel. Es hat mich früher oft bis in den Schlaf verfolgt; ob ich auch geträumt habe, es hinge in Leyden in einer Privatsammlung, und die Erinnerung an diesen Traum dann für ein Begebnis der Wirklichkeit gehalten habe?

Noch verwickelter wird die Sache für mich dadurch, daß, während Sie, gnädiges Fräulein, vorhin von Ihrem Vater erzählten, mir das Gesicht wieder mit geradezu betäubender Deutlichkeit erschien, – nur anders, lebendig, beweglich, mit bebenden Lippen, als wolle es sprechen, nicht mehr tot und starr wie ein Gemälde – –.«

Er brach plötzlich seine Rede ab und schien nach innen zu lauschen, so als ob das Bild ihm etwas zuflüstere.

Auch Sephardi und die junge Dame schwiegen betroffen.

Von der Heerengracht herauf ertönte klangvoll das Spiel einer der großen Orgeln, wie sie in Amsterdam auf ponybespannten Wagen abends zuweilen langsam durch die Straßen fahren.

»Ich kann nur annehmen«, begann Sephardi nach einer Weile, »daß es sich in diesem Falle bei Ihnen um einen sogenannten hypnoiden Zustand handelt, – daß Sie einmal im Tiefschlaf, also ohne bewußte Wahrnehmung, irgend etwas erlebt haben, das sich dann später unter der Maske eines Porträts in die Begebenheiten des Tages einschlich und mit diesen zu scheinbarer Wirklichkeit verwuchs. – Sie müssen nicht fürchten, daß so etwas krankhaft oder abnormal wäre«, fügte er hinzu, als er sah, daß Pfeill eine abwehrende Handbewegung machte, »solche Dinge kommen weit häufiger vor, als man glaubt, und wenn man ihren wahren Ursprung aufdecken könnte: – ich bin überzeugt, wie Schuppen würde es uns von den Augen fallen, und wir wären mit einem Schlage eines zweiten fortlaufenden Lebens teilhaftig, das wir in unserem jetzigen Zustand im Tiefschlaf führen, ohne es zu wissen, weil es jenseits unseres körperlichen Daseins liegt und während unseres Zurückwanderns über die Brücke des Traumes, die Tag und Nacht verbindet, vergessen wird. – Was die Ekstatiker der christlichen Mystik von der ›Wiedergeburt‹ schreiben, ohne die es unmöglich sei, ›das Reich Gottes zu schauen‹, scheint mir nichts anderes zu sein als ein Aufwachen des bis dahin wie tot gewesenen Ichs in einem Reich, das unabhängig von den äußeren Sinnen existiert, – im ›Paradies‹, kurz und gut.« – Er holte ein Buch aus einem Spind und deutete auf ein Bild darin. »Der Sinn des Märchens vom Dornröschen hat sicherlich darauf Bezug, und ich wüßte nicht, was diese alte, alchemistische illustrierte Darstellung der ›Wiedergeburt‹ hier: ein nackter Mensch, der aus einem Sarge aufsteht, und daneben ein Totenschädel mit einer brennenden Kerze auf dem Scheitel, anders bedeuten sollte? – Übrigens, da wir gerade von christlichen Ekstatikern sprechen: Fräulein van Druysen und ich gehen heute abend zu einer solchen Versammlung, die am Zee Dyk stattfindet. Kurioserweise spukt auch dort das olivgrüne Gesicht.«

»Am Zee Dyk?« jubelte Pfeill, »das ist doch das Verbrecherviertel! Was hat man Ihnen denn da wieder aufgebunden?«

»Es ist nicht mehr so schlimm wie früher, höre ich, nur eine einzige, allerdings sehr üble Matrosenschenke ›Zum Prins van Oranje‹ ist noch vorhanden; sonst leben nur harmlose, arme Handwerker in der Gegend.«

»Auch ein greiser Sonderling mit seiner Schwester, ein verrückter Schmetterlingssammler namens Swammerdam, der sich in freien Stunden einbildet, der König Salomo zu sein. Wir sind bei ihm zu Gast geladen«, fiel die junge Dame fröhlich ein; »meine Tante, ein Fräulein de Bourignon, verkehrt täglich dort. – Nun – was sagen Sie jetzt, was für vornehme Beziehungen ich habe? – Um Irrtümern vorzubeugen: sie ist nämlich eine ehrwürdige Stiftsdame aus dem Béginenkloster und von überschäumender Frömmigkeit.«

»Was?! Der alte Jan Swammerdam lebt noch?« rief Baron Pfeill lachend, »der muß doch schon neunzig Jahre alt sein? Hat er immer noch seine zweifingerdicken Gummisohlen?«

»Sie kennen ihn? Was ist das eigentlich für ein Mensch?« fragte Fräulein van Druysen lustig erstaunt. »Ist er wirklich ein Prophet, wie meine Tante behauptet? Bitte erzählen Sie mir doch von ihm.«

»Mit Vergnügen, wenn's Ihnen Spaß macht, mein Fräulein. Nur muß ich mich ein wenig eilen und quasi jetzt schon Abschied von Ihnen nehmen, sonst versäume ich abermals meinen Zug. Jedenfalls adieu im voraus. Aber Sie dürfen nichts Unheimliches oder dergleichen erwarten – die Sache ist lediglich komisch.«

»Um so besser.«

»Also: Ich kenne Swammerdam seit meinem vierzehnten Jahr, – später verlor ich ihn natürlich aus den Augen.

Ich war damals ein fürchterlicher Lausbub und betrieb alles, das Lernen selbstverständlich ausgenommen, wie ein Besessener. Unter anderem den Terrariensport und das Insektensammeln.

Wenn's wo einen Ochsenfrosch oder eine asiatische Kröte von Handkoffergröße in einem Naturaliengeschäft gab, schon daß ich sie besaß und in großen heizbaren Glaskästen bändigte.

Nachts war ein Gequake, daß in den Nachbarhäusern die Fenster klirrten.

Und was das Viehzeug an Ungeziefer zum Fressen brauchte! Säckeweis mußte ich es herbeischaffen.

Daß es heute in Holland nur noch so wenig Fliegen gibt, ist ausschließlich meiner damaligen Gründlichkeit beim Futtersammeln zu verdanken.

Zum Beispiel die Schwaben – die habe ich ausgerottet.

Die Frösche selbst bekam ich nie zu Gesicht; bei Tage waren sie unter den Steinen verkrochen, und nachts bestanden meine Eltern hartnäckigerweise darauf, daß ich schliefe.

Schließlich riet mir meine Mutter, ich solle die Biester freilassen und bloß die Steine behalten – es käme auf dasselbe heraus und sei einfacher – aber ich wies solche verständnislosen Vorschläge natürlich entrüstet zurück.

Meine Emsigkeit im Insektenfangen wurde allmählich Stadtgespräch und zog mir eines Tages das Wohlwollen des entomologischen Vereins zu, der damals aus einem x-beinigen Barbier, einem Pelzhändler, drei pensionierten Lokomotivführern und einem Präparator am naturwissenschaftlichen Museum bestand, der jedoch an den Sammelausflügen nicht mitmachen durfte, da seine Frau es nicht erlaubte. Es waren lauter gebrechliche alte Herren, die teils Käfer, teils Schmetterlinge sammelten und eine seidene Fahne verehrten, auf der die Worte eingestickt waren: Osiris, Verein für biologische Forschung.

Trotz meiner Jugend wurde ich als Mitglied aufgenommen. Noch heute besitze ich das Diplom, das mit den Worten schließt: ›Wir entbieten Ihnen unsern besten biologischen Gruß.‹

Warum man auf meinen Eintritt in den Klub so versessen war, wurde mir bald klar. Sämtliche biologische Greise waren nämlich entweder halb blind und infolgedessen außerstande, die in Baumritzen versteckten Nachtfalter zu erspähen, oder es machte sich ihnen das Vorhandensein von Krampfadern bei dem zur Käferjagd nicht zu missenden Dünensandwaten störend bemerkbar. Andere wieder wurden regelmäßig – wahrscheinlich infolge der Aufregung – beim Schwingen des Netzes nach dem hurtigen Pfauenauge im entscheidenden Augenblick von einem rasselnden Hustenausbruch befallen, der sie der erhofften Beute jedesmal verlustig gehen ließ.

Von allen diesen Bresthaftigkeiten besaß ich keine einzige, und eine Raupe mehrere Kilometer weit auf einem Blatt zu entdecken, war mir eine Kleinigkeit; kein Wunder daher, daß die findigen Greise auf den Gedanken gekommen waren, sich meiner und noch eines Schulkameraden von mir als Spür- und Jagdhund zu bedienen.

Nur einer von ihnen, ebenjener Jan Swammerdam, der damals bestimmt schon fünfundsechzig Jahre zählte, übertraf mich weit, was das Auffinden von Insekten anbelangte. Er brauchte nur einen Stein umzudrehen, und schon lag eine Käferlarve oder sonst etwas Ersehnenswertes darunter.

Er stand im Geruch, die Gabe des Hellsehens auf diesem Gebiet als Folge eines mustergiltigen Lebenswandels in sich erweckt zu haben. – Sie wissen ja, Holland hält viel von Tugend!

Ich habe ihn nie anders gesehen als in einem schwarzen Gehrock, den kreisförmigen Abdruck eines unter die Weste geschobenen Schmetterlingsnetzes zwischen den Schulterblättern und unter den Schößen, ein kurzes Stück herausragend, den grünen Stiel davon.

Weshalb er nie einen Hemdkragen trug, sondern statt dessen um den Hals die zusammengefaltete Borte einer alten Leinwandkarte, erfuhr ich, als ich ihn einmal in seiner Dachkammer besuchte. Ich kann nicht hinein, erklärte er mir und deutete auf einen Schrank, der seine Wäsche enthielt: Hipocampa Milhauseri – das ist nämlich eine seltene Raupe – hat sich dicht neben dem Scharnier verpuppt und braucht drei Jahre, bis sie auskriecht.

Bei unsern Exkursionen benutzten wir alle die Eisenbahn; nur Swammerdam ging hin und her zu Fuß, denn er war zu arm, um die Kosten zu erschwingen, und damit er sich die Schuhsohlen nicht durchlief, bestrich er sie mit einer geheimnisvollen Kautschuklösung, die im Laufe der Zeit zu einer mehrere Finger dicken Lavaschicht erhärtete. Ich sehe sie heute noch vor mir.

Seinen Lebensunterhalt bestritt er durch den Verkauf seltener Schmetterlingsbastarde, die zu züchten ihm bisweilen gelang, doch reichte der Erlös nicht, um zu verhindern, daß seine Gattin, die stets nur ein liebevolles Lächeln für seine Marotten hatte und geduldig die Armut mit ihm trug, eines Tages an Entkräftung starb. –

Seit jener Zeit vernachlässigte Swammerdam die finanzielle Seite des Daseins ganz und gar und lebte nur noch seinem Ideal, nämlich: einen gewissen grünen Mistkäfer zu finden, von dem die Wissenschaft behauptet, er kapriziere sich darauf, genau siebenunddreißig Zentimeter unter der Erde vorzukommen, und auch da nur an Orten, deren Oberfläche mit Schafdünger bedeckt sei.

Mein Schulkamerad und ich bezweifelten dieses Gerücht aufs lebhafteste, waren aber in der Verworfenheit unserer jugendlichen Herzen ruchlos genug, von Zeit zu Zeit Schafmist, den wir zu diesem Behuf immer in der Tasche zu tragen pflegten, an besonders harten Stellen der Dorfstraßen heimlich auszustreuen und uns indianerhaft zu freuen, wenn Swammerdam bei seinem Anblick wie ein irrsinnig gewordener Maulwurf sofort zu graben anfing.

Eines Morgens jedoch begab sich buchstäblich ein Wunder, das uns aufs tiefste erschütterte.

Wir machten einmal wieder einen Ausflug; voran trabten die Greise und meckerten das Vereinslied:

> ›Eu–prep–ia pudica
> (das ist nämlich der lateinische Name
> eines sehr schönen Bärenspinners)
> sind leider keine da,
> doch wären welche hier,
> steckt' ich sie gleich zu mir‹

und den Zug schloß, baumlang, hager, schwarz gekleidet wie immer, und den Handspaten gezückt: Jan Swammerdam. Auf seinem lieben, alten Gesicht lag der Ausdruck geradezu biblischer Verklärung, und als man ihn nach der Ursache fragte, sagte er nur geheimnistief, er hätte in der Nacht einen verheißungsvollen Traum gehabt.

Gleich darauf ließen wir unauffällig eine Prise Schafmist fallen.

Swammerdam erspähte sie, blieb stehen, entblößte sein Haupt, tat einen tiefen Atemzug und blickte, von Hoffnung und Glauben durchschauert, lange zur Sonne auf, bis seine Pupillen ganz klein wie Nadelköpfe waren; dann beugte er sich nieder und fing an zu scharren, daß die Steine nur so flogen.

Mein Schulkamerad und ich standen dabei, und in unsern Herzen frohlockte der Satan.

Plötzlich wurde Swammerdam totenblaß, ließ den Spaten fallen und starrte, die Hände verkrampft und an den Mund gedrückt, in das Loch, das er gewühlt hatte.

Gleich darauf holte er mit zitternden Fingern einen grünschillernden Mistkäfer aus der Tiefe hervor.

Er war so ergriffen, daß er lange kein Wort sprechen konnte, nur zwei dicke Tränen liefen an seinen Wangen herunter; endlich sagte er leise zu uns: heute nacht im Traum ist mir der Geist meiner Frau erschienen mit leuchtendem Angesicht wie eine Heilige, und sie hat mich getröstet und mir verheißen, daß ich den Käfer finden werde. –

Wir zwei Lausbuben schlichen uns stumm weg wie Verbrecher und konnten einander an diesem Tag vor Scham nicht mehr ins Gesicht sehen.

Mein Schulkamerad sagte mir später, er habe sich noch lange vor seiner eigenen Hand entsetzt, die in demselben Momente, als er mit dem alten Mann einen grausamen Scherz habe machen wollen, vielleicht das Werkzeug einer Heiligen gewesen sei.«

– – – – – – – – –
– – – – – – – – –

Als es dunkel geworden war, begleitete Doktor Sephardi Fräulein van Druysen zum Zee Dyk, einer krummen, stockfinsteren Gasse, die sich im unheimlichsten Viertel Amsterdams am Zusammenfluß zweier Grachten in unmittelbarer Nähe der düstern Nicolas Kerk hinzog.

Über den Häusergiebeln der benachbarten Warmoesstraat, in der die sommerliche Kirmes bereits in vollem Gange war, stieg der rötliche Schein der beleuchteten Schaubuden und Zelte zum Himmel empor und verdichtete die Luft, vermischt mit dem weißen Dunst der Stadt und dem grellen Glitzern des Vollmonds auf den Dächern, zu einem phantastisch schillernden Nebelhauch, in dem die Schlagschatten der Kirchtürme als lange spitzige Dreiecke aus schwarzem Schleier schwebten.

Wie das Pochen eines großen Herzens tönte das Schlapfen der Motore herüber, die die zahlreichen Karussells drehten.

Das atemlose Geklingel der Leierkasten, das Wirbeln der Trommeln und die schrillen Stimmen der Ausrufer, unterbrochen von dem Peitschenknallen aus den Schießbuden, vibrierten durch die dunklen Straßen und ließen ein von Fackelglanz beschienenes Bild ahnen, in dem eine wogende Volksmenge Bretterstände voll Pfefferkuchen, farbigem Zuckerwerk und zottig bebarteten Menschenfressergesichtern aus geschnitzten Kokosnüssen umdrängte; im Kreise umhersausende, buntbemalte Ringelspielpferde, auf- und niederjagende Schaukeln, nickende Mohrenköpfe mit weißen Gipspfeifen als Zielscheiben, ungehobelte Tische mit reihenweise eingesteckten Taschenmessern, um mit Ringen danach zu werfen, fettglänzende Seehunde in hölzernen Bassins voll schmutzigen Wassers, Zelte mit wehenden Wimpeln und wackelnden Spiegelfacetten, kreischende Kakadus in silbernen Reifen, Fratzen schneidende Affen und im Hintergrund, Schulter an Schulter: Reihen schmaler Häuser wie eine Schar stumm zuschauender schwärzlicher Riesen mit weißen, viereckig vergitterten Augen. – –

Die Wohnung Jan Swammerdams lag im vierten Stock abseits von dem Getriebe des lärmenden Volksfestes in einem schief nach vorne gesunkenen Gebäude, in dessen Keller sich die berüchtigte Matrosenschenke »Prins van Oranje« befand.

Ein mürber Staubgeruch nach Kräutern und getrockneten Pflanzen, dem kleinen Drogenmagazin neben dem Eingang entströmend, erfüllte das Innere des Hauses bis hinauf zum Dach, und ein Ladenschild mit der Lockschrift: »Hier verkoopt men starke drenken« verriet, daß außerdem noch ein gewisser Lazarus Eidotter tagsüber eine Schnapsbudike in den Gefilden des Zee Dyk betrieb.

Doktor Sephardi und Fräulein van Druysen kletterten die hühnersteigartige Treppe hinauf und wurden sogleich von einer alten Dame mit schneeweißen Locken und kreisrunden Kinderaugen, der Tante Fräulein van Druysens, voll Herzlichkeit mit den Worten empfangen: »Willkommen, Eva, und willkommen auch du, König Balthasar, im neuen Jerusalem!« –

Eine Versammlung von sechs Leuten, die alle andächtig um einen Tisch herum gesessen hatten, erhob sich verlegen, als die beiden eintraten, und wurde von Fräulein de Bourignon vorgestellt:

»Hier Jan Swammerdam und seine Schwester«, – ein altes verhutzeltes Weiblein mit holländischer Haube und »Krulltjes« an den Ohren knixte unaufhörlich, – »dann Herr Lazarus Eidotter, der zwar nicht zu userm geistigen Kreis gehört, aber er ist ›Simon der Kreuzträger‹«, – (»und im selben Hoose wohn'n jach ooch, mit Verloob«, ergänzte stolz der Angeredete, ein greisenhafter, russischer Jude im Talar), – »ferner Fräulein Mary Faatz von der Heilsarmee – sie hat den Geistesnamen Magdalena – und unser lieber Bruder Hesekiel« – sie wies auf einen jungen

Menschen mit blatternarbigem, verschwommenem Gesicht, das aussah, als wäre es aus Brotteig geknetet, und wimpernlosen, entzündeten Augen, »er ist Angestellter unten in dem Drogengeschäft und trägt den Geistesnamen Hesekiel, weil er, wenn die Zeit erfüllt ist, die Geschlechter richten wird.«

Doktor Sephardi warf einen ratlosen Blick auf Fräulein van Druysen.

Ihre Tante, die es bemerkte, erklärte: »Wir tragen alle Geistesnamen; zum Beispiel Jan Swammerdam ist der König Salomo, seine Schwester heißt Sulamith, und ich bin Gabriele, das ist die weibliche Form des Erzengels Gabriel, aber gewöhnlich nennt man mich die Hüterin der Schwelle, denn mir liegt es ob, die zerstreuten Seelen im Weltall zu sammeln und ins Paradies zurückzuführen. Doch das werden Sie später alles besser verstehen, Herr Doktor, denn Sie gehören zwar zu uns, aber ohne es zu wissen; Ihr Geistesname ist König Balthasar! Haben Sie noch nie Kreuzigungsschmerzen gehabt?«

Sephardi wurde immer verwirrter.

»Schwester Gabriele geht, fürchte ich, ein wenig zu stürmisch vor«, nahm Jan Swammerdam lächelnd das Wort. »Vor vielen Jahren ist nämlich hier im Hause ein wahrer Prophet des Herrn erstanden, ein schlichter Schuhmacher namens Anselm Klinkherbogk. Sie werden ihn heute noch kennenlernen. Er wohnt über uns.

Wir sind keineswegs Spiritisten, wie Sie vielleicht annehmen, Mynheer; fast, möchte ich sagen, das Gegenteil, denn wir haben nichts zu tun mit dem Reiche der Toten. Unser Ziel ist das ewige Leben. – Jedem Namen nun liegt eine geheime Kraft inne, und wenn wir diesen Namen mit geschlossenen Lippen in unser Herz hineinsprechen, unablässig, bis er für Tag und Nacht beständig unser Wesen erfüllt, so ziehen wir die geistige Kraft in unser Blut hinein, das, in den Adern kreisend, mit der Zeit unseren Körper verändert.

Diese allmähliche Wandlung unseres Leibes, – denn nur er allein muß verändert werden, der Geist an sich ist bereits vollkommen seit Anbeginn, – gibt sich in allerlei Gefühlen kund, die die Vorboten des Zustandes sind, der ›geistige Wiedergeburt‹ heißt.

Ein solches Gefühl ist zum Beispiel die Empfindung eines gewissen bohrenden, nagenden Schmerzes, der zeitweilig kommt und geht, ohne daß wir erkennen können warum, anfangs nur im Fleische wühlt, dann aber die Knochen ergreift und uns ganz durchdringt, bis, als Zeichen der ›ersten Taufe‹, das ist die ›Taufe mit Wasser‹, die Kreuzigung des untern Grades erreicht ist, das heißt: Wundmale an den Händen auf unbegreifliche Weise sich öffnen und Wasser daraus hervortritt«, – er und die übrigen, mit Ausnahme Lazarus Eidotters, hoben die Hände in die Höhe, und man sah tiefe, runde Narben darin wie von Nägelwunden.

»Aber das ist ja Hysterie!« rief Fräulein van Druysen entsetzt.

»Nennen Sie es ruhig Hysterie, Mejufrouw; die ›Hysterie‹, unter der wir stehen, ist nichts Krankhaftes. Zwischen Hysterie und Hysterie ist ein großer Unterschied. Nur diejenige Hysterie, die Hand in Hand geht mit Ekstase und Geistesverwirrung, ist einer Krankheit gleichzustellen und führt nach abwärts, die andere Art jedoch ist die Geistesentwirrung – das ›Kommen zur Klarheit‹, und ist der Weg nach aufwärts, der über das Erfassen der Erkenntnisse durch das Denken hinaus den Menschen zum Wissen durch direktes ›Schauen‹ führt.

In der Schrift heißt dieses Ziel das ›innere Wort‹, und, wie der Mensch der heutigen Zeit denkt, indem er, ohne sich dessen bewußt zu sein, Worte im Gehirn lispelt, so spricht im geistig wiedergeborenen Menschen eine andere geheimnisvolle Sprache mit neuen Worten, in denen es kein ›Mutmaßen‹ und keinen Irrtum mehr gibt. Dann ist das Denken ein neues Denken geworden – ist Magie und nicht mehr ein armseliges Verständigungsmittel, – ist ein Offenbarwerden der Wahrheit, in deren Licht der Irrtum verschwindet, weil die Zauberringe der Gedanken sodann ineinandergreifen und nicht mehr nebeneinander liegen.«

»Und sind Sie soweit, Herr Swammerdam?«

»Wenn ich soweit wäre, säße ich nicht hier, Mejufrouw.«

»Sie sagten, der gewöhnliche Mensch denke, indem er im Gehirn Worte bilde; wie ist es nun«, fragte Sephardi interessiert, »bei jemand, der taubstumm geboren ist und keine Sprache kennt?«

»Dann denkt er teils in Bildern, teils in der Ursprache.«

»Lassen Se mir aach ämol reden, Swammerdamleben!« rief Lazarus Eidotter streitlustig dazwischen: »Gut, Sie haben Kabbala, ich hab' aber auch Kabbala. ›Im Anfang war das Wort‹ ist falsch übersetzt. ›Bereschith‹ heißt auf deitsch das ›Koppwesen‹, Ihnen gesagt, und nicht: ›im Anfang‹. Auf was herauf: ›im Anfang‹??«

»Das Kopfwesen!« murmelte Swammerdam und versank eine Weile in tiefes Grübeln; »ich weiß. Aber der Sinn bleibt derselbe.«

Die andern hatten schweigend zugehört und sahen einander bedeutungsvoll an.

Eva van Druysen fühlte instinktiv, daß sie bei dem Wort »Kopfwesen« an das »olivgrüne Gesicht« gedacht hatten, und blickte fragend zu Doktor Sephardi hinüber, der ihr unmerklich zunickte.

»Auf welche Weise ist Ihrem Freunde Klinkherbogk die Gabe der Prophetie zuteil geworden, und wie äußert sie sich?« brach er endlich das Stillschweigen, da niemand Miene machte zu reden.

Jan Swammerdam fuhr wie aus dem Traum auf: »Klinkherbogk? Ja«; – er sammelte sich: – »Klinkherbogk hat sein Leben lang Gott gesucht, bis es sein ganzes Denken verzehrte und er vor beständiger Sehnsucht viele Jahre nicht mehr schlafen konnte. Eines Nachts saß er wie gewöhnlich vor seiner Schusterkugel, – Sie wissen, derartige Kugeln aus Glas verwenden die Schuhmacher und stellen sie vor brennende Kerzen, um bei der Arbeit besser sehen zu können, – da wuchs aus dem Lichtfunken in ihrem Innern eine Gestalt, trat zu ihm, und es wiederholte sich, was in der Apokalypse steht: der Engel gab ihm ein Buch zu verschlingen und sagte: ›Nimm hin und verschling's und es wird dich im Bauch grimmen, aber in deinem Munde wird's süß sein wie Honig.‹ Das Gesicht der Erscheinung war verhüllt, nur ihre Stirne war frei, und ein grünleuchtendes Kreuz glühte darauf.«

Eva van Druysen fielen die Worte ihres Vaters über die Gespenster ein, die das Zeichen des Lebens offen trügen, und einen Augenblick faßte es sie an wie kalte Furcht.

»Seit jener Zeit hatte Klinkherbogh das ›innere Wort‹«, kam Swammerdam wieder auf seine Rede zurück, – »und es sagte ihm und durch seinen Mund auch mir – denn ich war damals sein einziger Schüler –, wie wir leben sollten, um von dem Holz des Lebens zu essen, das im Paradies Gottes ist. Es wurde uns die Verheißung: Nur noch ein kleines Weilchen, und aller Jammer des irdischen Daseins würde von uns weichen und wir sollten wie Hiob tausendfältig wiedererhalten, was das Leben uns nähme.«

Doktor Sephardi wollte einwenden, wie gefährlich und trügerisch es sei, solchen Prophezeiungen aus dem Unterbewußtsein Glauben zu schenken, aber er erinnerte sich noch rechtzeitig an Baron Pfeills Erzählung von dem grünen Käfer. Überdies sah er ein, daß jede Warnung hier wohl zu spät käme.

Der alte Mann schien den Sinn seiner Gedanken halb und halb erraten zu haben, denn er fuhr fort: »Es sind jetzt schon fünfzig Jahre her, daß uns diese Verheißung gegeben wurde, aber man muß sich in Geduld fassen und, was auch kommen möge, an der Übung festhalten, die darin besteht, den Geistesnamen ohne Unterlaß in unser Herz hineinzumurmeln, bis die Wiedergeburt vollendet ist.« – Er sagte die Worte ruhig und scheinbar voll Zuversicht, aber in seiner Stimme klang ein leises Zittern, wie die Vorahnung einer kommenden, grauenvollen Verzweiflung, das verriet, wie sehr er sich zusammennahm, um die andern nicht in ihrem Glauben zu erschüttern.

»Fünfzig Jahre schon machen Sie diese Übung!? Es ist furchtbar!« fuhr es Doktor Sephardi unwillkürlich heraus.

»Ach, es ist ja so himmlisch schön, zu sehen, wie alles in Erfüllung geht«, säuselte Fräulein de Bourignon verzückt, »und wie sie aus dem Weltenraum hier zusammenströmen, die hohen Geister, und sich um Abram scharen – das ist nämlich der Geistesname Anselm Klinkherbogks denn er ist der Erzvater – und hier im ärmlichen Zee Dyk von Amsterdam den Grundstein legen zum neuen Jerusalem. Mary Faatz (sie war früher eine Prostituierte und jetzt ist sie die fromme Schwester Magdalena)«, flüsterte sie hinter der Hand ihrer Nichte zu, »ist gekommen und – und Lazarus ist vom Tode auferweckt worden – – aber, ja richtig, Eva, von dem Wunder habe ich dir in dem Brief, den ich dir kürzlich schrieb, um dich aufzufordern, zu uns in den Kreis zu kommen, doch noch gar nichts erwähnt. Denk nur: Lazarus ist durch Abram vom Tode auferweckt worden!« – Jan Swammerdam stand auf, trat ans Fenster und blickte stumm hinaus in die Finsternis. – »Ja, ja, leibhaftig vom Tode auferweckt worden! Er ist wie tot in seinem Laden gelegen, und da kam Abram und hat ihn wieder lebendig gemacht.«

Aller Augen richteten sich auf Eidotter, der sich betreten abwandte und gestikulierend und achselzuckend Doktor Sephardi im Flüsterton erklärte, es sei allerdings etwas an der Sache, – »bewußtlos, freilich, bin ich gewest; vielleicht tot; warum soll ich nicht tot gewesen sein? Ich bitt' Sie, ä alter Mann wie ich!«

»Und darum beschwöre ich dich, Eva«, richtete Fräulein de Bourignon ihre Rede mit größter Eindringlichkeit an ihre Nichte, »tritt ein in unseren Bund, denn das Reich ist nahe herbeigekommen, und die letzten werden die ersten sein.«

Der Kommis aus dem Drogengeschäft, der bis dahin, ohne ein Wort gesprochen zu haben, neben Schwester Magdalena gesessen und ihre Hand in der seinen gehalten hatte, erhob sich plötzlich, schlug mit der Faust auf den Tisch und schrie, die entzündeten Augen weit aufgerissen, mit lallender Zunge:

»Jo, jo, jo – – d–d–die Ersten w–w–werden die Leleletzten sein, und eher geht ein Ka–Ka– – –«

»Er kommt in den Geist. Der Logos spricht aus ihm«, rief die Hüterin der Schwelle, »Eva, bewahre jedes Wort in deinem Herzen!«

»– – Ka–Kamel durch ein N–N–N–N–«

Jan Swammerdam eilte zu dem Besessenen, auf dessen Gesicht sich der Ausdruck viehischer Bosheit malte, und beruhigte ihn durch magnetische Striche über Stirn und Mund.

»Es ist nur der ›Gegensatz‹, wie wir es nennen, Mejufrouw«, redete Schwester Sulamith, die alte Holländerin, begütigend Fräulein van Druysen zu, die ängstlich zur Tür geflohen war. »Bruder Hesekiel leidet manchmal darunter, und dann gewinnt die niedere Natur die Oberhand über die höhere. Aber es geht schon vorüber«; – der Kommis hatte sich auf alle viere niedergelassen und bellte und knurrte wie ein Hund, während das Mädchen aus der Heilsarmee neben ihm kniete und ihm zärtlich die Haare streichelte – »denken Sie nicht schlecht von ihm; wir sind allzumal Sünder, und Bruder Hesekiel bringt sein Leben tagaus, tagein da unten in dem dunkeln Magazin zu, da kommt es dann, wenn er einmal reiche Leute sieht – Sie verzeihen, daß ich es so offen sage, Mejufrouw – wie Erbitterung über ihn und umnachtet seinen Geist. Glauben Sie mir, Mejufrouw, Armut ist eine schwere Last; woher soll ein so junges Herz wie seines immer soviel Gottvertrauen nehmen, um sie zu tragen!«

Eva van Druysen tat zum erstenmal in ihrem Leben einen Blick in die Abgründe des Daseins, und was sie früher in Büchern gelesen, stand jetzt in furchtbarer Wirklichkeit vor ihr.

Und doch war es nur ein kurzer Blitzschein gewesen, der kaum hinreichte, die Finsternis einiger Schluchten zu zerreißen.

»Wieviel und weit Schrecklicheres«, sagte sie sich, »muß erst in der Tiefe schlummern, in die so selten das Auge eines vom Schicksal Begünstigten zu schauen vermag.«

Wie durch eine geistige Explosion von den Hüllen mühsam anerzogener menschlicher Umgangsformen losgerissen, hatte sich ihr eine Seele in häßlicher Nacktheit gezeigt, zum wilden Tier erniedrigt im selben Augenblick, als die Worte dessen fielen, der um der Liebe willen am Kreuz sein Leben ließ.

Das Bewußtsein einer riesengroßen Mitschuld, begangen durch weiter nichts als durch bloße Zugehörigkeit zu einer bevorzugten Gesellschaftsklasse und dem so selbstverständlich scheinenden Mangel an Interesse gegenüber dem Leid des Nächsten – eine Unterlassungssünde, winzig wie ein Sandkorn in der Ursache und verheerend wie eine Lawine in der Wirkung – erfüllte Eva mit tiefem Schrekken; so wie ein Mensch sich entsetzen mag, der in Gedankenlosigkeit mit einem Seile zu spielen glaubt und plötzlich gewahrt, daß er eine Giftschlange in Händen hält.

Als Sulamith von der Armut des Kommis erzählte, hatte Eva in der ersten Aufwallung nach der Börse gegriffen, – es war die gewisse Reflexbewegung, mit der das Herz den Verstand überrumpeln zu können wähnt, – dann schien ihr die Gelegenheit, zu helfen, schlecht gewählt, und der feste

81

Vorsatz, das Versäumte später besser und gründlicher nachzuholen, trat an die Stelle der Tat.

Die altbewährte Kriegslist des Vaters der Lüge, Zeit zu gewinnen, bis die Regungen des Mitleids verflogen sind, war Sieger geblieben.

Hesekiel hatte sich inzwischen von seinem Anfall erholt und weinte still vor sich hin.

Sephardi, der wie die vornehmen portugiesischen Juden Hollands unverrückbar an der Gewohnheit seiner Vorfahren, nie ein fremdes Haus zu betreten, ohne ein kleines Geschenk mitzubringen, festhielt, benützte die Gelegenheit, um die Aufmerksamkeit von dem Kranken abzulenken: Er wickelte ein silbernes Räucherfäßchen aus und überreichte es Swammerdam.

»Gold, Weihrauch und Myrrhen – die heiligen drei Könige aus dem Morgenland!« flüsterte die »Hüterin der Schwelle« mit vor Rührung erstickter Stimme, die Augen fromm zur Decke erhoben. »Als es gestern hieß, Sie kämen, Herr Doktor, Eva zu uns zu begleiten, gab Ihnen Abram den Geistesnamen Balthasar, und siehe: Sie sind gekommen und haben Weihrauch gebracht! König Melchior, – er heißt im Leben Baron Pfeill, ich weiß es von der kleinen Katje, – ist heute auch schon geistig erschienen« – sie wandte sich geheimnisvoll zu den übrigen, die erstaunt aufhorchten, – »und hat Geld geschickt. Oh, ich sehe es mit den Augen des Geistes: auch Kaspar, der König aus Mohrenland, ist nicht mehr ferne«; – sie zwinkerte Mary Faatz, die ihren Blick verständnisvoll erwiderte, selig zu: – »ja, mit Riesenschritten geht die Zeit ihrem Ende –«

Ein Klopfen an der Tür unterbrach sie, und die kleine Enkelin Katje des Schusters Klinkherbogk trat herein und meldete:

»Ihr sollt schnell alle hinaufkommen, der Großvater hat die zweite Geburt.«

Fünftes Kapitel

Eva van Druysen hielt den alten Schmetterlingssammler zurück, ehe sie mit ihm den übrigen folgte, die bereits in die Dachkammer Klinkherbogks hinaufstiegen.

»Verzeihen Sie, Herr Swammerdam, ich möchte Ihnen nur kurz eine Frage stellen, obwohl ich Sie eigentlich sehr viel zu fragen hätte. – Was Sie vorhin über Hysterie gesagt haben und über die Kraft, die in den Namen verborgen liegt, hat mich tief berührt, – aber andrerseits –«

»Darf ich Ihnen einen Rat geben, Mejufrouw?« – Swammerdam blieb stehen und sah ihr ernst in die Augen. – »Ich begreife sehr wohl, daß das, was Sie vorhin mit angehört haben, Sie nur verwirren muß. Dennoch können Sie großen Nutzen daraus ziehen, wenn Sie es als erste Lehre auffassen und geistige Unterweisung nicht bei andern suchen, sondern in sich selbst. Nur die Belehrungen, die der eigene Geist uns schickt, kommen zur rechten Zeit, und für sie sind wir reif. Für die Offenbarungen an andern müssen Sie taub und blind werden. Der Pfad zum ewigen Leben ist schmal wie die Schärfe eines Messers; Sie können andern weder helfen, wenn Sie sie taumeln sehen, noch dürfen Sie Hilfe von ihnen erwarten. Wer auf andere schaut, verliert das Gleichgewicht und stürzt ab. Hier gibt's kein gemeinsames Vorwärtsschreiten wie in der Welt, und so unbedingt nötig auch ein Führer ist: Er muß aus dem Reich des Geistes zu Ihnen kommen. Nur in irdischen Dingen kann ein Mensch Ihnen als Führer dienen und seine Handlungsweise eine Richtschnur sein, um ihn zu beurteilen. Alles, was nicht aus dem Geist kommt, ist tote Erde, und wir wollen zu keinem andern Gott beten als zu dem, der sich in unsrer eignen Seele offenbart.«

»Wenn sich aber kein Gott in mir offenbart?« fragte Eva verzweifelt.

»Dann müssen Sie in einer stillen Stunde nach ihm rufen mit Aufgebot aller Sehnsucht, deren Sie fähig sind.«

»Und dann, glauben Sie, wird er kommen? Wie leicht wäre das!«

»Er wird kommen! Aber – entsetzen Sie sich nicht: – zuerst als Rächer Ihrer früheren Taten, als der furchtbare Gott des Alten Testamentes, der gesagt hat: Auge um Auge, Zahn um Zahn. Er wird sich offenbaren in plötzlichen Veränderungen Ihres äußern Lebens. Alles müssen Sie zuerst verlieren, sogar –« Swammerdam sagte es leise, als fürchte er sich, sie könne es hören – »sogar Gott, wenn Sie Ihn immer von neuem finden wollen. – Erst, wenn Ihre Vorstellung von Ihm – gereinigt von Gestalt und Form und jeglichem Begriff von Außen und Innen, Schöpfer und Geschöpf, Geist und Stoff, ist, werden Sie Ihn –«

»Sehen?«

»Nein. Niemals. Aber mit Seinen Augen werden Sie sich sehen. Dann sind Sie frei von der Erde, denn Ihr Leben ist in Seines eingegangen, und Ihr Bewußtsein ist nicht mehr vom Leibe abhängig, der wie ein wesenloser Schatten dem Grab entgegengeht.«

»Welchen Zweck haben aber dann die Schläge des äußeren Lebens, von denen Sie sprechen? Sind sie eine Prüfung oder eine Strafe?«

»Es gibt weder Prüfungen noch Strafen. Das äußere Leben mit seinen Schicksalen ist nichts als ein Heilungsprozeß, für den einen mehr, für den andern weniger schmerzhaft, je nachdem der Betreffende krank ist an seiner Erkenntnis.«

»Und Sie glauben, wenn ich Gott rufe, wie Sie sagen, wird sich mein Schicksal verändern?«

»Sofort! Nur wird es sich nicht ›verändern‹, es wird werden wie ein galoppierendes Pferd, das bis dahin im Schritt gegangen ist.«

»Ist Ihr Schicksal denn so im Sturm abgelaufen? Sie verzeihen die Frage, aber nach dem, was ich über Sie gehört habe –«

»Ist es sehr eintönig dahingeflossen, meinen Sie, Mejufrouw«, ergänzte Swammerdam lächelnd. »Erinnern Sie sich, was ich Ihnen vorhin gesagt habe? ›Blicken Sie nie auf andere.‹ – Der eine erlebt eine Welt, und dem andern erscheint's eine Nußschale. Wenn Sie im Ernst wollen, daß Ihr Schicksal galoppiert, müssen Sie – ich warne Sie davor und rate es Ihnen zugleich, denn es ist das einzige, was der Mensch tun soll, und gleichzeitig das schwerste Opfer, das er bringen kann! – müssen Sie Ihren innersten Wesenskern, den Wesenskern, ohne den Sie eine Leiche wären (und sogar nicht einmal das), anrufen und Ihm – befehlen, daß Er Sie den kürzesten Weg zu dem großen Ziel führt, – dem einzigen, das des Erstrebens wert ist, so wenig Sie es jetzt auch erkennen, – erbarmungslos, ohne Rast, durch Krankheit, Leiden, Tod und Schlaf hindurch, durch Ehren, Reichtum und Freude hindurch, immer hindurch und hindurch wie ein rasendes Pferd, das einen Wagen vorwärts reißt über Äcker und Steine hinweg und an Blumen und blühenden Hainen vorbei! Das nenne ich: Gott rufen. Es muß sein wie ein Gelöbnis vor einem lauschenden Ohr!«

»Aber, wenn dann das Schicksal kommt, Meister, und ich werde schwach und – will umkehren?«

»Umkehren kann nur der auf dem geistigen Weg, – nein, nicht einmal umkehren, nur stehenbleiben, sich umsehen und zur Salzsäule werden, – der kein Gelöbnis abgelegt hat! Ein Gelöbnis in geistigen Dingen ist wie ein Befehl, und Gott ist der – Diener des Menschen in diesem Falle, um ihn auszuführen. Entsetzen Sie sich nicht, Mejufrouw, es ist keine Lästerung! Im Gegenteil! – Darum (was ich Ihnen jetzt sage, ist eine Torheit, ich weiß, denn es geschieht nur aus Mitleid, und alles, was aus Mitleid geschieht, ist Torheit), warne ich Sie: Geloben Sie nicht zuviel! Es könnte Ihnen sonst gehen wie dem Schächer, dem am Kreuze die Knochen gebrochen wurden!«

Swammerdams Gesicht war weiß geworden vor innerer Erregung.

Eva faßte seine Hand. »Ich danke Ihnen, Meister, ich weiß jetzt, was ich zu tun habe.«

Der alte Mann zog sie an sich und küßte sie ergriffen auf die Stirn. »Der Herr des Schicksals sei Ihnen ein barmherziger Arzt, mein Kind!«

– – – – – – – – – –

Sie gingen die Stiege hinauf.

Wie unter einem jähen Gedanken blieb Eva eine Sekunde vor der Dachkammer stehen. »Sagen Sie mir noch eins, Meister! Die vielen Millionen Menschen, die geblutet und gelitten haben, sie haben doch kein Gelöbnis getan; wozu war all der unendliche Jammer gut?«

»Wissen Sie denn, daß sie kein Gelöbnis getan haben? Kann es nicht in einem früheren Leben geschehen sein«, fragte Swammerdam ruhig, »oder im Tiefschlaf, wenn die Seele des Menschen wach ist und am besten weiß, was ihr frommt?«

Als risse ein Vorhang entzwei, sah Eva einen Augenblick in das blendende Licht einer neuen Erkenntnis hinein. Die letzten wenigen Worte hatten ihr mehr über die Bestimmung der Wesen enthüllt, als sämtliche Religionssysteme der Welt imstande gewesen wären. Jede Klage über vermeintliche Ungerechtigkeit des Schicksals mußte verstummen angesichts des Gedankens, daß keiner einen andern Weg ging als den selbstgewählten.

»Wenn Sie keinen Sinn in dem zu finden vermögen, was in unserm Kreis vor sich geht, Mejufrouw, so lassen Sie sich dadurch nicht irre machen. Oft führt ein Weg abwärts und ist doch die kürzeste Brücke zum nächsten Anstieg. Das Fieber der geistigen Genesung sieht sich zuweilen an wie teuflische Fäulnis. Ich bin nicht der ›König Salomo‹ und Lazarus Eidotter ist nicht ›Simon der Kreuzträger‹, – wie Fräulein de Bourignon es zu äußerlich auffaßt, weil er Klinkherbogk einmal Geld in der Not geborgt hat, – aber an sich ist dieses Durcheinandermischen von Altem und Neuem Testament deshalb noch kein Unsinn. – Wir erblicken in der Bibel nicht nur die Aufzeichnung von Geschehnissen einer verflossenen Zeit, sondern einen Weg von Adam zu Christus, den wir an uns durchzumachen haben auf die magische Art eines inneren Wachstums von ›Name‹ zu ›Name‹, das ist: von Kraftentfaltung zu Kraftentfaltung«, sagte Swammerdam und half Eva die letzten Treppenstufen hinauf, »von der Vertreibung aus dem Paradies zur Auferstehung. Es kann für so manchen ein Weg voll Schrecknissen werden und –« er murmelte gepreßt wieder den Satz von dem Schächer, dem am Kreuz die Knochen gebrochen worden waren, vor sich hin.

Fräulein de Bourignon hatte mit den übrigen vor der Dachstube auf das Kommen der beiden gewartet (nur Lazarus Eidotter war hinunter in seine Wohnung gegangen) und überschüttete ihre Nichte mit einem Schwall von Worten, ehe sie eintraten, um sie gebührend vorzubereiten:

»Denk nur, Eva, etwas unbeschreiblich Großes ist geschehen. Und gerade heute am Kalendertage des Sonnwendfestes – ach, es ist ja so namenlos tiefsinnig – ja, was wollte ich nur sagen – ja richtig, das große Längstersehnte ist geschehen: in Vater Abram ist heute der Geistmensch als Kindlein geboren worden, und er hat es in sich schreien

hören, als er gerade einen Absatz auf einen Stiefel festna-
gelte, was bekanntlich die ›zweite Geburt‹ ist, denn die ›erste‹, das ist das Bauchgrimmen, wie schon in der Schrift
steht, wenn man sie nur richtig deutet, und dann werden
die heiligen drei Könige vollzählig sein, denn Mary Faatz
hat mir kürzlich erzählt, sie kenne, wenn auch nur ganz
flüchtig, einen schwarzen Wilden, der in Amsterdam lebt,
und vor einer Stunde hat sie ihn unten in der Schenke
durchs Fenster sitzen sehen, und ich habe sofort eine Fü-
gung der himmlischen Mächte darin erkannt, denn es kann
natürlich nur der König Kaspar aus Mohrenland sein; ach,
es ist ja eine unsagbare Gnade, daß gerade mir die Mission
zuteil wurde, den dritten heiligen König ausfindig zu machen, und ich kann es in meiner Seligkeit gar nicht mehr
erwarten, bis die Minute kommt und ich Mary hinunter-
schicken darf, um ihn heraufzuholen.« Dabei öffnete sie
die Tür und ließ alle der Reihe nach eintreten.

– – – – – – – – –

Der Schuhmacher Klinkherbogk saß steif und regungslos am Kopfende eines langen, mit Sohlen und Werkzeugen bedeckten Tisches, die eine Seite seines abgezehrten
Gesichtes vom Fenster her in grellem Mondlicht, daß die
weißen Haare seines schüttern, holländischen Seemanns-
bartes wie metallene Fäden glänzten, die andere in tiefer
Finsternis.

Auf dem kahlen Schädel trug er eine Krone, zackig aus
Goldpapier geschnitten.

In der Kammer roch es sauer nach Leder.

Wie das haßerfüllte Zyklopenauge eines mit dem Leib in
der Dunkelheit verborgenen Ungeheuers glomm die gläserne Schusterkugel im Raum und warf ihren Schein auf
einen Haufen Zehnguldenstücke, die vor dem Propheten
lagen.

Eva, Sephardi und die Angehörigen des geistigen Kreises
waren an der Wand stehengeblieben und warteten.

Keiner wagte sich zu rühren; ein Bann hatte sich auf alle gelegt.

Die Blicke des Kommis hingen stier an dem Glanz der Münzen.

Zögernd krochen die Minuten in lautloser Stille, als wollten sie sich zu Stunden dehnen, – eine Motte schwirrte aus der Finsternis, kreiste als weißer Funken um das Licht der Kerze und verbrannte knisternd in der Flamme.

Unbeweglich, wie aus Stein gehauen, starrte der Prophet in die gläserne Kugel, den Mund offen, die Finger über den Goldstücken verkrampft, und schien auf Worte zu lauschen, die aus weiter Ferne zu ihm kamen.

Ein dumpfer Lärm, der von der Hafenschenke auf der Gasse plötzlich heraufdrang und sogleich erstarb, als habe jemand das Haustor unten geöffnet und wieder zugeschlagen, glitt durchs Zimmer und erstickte in der Luft.

Wieder Totenstille.

Eva wollte zu Swammerdam hinsehen, aber eine ungewisse Furcht, sie könne in seinem Gesicht die gleiche bange Ahnung eines nahenden Unheils lesen, die ihr selbst fast den Atem raubte, hielt sie davon ab. Einen Pulsschlag lang glaubte sie sich zu erinnern, eine leise, kaum vernehmliche Stimme hätte gesagt: »Herr, laß diesen Kelch an mir vorübergehen«, dann zerbröckelte der Eindruck unter den verlorenen Klängen des fernen Kirmestrubels, die ein Lufthauch am Fenster vorbeitrug.

Sie blickte auf und sah, daß die Spannung in den Zügen Klinkherbogks nachließ und in Verwirrung überging.

»Es ist ein groß Getöse in der Stadt«, hörte sie ihn murmeln, »und ihre Sünde ist schwer. Darum will ich hinabfahren und sehen, ob sie alles getan haben, das vor mich kommen ist, oder ob's nicht also sei, daß ich's wisse.«

»So waren die Worte Jehovas nach dem ersten Buch Mosis«, sagte Schwester Sulamith mit bebenden Lippen und bekreuzigte sich, »bevor Er Feuer und Schwefel regnen ließ. – – Zürne nicht, Herr, daß ich rede: man möchte vielleicht zehn Gerechte in der Stadt finden!«

Sofort sprang das Motiv auf Klinkherbogk über und weckte in ihm die Vision eines kommenden Weltuntergangs. Mit eintöniger Stimme, als läse er geistesabwesend etwas vor, sprach er zur Wand hin:

»Ich sehe einen Sturmwind herbrausen über die Erde, der da machet, daß alles, was aufrecht steht, ein Waagrechtes wird unter seiner Wut und eine Wolke fliegender Pfeile. Er reißet die Gräber auf, und die Leichensteine und Schädel der Toten sind gleich einem Hagelschauer, der in der Luft fegt. Bläst das Wasser aus den Flüssen und Deichen, pfützet es von seinem Munde weg wie Sprühregen und legt die Pappeln an den Straßen und hohen Bäume als wehende Schöpfe am Boden hin. Und das um der Gerechten willen, die die lebendige Taufe haben«; – seine Worte wurden wieder klanglos – »der aber, auf den ihr wartet, wird nicht kommen als ein König, ehe die Zeit nicht vollendet ist; erst muß der Vorbote in euch sein, als ein neuer Mensch, um das Reich zu bereiten. Dennoch werden ihrer viele sein mit neuen Augen und Ohren, auf daß es nicht abermalen heiße von den Menschen: Sie haben Ohren und hören nicht, sie haben Augen und sehen nicht; aber« – Schatten einer tiefen Traurigkeit legten sich auf sein Gesicht – »aber auch unter ihnen sehe ich Abram nicht! Denn jeglichem wird zugemessen nach seinem Maß, und er hat, ehe die Geburt des Geistes reif worden, den Schild der Armut von sich getan und seiner Seele ein gülden Kalb gegossen, den Sinnen ein Tanzfest zu bereiten. Noch eine kleine Weile, und ihr habt ihn nicht mehr. – Der König aus dem Mohrenland wird ihm die Myrrhen des andern Lebens bringen und seinen Leib den Fischen der trüben Wässer zum Fraße vorwerfen, denn das Gold Melchiors ist eingekommen, bevor das Kind in der Krippe lag, und hätte den Fluch wegnehmen können, der auf jeglichem Golde ist. Also ist es zum Unheil erboren, noch ehe die Nacht weicht. – Und der Weihrauch Balthasars ist zu spät gekommen.

Aber du, Gabriel, höre: Strecke die Hand nicht nach der Ernte, die nicht weiß ist zum Schneiden, daß die Sichel den Knecht nicht verwunde und dem Weizen den Schnitter nehme.«

Fräulein de Bourignon, die während seiner Rede des öftern verzückt geseufzt hatte, ohne sich auch nur zu bemühen, ihren dunkeln Sinn zu erfassen, unterdrückte einen Freudenschrei, als ihr Geistesname »Gabriel« genannt wurde, und wisperte Mary Faatz, die daraufhin eiligst die Stube verließ, hastig ein paar Worte zu.

Swammerdam, der es bemerkte, wollte sie daran hindern, aber er kam zu spät, – das Mädchen lief bereits die Treppe hinab.

Müde ließ er die Hand sinken und schüttelte nur resigniert den Kopf, als ihn die »Hüterin der Schwelle« verwundert anblickte.

Der Schuster war einen Augenblick zu sich gekommen und rief ängstlich nach seiner Enkelin, versank aber gleich darauf wieder in seine Ekstase.

– – – – – – – – –

– – – – – – – – –

In der Matrosenschenke »Prins van Oranje« hatte fast die ganze Zeit über eine wüste Gesellschaft von fünf Leuten beisammen gesessen und anfangs Karten gespielt; später, als die Nacht weiter vorrückte und das Lokal sich mit allerhand Gesindel vom Zee Dyk füllte, daß bald kaum mehr Platz war, um die Ellenbogen ausstrecken zu können, zogen sich die Herren in das Nebenzimmer zurück, in dem tagsüber die Kellnerin Antje wohnte, ein unförmliches, geschminktes Weibsbild in rotseidenem Rock bis zum Knie, mit fettem Hals, einem flachsgelben Zopf, Hängebusen und zerfressenen Nasenflügeln, – »die Hafensau«, wie sie von den Stammgästen genannt wurde.

Es waren: der Wirt der Spelunke – ehemals Steuermann auf einem brasilianischen Farbholzschiff, ein untersetzter, stiernackiger Kerl in Hemdsärmeln, die Pratzen blautätowiert und in den Ohrläppchen, von denen das eine halb abgebissen war, kleine goldene Ringe, – dann der Zulu Usibepu in dunkelblauem Leinenanzug, wie ihn die Heizer auf den Dampfern tragen, – ein buckliger Varietéagent mit langen, scheußlichen Spinnenfingern, – der Professor Zitter Arpád, der erstaunlicherweise wieder seinen Schnurrbart besaß und auch seine übrige Toilette der neuen Umgebung angepaßt hatte, – und als fünfter ein sonnengebräunter, sogenannter »Inder« im weißen Smoking der Tropen, einer jener jungen Plantagenbesitzerssöhne, die zuweilen aus Batavia oder andern niederländischen Kolonien nach Europa kommen, um das holländische Vaterland kennenzulernen, und dann in wenigen Nächten auf die sinnloseste Art ihr Geld in Verbrecherkneipen vertun.

Seit einer Woche schon »wohnte« der junge Herr im »Prins van Oranje« und hatte seitdem auch nicht ein einziges Mal das Tageslicht gesehen, außer gegen Morgen einen Streifen Dämmerung hinter dem grünverhängten Fenster, ehe ihm vor Trunkenheit die Augen zufielen und er sich unausgezogen und ungewaschen auf den Diwan warf, um bis spät in den nächsten Abend hinein zu schlafen. Und dann ging es eilig von neuem an bei Würfeln und Karten, Bier, schlechtem Wein und Fusel, mit Freihalten von Hafengelichter, chilenischen Matrosen und belgischen Dirnen, bis der letzte Scheck von der Bank zurückgewiesen wurde und die Reihe an Uhrkette, Ringe und Manschettenknöpfe kam.

Zu diesem Schlußfeste hatte der Wirt seinen Freund Zitter Arpád einzuladen sich verpflichtet gefühlt, und der Herr Professor war denn auch pünktlich erschienen und hatte gewissermaßen als Picknickbeitrag den Zulukaffern, der als hervorragender Artist stets bares Geld besaß, mitgebracht.

Einige Stunden lang hatten die Herren bereits dem Macao gehuldigt, ohne daß es einem von ihnen gelungen wäre, die Glücksgöttin dauernd an seine Seite zu fesseln, denn sooft der Professor versuchte, mit den Karten die Volte zu schlagen, jedesmal grinste der Varietéagent, und Herr Zitter fühlte sich bemüßigt, mit seiner Kunstfertigkeit noch ein Weilchen innezuhalten, da es ihm natürlich nicht passen konnte, seinen schwarzen Schützling mit dem Buckligen zu teilen.

Umgekehrt verhielt es sich ebenso hinsichtlich des »Inders«, und daher sahen sich die beiden rivalisierenden Ehrenmänner zu ihrem Leidwesen genötigt, das erstemal im Leben ehrlich zu spielen, – eine Beschäftigung, die, nach dem melancholischen Ausdruck ihrer Gesichter zu schließen, sie an verflossene Kinderzeiten, als es noch um Knackmandeln und Nüsse ging, erinnern mochte.

Der Wirt selbst spielte aus freien Stücken ehrlich – zur Feier des Tages. Er empfand es seinen Gästen gegenüber als Kavalierspflicht, – nur, daß ihm diese für den Fall eines Verlustes den Schaden nachher wieder vergüten mußten, war selbstverständlich und bedurfte keiner weiteren Vereinbarung, – der »Inder« war viel zu harmlos, um auch nur den Gedanken des Mogelns zu erfassen, und der Zulu in die Geheimnisse der weißen Magie noch viel zuwenig eingeweiht, als daß er es hätte wagen dürfen, vermittelst Zuhilfenahme eines fünften Asses Zaubereien zu seinen Gunsten einzuleiten.

Erst gegen Mitternacht, als die lockenden Banjomelodien im Gassenlokal anfingen, immer stürmischer die Anwesenheit des jungen Mäzens zu heischen, die schnapsdurstige Menge ihre Ungeduld nicht länger zu meistern vermochte und schließlich sogar eine à la Pony frisierte Dirne ins Zimmer trat, um besorgt nach dem Verbleib ihres »Bräutigams« zu sehen, vollzog sich eine Umgruppierung der Streitkräfte, die zur Folge hatte, daß der »Inder« und der Zulu im Handumdrehen von Herrn Zitter und dem Varietéagenten auf gemeinsame Rechnung S. E. & O. ausgeplündert waren. –

Des Herrn Professors hervorstechendste Charaktereigenschaft war Freigebigkeit, und daher ließ er es sich nicht nehmen, Fräulein Antje in das nunmehr geleerte Spielzimmer zu einem gemeinsamen Souper mit seinem Freunde Usibepu zu bitten, dessen Vorliebe für auserlesene Gerichte und ein Getränkegemisch aus denaturiertem Spiritus und salpetersäurehaltigen Essenzen, namens »Mogador«, er genau kannte.

Die Unterhaltung bei Tisch bewegte sich fast ausschließlich in einem Kauderwelsch von Negerenglisch, Kapjargon und Basutodialekt, welche Sprachen die beiden Herren meisterhaft beherrschten; nur die Kellnerin mußte sich zumeist auf Glutblicke, Zungeherausstrecken und sonstige international verständliche Gesten beschränken, um ihren Teil zur Anregung des Gastes beizutragen.

Gesellschaftsmensch durch und durch, verstand es der Professor nicht nur aufs trefflichste, das Gespräch keine Sekunde ins Stocken geraten zu lassen, – er behielt auch sein Hauptziel, dem Zulu das Geheimnis abzuknöpfen, wie man mit bloßen Füßen auf glühenden Steinen wandeln könne, ohne sich zu verbrennen, unentwegt im Auge und ersann tausend Listen, um seinen Zweck zu erreichen.

Der geschickteste Beobachter hätte ihm nicht angesehen, daß ihn nebenbei noch ein Gedanke unablässig quälte, der mit einer vertraulichen Botschaft Antjes: – der Schuster Klinkherbogk oben unter dem Dach habe nachmittags in der Schenke einen Tausendguldenschein gegen Gold umwechseln lassen, – in enger Beziehung stand.

Unter dem Einfluß des feurigen Mogadors, des leckeren Mahles und der Sirenenkünste der jungen Dame geriet der

Zulukaffer bald in einen Zustand wachsender Raserei, der es geraten erscheinen ließ, alle spitzigen oder zerbrechlichen Gegenstände aus dem Zimmer zu entfernen, und vor allem ihn selbst vor der Berührung mit den rauflustigen Matrosen im Gassenlokal, die, Antjes wegen eifersüchtig, nur darauf lauerten, mit ihren Messern über »den Nigger« herzufallen, fernzuhalten.

Eine listig hingeworfene, hämische Bemerkung des Professors, das Zauberkunststück mit den heißen Steinen sei ein plumper Schwindel, brachte den Zulu schließlich derart außer Rand und Band, daß er alles kurz und klein zu schlagen drohte, wenn man ihm nicht auf der Stelle ein Becken mit glühenden Kohlen reiche.

Zitter Arpád, der nur auf diesen Moment gewartet hatte, ließ den längst bereitstehenden Kübel hereintragen und die glühenden Kohlen auf dem Zementboden des Zimmers ausschütten.

Sofort kauerte sich Usibepu nieder und atmete den erstickenden Dunst mit offenen Nüstern ein. Seine Augen bekamen allmählich einen gläsernen Ausdruck.

Er schien etwas zu sehen, und seine Lippen zuckten wie im Zwiegespräch mit einem Phantom.

Dann sprang er plötzlich auf, stieß einen markerschütternden Schrei aus, – so schrill und furchtbar, daß das Gejohle der Menge in der Gassenschenke jäh verstummte und sie sich Kopf an Kopf mit totenblassen Gesichtern lautlos an die Tür des Zimmers drängte, um hereinzuspähen.

Eine Sekunde später hatte er sich die Kleider vom Leib gerissen und vollführte splitternackt, muskelstrotzend wie ein schwarzer Panther, Schaum vor dem Mund und den Kopf in wahnwitziger Geschwindigkeit vor- und rückwärts schleudernd, einen Tanz um die Glut herum.

Der Anblick war derart grausig und erregend, daß es selbst den wilden chilenischen Matrosen den Atem ver-

95

schlug vor panischem Schrecken und sie sich an der Wand halten mußten, um nicht von den Bänken herunterzufallen, auf die sie gestiegen waren.

Der Tanz endete mit einem Ruck wie unter einem unhörbaren Befehl; der Zulu schien mit einemmal wieder ganz bei Bewußtsein, – nur sein Gesicht war aschgrau geworden, – trat langsam und gemessen mit bloßen Füßen auf die glühenden Kohlen und blieb mehrere Minuten lang unbeweglich darauf stehen.

Keine Spur von Brandgeruch, der verraten hätte, daß seine Haut versengt worden wäre. Als er von dem Gluthaufen herabstieg, fand der Professor seine Sohlen völlig unversehrt und nicht einmal heiß.

Ein junges Mädchen in der schwarzblauen Tracht der Heilsarmee, die mittlerweile leise von der Gasse hereingekommen war, hatte den letzten Teil der Vorstellung mit angesehen und nickte dem Zulu, den sie zu kennen schien, freundlich einen Gruß zu.

»Ja, wo kommst denn du her, Mary?« rief die Hafensau erstaunt, umarmte sie und küßte sie zärtlich auf beide Wangen.

»Ich habe Mister Usibepu heute abend durchs Fenster hier sitzen sehen, – ich kenne ihn vom Café Flora her, wo ich ihm mal die Bibel hab' auslegen wollen, aber er kann ja leider nur wenig Holländisch –« erklärte Mary Faatz, – »und eine feine alte Dame aus dem Béginenstift schickt mich, ich soll ihn hinaufbringen, und noch zwei vornehme Herrschaften sind auch oben.«

»Wo oben?«

»No, halt bei dem Schuster Klinkherbogk.«

Zitter Arpád fuhr herum, als er den Namen hörte, tat aber gleich darauf so, als kümmere es ihn weiter nicht, und fing an, den Zulu, der in seinem Triumph für Fragen zugänglicher war als sonst, geschickt in seinem afrikanischen Kauderwelsch auszuholen.

»Ich beglückwünsche meinen Freund und Gönner, den Mister Usibepu aus Ngomeland und bin stolz zu sehen, daß er ein großer Quimboiseur ist und in den Zauber Obeah T'changa eingeweiht.«

»Obeah T'changa?« rief der Neger; »Obeah T'changa das da!« – er schnippte verächtlich mit den Fingern. – »Ich Usibepu große Medizin, ich Vidû T'changa. Ich grüne Gift-Vidû-Schlange.«

Mit Gedankenschnelle reimte sich der Professor ein paar Ideen zusammen. Er glaubte eine Spur gefunden zu haben. Gelegentlich hatte er im Verkehr mit indischen Artisten gehört, der Biß gewisser Schlangen rufe bei Individuen, die sich an das Gift zu gewöhnen imstande seien, abnormale Zustände erstaunlichster Art, wie Fernsehen, Nachtwandeln, Unverwundbarkeit und dergleichen hervor. – Warum sollte, was in Asien möglich war, nicht bei den afrikanischen Wilden ebenfalls vorkommen?!

»Ich bin auch von der großen Zauberschlange gebissen«, renommierte er und deutete auf eine x-beliebige Narbe an seiner Hand.

Der Zulu spuckte geringschätzig aus. – »Vidû nicht wirkliche Schlange. Wirkliche Schlange dreckiger Wurm. Vidû-Schlange grüne Geisterschlange mit Menschengesicht. Vidû-Schlange ist ein Souquiant. Ihr Name ist Zombi.«

Zitter Arpád verlor die Fassung. Was waren das für Worte? Er hatte sie noch nie gehört: Souquiant? Es schien französischen Ursprungs zu sein. Und was bedeutete: Zombi?! – Er war unklug genug, seine Unkenntnis offen einzugestehen, und gab sein Ansehen dem Neger gegenüber damit ein für allemal preis.

Usibepu reckte sich hochmütig auf und erklärte: »Ein Mensch, der Haut wechseln kann, ist ein Souquiant. Lebt ewig. Ein Geist. Unsichtbar. Kann alles zaubern. Der Vater der schwarzen Menschen war Zombi. Die Zulus seine Lieblingskinder. Sie gingen aus seiner linken Seite hervor.« – Er schlug sich auf den mächtigen Brustkasten, daß es dröhnte. – »Jeder Königszulu weiß geheimen Namen von Zombi. Wenn ihn ruft, so Zombi erscheint als große Gift-Vidû-Schlange mit grünes Menschengesicht und heiliges Fetischzeichen auf Stirne. Wenn Zulu erstesmal sieht Zombi und Zombi hat Gesicht verhüllt, so Zulu muß sterben. Wenn aber Zombi erscheint mit verdecktes Stirnzeichen und grünes Gesicht offen, so Zulu lebt und ist Vidû T'changa, große Medizin und Herr über Feuer. Ich, Usibepu, bin Vidû T'changa.«

Zitter Arpád biß sich ärgerlich auf die Lippen. Er sah ein, daß sich mit dem Rezept nichts anfangen ließ.

Um so eifriger bot er sich Mary Faatz als Dolmetscher an, die den inzwischen wieder angekleideten Zulu durch Gebärden und Worte zu überreden suchte, ihr zu folgen.

»Die Herrschaften werden sich ohne mich mit ihm nicht verständigen können«, redete er auf sie ein, aber sie ließ sich nicht überzeugen.

Endlich begriff Usibepu, was Mary von ihm wollte, und ging mit ihr die Treppe hinauf in Klinkherbogks Wohnung.

– – – – – – – – –

– – – – – – – – –

Der Schuster saß noch immer, die Papierkrone auf dem Kopf, vor dem Tisch.

Die kleine Katje war zu ihm geeilt, und er hatte die Arme erhoben, als wollte er das Kind an seine Brust ziehen, sie aber gleich darauf sinken lassen und wieder in die Kugel gestarrt, als der somnambule Zustand abermals Besitz von ihm ergriff.

Auf den Zehenspitzen schlich die Kleine an die Wand zurück neben Eva und Sephardi.

Die Stille im Zimmer war noch tiefer und quälender geworden als vordem, – konnte von Geräuschen nicht mehr durchbrochen werden, fühlte Eva –, wurde nur dichter und lauernder, wenn ein leises Rascheln der Kleider oder ein Knacken in den Dielen sich bisweilen hervorwagte, – war zur bleibenden Gegenwart geronnen, unberührbar von den Schwingungen der Töne, – glich einem schwarzsammetnen Teppich, auf dem Reflexe von Farben schwimmen, ohne in die Tiefe dringen zu können.

Unsicher suchende Schritte kamen die Treppe im Hause herauf und näherten sich der Dachkammer. –

Eva empfand es, als taste sich ein Würgengel aus der Erde empor.

Entsetzt zuckte sie zusammen, als unvermutet die Tür hinter ihr leise knarrte und der Neger wie ein riesenhafter Schatten im Halbdunkel auftauchte.

Auch die anderen waren heftig erschrocken, aber niemand getraute sich, seine Stellung zu verändern, – als sei der Tod über die Schwelle getreten und blickte suchend von einem zum andern.

Das Gesicht Usibepus zeigte keinerlei Verwunderung über die seltsame Umgebung und die Stille, die im Zimmer herrschte.

Er war unbeweglich stehengeblieben und verschlang Eva mit glühenden Blicken, ohne den Kopf zu wenden, bis Mary ihr zu Hilfe kam und sich stumm vor sie stellte.

Das Weiße seiner Augen und die blitzenden Zähne hingen in der Finsternis wie gespenstische Lichtflecke.

Eva kämpfte ihr Grauen nieder und zwang sich, unverwandt zum Fenster zu schauen, vor dem, im Mondschein glitzernd, aus einem Kran im Dachfirst eine armdicke eiserne Kette starr hinab in die Tiefe hing.

Leises, kaum hörbares Plätschern spielte in der Luft, wenn, vom Nachthauch bewegt, das Wasser der beiden gabelförmig zusammenfließenden Grachten unten an das Gemäuer des Hauses schlug. –

Ein Schrei am Tisch ließ alle auffahren. –

Klinkherbogk hatte sich halb erhoben und deutete mit steifem Finger auf den leuchtenden Punkt in der Kugel.

»Da ist er wieder« – hörte man ihn röcheln, – »der Furchtbare mit der grünen Maske vor dem Gesicht, der mir den Namen Abram gegeben hat und das Buch zu verschlingen.« Wie von einem Glanz geblendet, schloß er die Augen und sank schwer zurück.

Alle standen regungslos mit angehaltenem Atem; nur der Zulu hatte sich vorgebeugt, starrte auf eine Stelle über dem Kopf Klinkherbogks in die Dunkelheit und sagte halblaut:

»Der Souquiant ist hinter ihm.«

Niemand verstand, was er meinte. Dann abermals Totenstille eine lange, kaum enden wollende Zeit, in der keiner ein Wort zu sprechen vermochte.

Eva fühlte ihre Knie zittern vor unerklärlicher Aufregung.

Sie hatte die Empfindung, als durchdringe ein unsichtbares Wesen in grauenvoller Langsamkeit allmählich den Raum mit seiner Gegenwart.

Sie griff nach der Hand der kleinen Katje, die neben ihr stand. – – – – – – – – –

Da flatterte plötzlich irgend etwas mit schreckhaftem Laut in der Finsternis auf, und eine Stimme rief hastig:

»Abraham! Abraham!«

Eva stand das Herz still vor Entsetzen, und sie sah, daß auch die andern zusammenzuckten.

»Hie bin ich«, antwortete der Schuhmacher, ohne sich zu rühren, wie aus dem Schlaf.

Eva wollte aufschreien, aber die Todesangst schnürte ihr die Kehle zu.

Wiederum lähmte einen Augenblick gräßliche Stille jeden Pulsschlag, dann flog ein schwarzer Vogel mit weißgefleckten Fittichen irr durchs Zimmer, schlug mit dem Kopf an die Fensterscheibe und fiel flügelschlagend zu Boden. – –

»Es ist Jakob, unsere Elster«, flüsterte die kleine Katje Eva zu; »sie ist aufgewacht!«

Eva hörte es wie durch eine Wand hindurch; die Worte brachten ihr keine Beruhigung und verstärkten nur noch das drosselnde Gefühl der Nähe eines dämonischen Wesens.

Unerwartet wie vorhin der Ruf des Vogels, schlug jetzt abermals eine Stimme an ihr Ohr; sie kam von den Lippen des Schusters, und es klang wie ein zerbissener Schrei:

»Isaak! Isaak!«

– Seine Miene hatte sich plötzlich verwandelt und trug den Ausdruck lodernden Wahnsinns. –

»Isaak! Isaak!«

»Hie bin ich«, antwortete die kleine Katje – genau wie vorhin ihr Großvater auf den Ruf des Vogels; so als schliefe sie.

Eva fühlte, daß die Hand des Kindes eiskalt war.

Die Elster unter dem Fensterbrett schackerte laut. –

Es hörte sich an wie das Lachen eines teuflischen Kobolds.

Silbe für Silbe, Ton für Ton hatte die Stille die Worte und das hämische Gelächter eingeschluckt mit gierigem, gespenstischem Mund. – Sie waren entstanden und verstummt wie das Herüberklingen eines Geschehnisses aus biblischer Vorzeit, das in der Kammer eines armseligen Handwerkers spukhaft wieder auferstand. – – – –

Ein hallender Glockenschlag von der Nicolaskerk dröhnte durchs Zimmer und zerriß mit seinem Vibrieren einen Augenblick den Bann.

»Ich möchte gehen, es greift mich zu sehr an«, wandte sich Eva flüsternd zu Sephardi und ging zur Tür.

Sie wunderte sich, daß sie die Turmuhr die ganze Zeit über nicht gehört hatte, wo doch erst wenige Stunden vorüber waren, daß es Mitternacht geläutet haben mußte.

»Kann man den alten Mann so ohne Hilfe allein lassen?« – fragte sie Swammerdam, der die übrigen stumm zur Eile antrieb, und blickte zu Klinkherbogk hin. »Er scheint noch immer in Trance zu sein? Und auch das Kind schläft.«

»Er wird bald erwachen, wenn wir fort sind«, beruhigte sie der Schmetterlingssammler, aber durch seine Worte klang ein leiser Unterton verhaltner Angst, – »ich will später nach ihm sehen.«

Man mußte den Neger fast mit Gewalt hinausdrängen, – seine Blicke hingen fiebrig an den Goldmünzen auf der Tischplatte; Eva sah, daß Swammerdam ihn nicht aus den Augen ließ und, als alle die Treppe hinuntergingen, rasch umkehrte, die Dachkammer des Schuhmachers absperrte und den Schlüssel einsteckte. – – –

Mary Faatz war vorausgelaufen, um den Gästen Mäntel und Hüte aus dem Zimmer im vierten Stock zu bringen und dann einen Wagen zu holen.

»Wenn nur der König aus Mohrenland wiederkommt; wir haben ihn ohne Abschied ziehen lassen; o Gott, warum ist das Fest der Wiedergeburt so traurig verlaufen!« jammerte Fräulein de Bourignon, als sie mit Swammerdam, der ihnen das Geleite gegeben hatte und wortkarg mit verstörtem Gesicht neben ihnen stand, vor dem Haustor auf die Droschke warteten, die sie in das Béginenstift, Eva in ihr Hotel und Doktor Sephardi nach Hause bringen sollte; – aber das Gespräch stockte bald und wollte nicht wieder in Fluß kommen.

Die Geräusche des Volksfestes in der Warmoesstraat waren erstorben, nur hinter den verhängten Fenstern der Schenke am Zee Dyk spielte noch ein Banjo wilde Tänze.

Die Wand des Hauses, die gegen die Nicolaskirche gekehrt war, lag in tiefem Schatten, – die andere Seite, auf der die Giebelkammer des Schusters hoch über der Gracht in das ferne Nebelmeer des Hafens hineinsah, glitzerte naß und weiß in grellem Mondlicht.

Eva trat an das Geländer, das die Gasse gegen die Gracht abschloß, und blickte in das schwarze, unheimliche Wasser.

Wenige Meter von ihr entfernt, berührte die eiserne Kette, die vom Dachkran, am Fenster des Schuhmachers vorbei, herabhing, mit dem untern Ende einen schmalen, kaum fußbreiten Mauervorsprung.

Ein Mann stand in einem Boot und machte sich an der Kette zu schaffen; als er die helle Frauengestalt erblickte, bückte er sich rasch nieder und wandte den Kopf weg.

Eva hörte den Wagen um die Ecke kommen und eilte fröstelnd zu Sephardi zurück; – einen Herzschlag lang, sie wußte nicht warum und wieso, war die Erinnerung an die weißen Augen des Negers wieder in ihr wach geworden. – –
– – – – – – –

Der Schuster Klingherbogk träumte, er ritte auf einem Esel durch die Wüste, an seiner Seite die kleine Katje, und vor ihm her schritt als Führer der Mann mit der Hülle vor dem Antlitz, der ihm den Namen Abram gegeben hatte.

Tag und Nacht ritt er so, da sah er am Himmel eine Luftspiegelung, und ein Land, üppig und herrlich, wie er noch nie eins gesehen, senkte sich herab, und der Mann sagte ihm, es hieße Morija.

Und Klinkherbogk klomm einen Berg empor, baute einen Holzstoß und legte Katje oben darauf.

Dann reckte er seine Hand aus und faßte das Messer, daß er das Kind schlachte. Sein Herz war kalt und ohne Mitleid, denn er wußte nach der Schrift, daß er einen Widder opfern werde zum Brandopfer an Katjes Statt. Und als er das Kind geopfert hatte, nahm der Mann die Hülle vom Gesicht, das glühende Zeichen auf seiner Stirn verschwand, und er sprach:

»Ich zeige dir, Abraham, mein Angesicht, auf daß du von nun an das Ewige Leben habest. Das Zeichen des Lebens aber nehme ich von meiner Stirne, damit sein Anblick dir nimmermehr dein armes Hirn verbrenne. Denn meine Stirn ist deine Stirn, und mein Antlitz ist dein Antlitz. Dies, wisse, ist in Wahrheit die ›zweite Geburt‹: daß du eins bist mit mir und erkennest, daß ich, dein Führer zum Baum des Lebens, du selbst gewesen bist. –

Viele sind, die mein Gesicht gesehen haben, aber sie wissen nicht, daß es die zweite Geburt bedeutet, darum mag es sein, daß sie das Ewige Leben jetzt nicht finden.

Noch einmal wird der Tod zu dir kommen, ehe du durch die schmale Pforte schreitest, – und vorher die Taufe mit Feuer als brennendes Bad des Schmerzes und der Verzweiflung.

Du hast es selbst so gewollt.

Dann aber wird deine Seele in das Reich, das ich dir bereitet habe, eingehen, so wie ein Vogel aus seinem Kerker fliegt ins ewige Morgenrot.« –

Klinkherbogk sah, daß das Antlitz des Mannes aus grünem Golde war und den ganzem Himmel erfüllte, und er erinnerte sich einer Zeit, da er als junger Mensch, um denen den Pfad ebnen zu helfen, die nach ihm kämen, im Gebet ein Gelübde getan hatte, er wolle keinen Schritt mehr vorwärts gehen auf dem geistigen Wege, es sei denn, daß der Herr des Schicksals die Bürde einer ganzen Welt auf ihn lege.

Der Mann verschwand.

Klinkherbogk stand in tiefer Finsternis und hörte ein donnerndes Rollen, das langsam verblaßte, bis es nur mehr klang, als rassele in weiter Ferne ein Wagen über holpriges Pflaster. Allmählich kam er zu sich, das Traumbild in seinem Gedächtnis verblich, und er sah, daß er in seiner Dachkammer war und – eine blutige Ahle in der Hand hielt.

Der Docht der herabgebrannten Kerze kämpfte mit dem Verlöschen, und der flackernde Schein ließ das Gesicht der kleinen Katje, die erstochen auf dem zerschlissenen Diwan lag, fahl aus der Dunkelheit aufzucken.

Der Wahnwitz einer grenzenlosen Verzweiflung fiel über Klinkherbogk her.

104

Er wollte sich die Ahle in die Brust stoßen, – die Hand gehorchte ihm nicht. Er wollte aufbrüllen wie ein Tier, – ein Krampf hatte seine Kinnlade gepackt, und er konnte den Mund nicht öffnen, – er wollte sich den Schädel an der Wand zerschmettern, – seine Füße taumelten, als wären sie in den Gelenken zerbrochen.

Der Gott, zu dem er sein ganzes Leben lang gebetet hatte, wachte in seinem Herzen auf, zur grinsenden Teufelsfratze verwandelt.

Er wankte zur Tür, um Hilfe zu holen, rüttelte daran, bis er zusammenfiel, – die Tür war verschlossen.

Dann schleppte er sich zum Fenster, riß es empor und wollte nach Swammerdam schreien, – da hing zwischen Himmel und Erde ein schwarzes Gesicht und starrte ihn an.

Der Neger, der an der Kette heraufgeklettert war, schwang sich ins Zimmer.

Einen Augenblick sah Klinkherbogk einen schmalen, roten Streifen unter den Wolken im Osten; – wie ein Blitz kam ihm die Erinnerung wieder an seinen Traum, und er breitete sehnsüchtig die Arme nach Usibepu aus wie nach dem Erlöser.

Der Neger prallte entsetzt zurück, als er das verklärte Lächeln in Klinkherbogks Zügen bemerkte, dann sprang er auf ihn zu, faßte ihn am Hals und brach ihm das Genick.

Eine Minute später hatte er sich die Taschen mit dem Gold vollgestopft und schleuderte die Leiche des Schusters aus dem Fenster.

Klatschend fiel sie in die trüben, stinkenden Gewässer der Gracht, und über den Kopf des Mörders hinweg flog die Elster in die Morgendämmerung mit dem jauchzenden Jubelruf: »Abraham! Abraham!«

Sechstes Kapitel

Hauberrisser hatte bis gegen Mittag geschlafen, trotzdem spürte er eine bleierne Müdigkeit in allen Gliedern, als er die Augen aufschlug.

Die Spannung, zu erfahren, was in der Rolle stand, die ihm in der Nacht übers Gesicht gelaufen war, und woher sie gekommen sein könnte, hatte ihn den ganzen Schlummer hindurch verfolgt wie das gewisse peinigende Wartegefühl, das einem die Ruhe zu scheuchen pflegt, wenn man sich vor dem Schlafengehen vornimmt, pünktlich zu einer gewissen Stunde und Minute zu erwachen.

Er erhob sich, untersuchte die Wände der Nische, in der das Bett stand, und fand auch bald ohne Mühe das aufklappbare Fach in der Täfelung, in dem sie offenbar gelegen hatte. Bis auf eine zerbrochene Brille und ein paar Kielfedern war es vollkommen leer und, nach den Tintenflecken zu schließen, von dem früheren Bewohner des Zimmers als kleiner Hilfsschreibtisch benutzt worden.

Hauberrisser bog die Blätter gerade und bemühte sich, sie einigermaßen zu entziffern.

Die Schriftzüge waren stark verblaßt, an manchen Stellen bereits unleserlich, und viele Seiten unter dem Einfluß der Mauerfeuchtigkeit untrennbar zu schimmligem Pappendeckel zusammengebacken, so daß wenig Hoffnung blieb, sich jemals im Inhalt zurechtfinden zu können.

Anfang und Ende fehlten, und das noch Vorhandene schien, wie die häufige Ausstreichung von Sätzen verriet, eine Art Entwurf zu irgendeiner schriftstellerischen Arbeit – vielleicht zu einem Tagebuch – zu sein. Wer der Verfasser gewesen sein mochte, war nirgends ersichtlich, ebensowenig Datum oder Jahreszahl, die einen Anhaltspunkt für das Alter des Manuskriptes ergeben hätten.

Mißmutig wollte Hauberrisser die Rolle weglegen und sich wieder ausstrecken, um die Stunden gestörten Schlummers nachzuholen, da fiel sein Blick, wie er die Seiten ein letztes Mal durch die Finger laufen ließ, auf einen Namen, der ihn so erschreckte, daß er einen Moment zweifelte, richtig gelesen zu haben.

Leider war die Stelle bereits verblättert, und seine Ungeduld, sie wiederzufinden, machte die Arbeit des Suchens vergeblich. Dennoch hätte er einen Eid schwören mögen, daß es der Name »Chidher Grün« gewesen sein mußte, der ihm aus dem Dokument entgegengesprungen war. Er sah ihn deutlich vor sich, wenn er die Augen schloß und sich die betreffende Stelle vergegenwärtigte.

Die Sonne strahlte heiß durch das vorhanglose, breite Fenster herein; das Zimmer mit den gelbseiden bespannten Wänden war mit goldenem Glanze erfüllt, und doch, trotz all der Pracht des Mittagszaubers, faßte Hauberrisser einen Augenblick das Grauen an; ein Grauen, das er bisher nicht gekannt hatte, – jenes Grauen, das ins Leben tritt ohne scheinbar zureichenden Grund, aus der Nachtseite der Seele herüberschreit wie ein Geschöpf der Dämmerung, um sich gleich darauf, geblendet vom Licht, wieder spurlos zu verkriechen.

Er fühlte, daß es nicht von dem Manuskript ausging, auch nicht mit dem abermaligen Hereinspielen des Namens Chidher Grün in Zusammenhang stand; – es war das plötzliche, tiefe Mißtrauen gegen sich selbst, das ihm bei hellem Tage den Boden unter den Füßen wegzog.

Rasch beendete er seine Toilette und klingelte.

»Sagen Sie mal, Frau Ohms«, fragte er die alte Haushäl-terin, die ihm seine Junggesellenwirtschaft führte, als sie das Frühstück auf den Tisch stellte, »wissen Sie zufällig, wer früher hier gewohnt hat?«

Die Alte dachte eine Weile nach.

»Gehört hat das Haus vor vielen Jahren, soweit ich mich erinnern kann, einem bejahrten Herrn, der, wenn ich mich nicht irre, sehr reich und ein Sonderling gewesen sein soll. Später stand es lange leer und ging dann in den Besitz der Waisengeldverwaltung über, Mynheer.«

»Und haben Sie keine Ahnung, wie er geheißen hat und ob er noch lebt?«

»Kann leider nicht dienen, Mynheer.«

»Gut, ich danke.«

Hauberrisser machte sich daran, die Rolle nochmals durchzulesen.

Der erste Teil des Manuskriptes behandelte, wie er bald erkannte, einen Rückblick des Verfassers und schilderte in kurzen, abgerissenen Sätzen das Schicksal eines Menschen, der, vom Unglück verfolgt, alles nur Erdenkliche versucht hatte, um sich eine lebenswerte Existenz zu schaffen. Aber jedesmal waren seine Bemühungen im letzten Augenblick gescheitert. – Wieso er später, gewissermaßen über Nacht, zu großen Reichtümern gelangt war, ließ sich nicht erse-hen, da ein paar Bogen fehlten.

Hauberrisser mußte mehrere Blätter, die völlig vergilbt waren, ausscheiden; was darauf folgte, mochte einige Jahre später geschrieben worden sein, denn die Tinte war fri-scher und die Handschrift zitterig, wie unter dem Einfluß zunehmenden Lebensalters. Ein paar Sätze, deren Inhalt eine gewisse Ähnlichkeit mit seiner eigenen Gemütsverfas-sung aufwies, notierte er sich besonders, um den Zusam-menhang besser überblicken zu können:

»Wer da glaubt, er hätte das Leben um seiner Nachkommen willen, belügt sich selbst. Es ist nicht wahr: die Menschheit hat keinen Fortschritt gemacht. Es scheint nur so. Sie hat nur einzelne hervorgebracht, die wirklich fortgeschritten sind. Im Kreise laufen, heißt: nicht vorwärts kommen. Wir müssen den Kreis durchbrechen, sonst haben wir nichts getan. Die da wähnen, das Leben beginne mit der Geburt und ende mit dem Tod, – freilich, die sehen den Kreis nicht; wie sollten sie ihn durchbrechen!«

Hauberrisser blätterte um.

Die ersten Worte oben am Rande, die er las, schlugen ihm ins Gesicht. »Chidher Grün!«

Er hatte sich also doch nicht geirrt.

In atemloser Spannung durcheilte er die nächsten Zeilen. Sie gaben so gut wie keinen Aufschluß. Der Name Chidher Grün bildete das Ende eines Satzes, auf der Seite vorher fehlte der Anfang; sie gehörte demnach nicht dazu. Keine Möglichkeit, die Spur weiter zu verfolgen, die doch mit Sicherheit schließen ließ, daß der Verfasser irgendeine feste Vorstellung mit dem Namen verbunden, – vielleicht sogar einen gewissen »Chidher Grün« persönlich gekannt hatte.

Hauberrisser griff sich an den Kopf. Was da mit einemmal in sein Leben getreten war, sah sich an, als treibe eine unsichtbare Hand ein boshaftes Spiel mit ihm.

So interessant das Manuskript noch im selben Abschnitt zu werden versprach – er konnte die Geduld nicht mehr aufbringen weiterzulesen. Die Buchstaben tanzten vor seinen Augen. Er hatte es satt, sich noch länger von albernen Zufällen narren zu lassen.

»Ich werde der Sache ein Ende machen!« – er rief nach der Haushälterin und beauftragte sie, einen Wagen zu holen – »Ich fahre ganz einfach in den Vexiersalon und lasse mir den Herrn Chidher Grün herausrufen«, beschloß er. Gleich darauf sah er ein, daß sein Vorhaben nicht viel mehr als einen Schlag ins Wasser bedeutete, »denn«, überlegte er, »was kann der alte Jude dafür, daß mich sein Name verfolgt wie ein Kobold?« – aber Frau Ohms hatte sich bereits auf den Weg gemacht.

Unruhig schritt er im Zimmer auf und ab.

»Ich benehme mich wie ein Wahnsinniger«, legte er sich zurecht; »was geht mich die Sache eigentlich an? Statt in Ruhe dahinzuleben – wie ein Spießbürger«, ergänzte eine hämische Stimme in seiner Brust, und sofort verwarf er den angefangenen Gedanken. »Hat mir das Schicksal noch nicht genug Lehren gegeben«, sagte er sich vorwurfsvoll, »daß das Dasein ein himmelschreiender Unsinn ist, wenn man es so lebt, wie die Menschheit es tut? Selbst wenn ich das Hirnverbrannteste begänne, das sich ausdenken läßt, – immer noch wäre es gescheiter, als zurückzufallen in den Trott des Althergebrachten, dessen letztes Ziel ein zweckloser Tod ist.«

Der Ekel am Dasein meldete sich wieder leise in ihm, und er sah ein, daß ihm nichts mehr blieb, – wollte er sich von dem später oder früher unabwendbaren Selbstmord aus Überdruß retten, – als sich, eine Zeitlang wenigstens, widerstandslos treiben zu lassen, bis ihm das Geschick entweder über die Wende hinweg zu einem dauernd festen Standpunkt verhalf oder ihm mit ehernen Worten zurief: es gibt nichts Neues unter der Sonne, der Zweck des Lebens ist: zu sterben. –

Er nahm die Rolle, trug sie in sein Bücherzimmer und sperrte sie in seinen Schreibtisch.

So argwöhnisch gegenüber der Möglichkeit sonderbarer Geschehnisse war er bereits geworden, daß er das Blatt, auf dem der Name Chidher Grün obenan stand, abtrennte und in seine Brieftasche steckte.

Es geschah nicht aus Aberglauben, sie könne verschwinden, sondern lediglich aus dem Wunsche, das Papier greifbar bei sich zu tragen und nicht auf Erinnerung allein angewiesen zu sein; – es war die instinktive Abwehrstellung eines Menschen, der die verwirrenden Einflüsse des Gedächtnisses vermeiden will und nicht gesonnen ist, auf die Wahrnehmungen durch die äußern Sinne zu verzichten, falls verblüffende Zufälle das gewohnte Bild des Alltags ins Schwanken bringen sollten.

»Der Wagen steht unten«, meldete die Haushälterin, »und dies Telegramm ist soeben abgegeben worden.«

>»Bitte komm zuverlässig heute zum Tee.
>Größere Gesellschaft, unter andern dein
>Freund Ciechonski, leider auch die Ruk-
>stinat, Fluch und Enterbung, wenn du
>mich im Stiche läßt.
>
>Pfeill«

las Hauberrisser und brummte ärgerlich etwas vor sich hin. Er zweifelte keinen Augenblick, daß sich der »polnische Graf« unverschämterweise auf ihn berufen hatte, um Pfeills Bekanntschaft zu machen.

Dann gab er dem Kutscher die Weisung, ihn in die Jodenbreestraat zu fahren.

»Ja, nur zu, mitten durch die Jodenbuurt«; sagte er lächelnd, als ihn der Mann mit bedenklicher Miene fragte, ob er direkt durch den »Jordaan« – womit er das Ghetto meinte – fahren oder Querstraßen benützen solle.

– – – – – – – –

Bald waren sie mittendrin in diesem seltsamsten aller europäischen Stadtviertel.

Das ganze Leben der Bewohner spielte sich anscheinend auf der Gasse ab. – Da wurde im Freien gekocht, gebügelt und gewaschen. Ein Strick hing quer über die Straße, mit schmutzigen Strümpfen daran zum Trocknen und so niedrig, daß der Kutscher sich bücken mußte, um sie nicht mit dem Kopf herunterzureißen. – Uhrmacher saßen vor kleinen Tischen und glotzten, die Lupen in die Augen geklemmt, der Droschke nach wie erschreckte Tiefseefische; – Kinder wurden gesäugt oder über Kanalgitter gehalten. Einen lahmen Greis hatte man mitsamt dem Bett, unter

111

dem ein Nachtgeschirr stand, vor ein Haustor getragen, damit er die »frische Luft« genießen könne, und daneben an einer Straßenecke hielt ein schwammig aufgedunsener Jude, von oben bis unten beklettert von bunten Puppen wie Gulliver mit den Zwergen, Spielzeug feil und rief dazu, ohne Atem zu schöpfen, mit einer Stimme, die klang, als trüge er eine silberne Kanüle im Kehlkopf: poppipoppi-poppipoppipoppi.

»Kleerko, Kleerko, Kle–e–erkoooop«, dröhnte eine Art Jesajas mit Talar und schneeweißen Ohrlocken, der sich den Handel mit alten Kleidern als Lebenszweck auserkoren hatte, dazwischen, schwenkte eine einbeinige Hose wie ein Siegesbanner über dem Haupte und winkte Hauberrisser zu, ihn mit seinem Besuch beehren zu wollen und ungeniert abzulegen.

Dann wieder tönte aus einer Quergasse ein vielstimmiger Chor in den merkwürdigsten Modulationen: »Nieuwe haring, niwe ha–a–a–ng; aardbeien – aare – bei – je! de mooie, de mooie, de mooie waar; augurkjes, gezond en goedkoop«, – ein appetiterregender Gesang, dem der Kutscher mit andächtigem Gesicht – obwohl unfreiwillig – längere Zeit lauschen mußte, ehe er wieder im Schritt weiterfahren konnte, denn Berge von bestialisch stinkenden Fetzen versperrten den Weg und mußten erst weggeräumt werden, um die Straße frei zu machen. Scharen jüdischer Lumpensammler hatten sie aufgetürmt und schleppten emsig immer noch neue Haufen heran, wobei sie verschmähten, sich der üblichen Säcke zu bedienen, und die Bündel schmutziger Lappen der Einfachheit halber unter den halbaufgeknöpften Kaftans auf dem bloßen Leibe, eingeklemmt zwischen Rippen und Achseln, trugen.

Es war ein seltsamer Anblick, wie sie als unförmliche Ballen ankamen, vollgestopft mit Lumpen, um gleich darauf schlank und dünn in rattenhafter Eile wieder fortzuhuschen. – –

Endlich wurde die Straße breiter, und Hauberrisser sah den Glasvorbau des Vexiersalons in der Sonne glitzern.

Es dauerte eine geraume Weile, bis sich das Schiebefenster des Verschlages – diesmal weit weniger geräuschvoll und verkaufslustig als gestern – herabließ, die Büste der Verkäuferin zu enthüllen.

»Womit kann ich dienen, Mynheer?« fragte die junge Dame auffallend kühl und sichtlich zerstreut.

»Ich möchte gerne Ihren Herrn Chef sprechen.«

»Der Herr Professor ist leider gestern auf unbestimmte Zeit verreist.« – Die Verkäuferin biß die Lippen schnippisch zusammen und funkelte Hauberrisser katzenhaft an.

»Ich meine nicht den Herrn Professor, Fräulein, seien Sie unbesorgt; – ich hätte nur gern den alten Herrn einen Augenblick gesprochen, den ich gestern drin hinterm Pult habe stehen sehen.«

»Ach so den«, – das Gesicht der jungen Dame hellte sich auf. – »Das ist ein Herr Pedersen aus Hamburg. Der in den Guckgasten g'schaut hat, net wahr?«

»Nein, ich meine den alten – Israeliten im Bureau. Ich dachte, ihm gehöre das Geschäft.«

»Unser G'schäft? Unser G'schäft hat niemals keinem alten Juden nicht g'hört, mein Herr. – Wir sind eine ausgesprochen christliche Firma.«

»Meinetwegen. Aber den alten Juden, der gestern drin hinterm Pult gestanden hat, möchte ich trotzdem sprechen. Tun Sie mir doch den Gefallen, Fräulein!«

»Mar' and Joseph«, beteuerte die junge Dame und verfiel zum Zeichen, daß sie die Wahrheit spräche, in das treuherzigste Wienerisch, das ihr in der Geschwindigkeit zu Gebote stand, »meiner Seel' und Gott, in unser Bureau darf überhaupt kein Jud nicht, und niemals hat kein solcher nicht drin g'standen. Und gestern natürlich schon gar nicht.«

Hauberrisser glaubte ihr kein Wort. Ärgerlich dachte er nach, was er tun könne, um sie umzustimmen.

113

»Also gut, Fräulein, lassen wir das jetzt; aber sagen Sie mir wenigstens: Wer ist dieser ›Chidher Grün‹, dessen Name draußen auf der Tafel steht?«

»Auf welcher Tafel, bitte?«

»Um Himmels willen! Fräulein! Draußen auf Ihrer Ladentafel!«

Die Verkäuferin riß die Augen auf. – »Auf unserer Tafel steht doch: Zitter Arpád!« stotterte sie gänzlich verblüfft.

Hauberrisser ergriff seinen Hut und eilte wütend hinaus, um sich zu überzeugen. – Im Spiegel des Türfensters sah er, daß die Verkäuferin sich mit staunender Gebärde auf die Stirn tupfte. – Als er dann auf die Gasse trat und zu dem Firmenschild emporblickte, las er – und das Herz stand ihm still dabei – tatsächlich unter der Bezeichnung Vexiersalon den Namen: Zitter Arpád.

Von »Chidher Grün« auch nicht ein Buchstabe.

Er war derartig verwirrt und fühlte sich so beschämt, daß er seinen Spazierstock im Laden im Stiche ließ und schnurstracks wegeilte, um so rasch wie möglich in eine andere Gegend zu kommen.

––––––––––

Wohl eine Stunde irrte er wie geistesabwesend durch alle möglichen Straßen, geriet in totenstille Gassen und enge Höfe, in denen plötzlich Kirchen, im heißen Sonnenbrand träumend, vor ihm auftauchten, – schritt durch finstere, kellerkühle Torwege und hörte seine Tritte darin hallen wie in klösterlichen Kreuzgängen.

Die Häuser ausgestorben, als hätte seit Jahrhunderten kein menschliches Wesen mehr darin gewohnt, – hier und da eine Angorakatze mitten unter den grellblühenden Topfblumen auf barocken Fenstersimsen verschlafen ins goldene Mittagslicht blinzelnd; nirgends ein Laut.

Hohe Ulmen mit regungslosen Zweigen und Blättern ragten aus winzigen grünen Gärtchen, umstaunt von einem Gedräng uralter Giebelbauten, die mit ihren schwarzen Fassaden und den hellen Holzgitterfenstern, sauber gewaschen wie Sonntagsstaat, greisen, freundlichen Mütterchen glichen.

Er ging durch niedrige Schwibbogen, deren Steinpfeiler blank geschliffen waren im Laufe der Zeit, in die Dämmerung gewundener Hohlwege hinein – Sackgassen, eingeengt von hohen Mauern mit schweren, glatten, festverschlossenen Eichentoren darin, die seit ihrem Bestehen wohl noch nie eine Hand geöffnet hatte. Moos wuchs zwischen den Ritzen des Pflasters, und rötlich marmorne Platten mit verwitterten Grabschriften, eingelassen in Wandnischen, erzählten von Friedhöfen, die einst hier gestanden haben mochten.

Dann wieder führte ihn ein schmaler Gehsteig an schmucklosen, weißbestaubten Häusern entlang, unter denen ein Bach hervorschoß. Drinnen brauste und dröhnte es geisterhaft wie Pochen von riesigen, steinernen Herzen.

Geruch nach Nässe in der Luft, und in halboffenen Holzröhren, rechtwinklig zusammengefügt auf glitschigen Geländerstangen, eilte ein klares Rinnsal in raschem Gefälle hinab in ein Labyrinth morscher, splittriger Plankenwände.

Gleich darauf eine krumme Reihe engbrüstiger, hoher Gebäude, den Tag verfinsternd, schief, wie dicht vor dem Einsturz, und eins das andere stützend, als schwanke der Boden.

Eine Strecke Wegs an Bäcker- und Käseläden vorbei, und moorbraun ruhte vor ihm der Spiegel einer breiten, stillen Gracht unter dem hellblauen Himmel.

Zwei Reihen von Häusern bildeten die Ufer, standen einander fremd gegenüber, – die einen klein und bescheiden wie demütige Handwerker, die andern hochragend, massig, graue Warenspeicher, selbstbewußt und abweisend. Keine Brücke, die sie verband; – nur aus einem Sparrenzaun, von dem Aalschnüre mit rotgrün geringelten Federposen in die Flut hinabhingen, wuchs ein Baum neugierig schräg hinüber und griff mit seinen Ästen in die Fenster der Reichen hinein.

Hauberrisser wanderte zurück der Richtung zu, aus der er gekommen war, und bald umfing ihn wieder ein Stück Mittelalter, als sei dieser Teil der Stadt Hunderte Jahre stehengeblieben in der Zeit.

Sonnenuhren über kostbaren, verschnörkelten Wappen in den Mauern, blinkende Spiegelscheiben, rote Ziegeldächer, – kleine Kapellen, in Schatten getaucht, – goldene Turmknäufe, emporschimmernd zu den weißen, pausbakkigen Wolken.

Eine Gittertür vor einem Klosterhof stand offen. – Er ging hinein und sah eine Bank unter hängenden Weidenzweigen. Ringsum hohes, wucherndes Gras. Nirgends ein Mensch weit und breit, kein Gesicht hinter den Fenstern. Alles wie ausgestorben.

Um seine Gedanken zu sammeln, setzte er sich nieder.

Er fühlte keine Unruhe mehr, und die erste Aufregung, es könnte ein krankhafter Zustand gewesen sein, der ihn einen falschen Namen auf dem Ladenschild hatte lesen lassen, war längst verflogen.

Viel wunderbarer als das merkwürdige äußere Begebnis schien ihm mit einemmal die fremdartige Denkungsweise zu sein, in der er sich seit einiger Zeit bewegte.

»Woher kommt es nur«, fragte er sich, »daß ich – verhältnismäßig doch noch ziemlich jung – dem Leben gegenüberstehe wie ein alter Mann? – So wie ich denkt man in meinen Jahren nicht.« – Er bemühte sich vergebens, in seiner Erinnerung den Zeitpunkt aufzufinden, wo diese Wandlung mit ihm eingetreten sein mußte. – Wie wohl jeder junge Mensch, war er bis über Dreißig hinaus ein Sklave seiner Leidenschaften gewesen und hatte seinen Genüssen die Grenzen so weit gesteckt, wie es ihm Gesundheit, Spannkraft und Reichtum nur irgend gestatteten. – Daß er als Kind besonders grüblerischer Natur gewesen

116

wäre, war ihm auch nicht erinnerlich, – wo stak also die Wurzel, aus der dieses fremdartige, blütenlose Reis hervorsproßte, das er sein gegenwärtiges Ich nannte?

»Es gibt ein inneres, heimliches Wachstum«, – erinnerte er sich plötzlich, erst vor wenigen Stunden gelesen zu haben; – er holte das Blatt der Papierrolle aus seiner Brieftasche hervor, suchte die Stelle und las:

»jahrelang scheint es zu stocken, dann, unerwartet, oft nur durch ein belangloses Ereignis geweckt, fällt die Hülle, und eines Tages ragt ein Ast mit reifen Früchten in unser Dasein hinein, dessen Blühen wir nie bemerkt haben, und wir sehen, daß wir Gärtner eines geheimnisvollen Baumes waren, ohne es zu wissen. – – – Hätte ich mich doch nie verleiten lassen, zu glauben, daß irgendeine Macht außer mir selbst diesen Baum zu gestalten vermag, – wieviel Jammer wäre mir erspart geblieben! Ich war alleiniger Herr über mein Schicksal und wußte es nicht! Ich dachte, weil ich es durch Taten nicht zu ändern vermochte, daß ich ihm wehrlos gegenüberstünde. – Wie oft ist es mir nicht durch den Sinn gefahren, daß: Herr über seine Gedanken zu sein, auch bedeuten müsse, der allmächtige Lenker seines Schicksals zu sein! Aber ich habe es jedesmal verworfen, weil die Folgen solcher halben Versuche nicht sofort eintraten. – Ich unterschätzte die magische Gewalt der Gedanken und verfiel immer wieder in den Erbfehler der Menschheit, die Tat für einen Riesen zu halten und den Gedanken für ein Hirngespinst. – Nur wer das Licht bewegen lernt, kann den Schatten gebieten und mit ihnen: dem Schicksal; wer es mit Taten zu vollbringen versucht, ist selbst nur ein Schatten, der mit Schatten vergeblich kämpft. Aber es scheint, als müsse uns das Leben fast zu Tode peinigen, bis wir endlich den Schlüssel begreifen. – – Wievielmal wollte ich andern helfen, indem ich es ihnen erklärte; sie hörten mir zu, nickten und glaubten, aber es ging ihnen zum rechten Ohr hinein und zum linken wieder heraus. – Vielleicht ist die Wahrheit zu einfach, als daß man sie sogleich zu erfassen vermöchte. – Oder muß der ›Baum‹ erst zum Himmel ragen, ehe die Einsicht kommen kann? – Ich fürchte, der Unterschied zwischen Mensch und Mensch ist manchmal größer als der Unterschied zwischen Mensch und Stein. – Mit einem feinen Spürsinn herauszufinden, was diesen Baum grünen macht und vor dem Verdorren schützt, ist der Zweck unseres Lebens. Alles übrige heißt: Dünger schaufeln und nicht wissen, wozu. Doch wie viele mag's ihrer heute wohl geben, die verstehen, was ich meine? – – Sie würden glauben, ich redete in Bildern, wenn ich's ihnen sagte. Die Doppeldeutigkeit der Sprache ist's, die uns trennt. – Wenn ich öffentlich etwas schriebe über inneres Wachstum, so würden sie ein ›Klügerwerden‹ darunter verstehen, oder ein ›Besserwerden‹; so, wie sie unter Philosophie eine Theorie verstehen und nicht: ein wirkliches Befolgen. – – Das Gebotehalten allein, selbst das ehrlichste, genügt nicht, um das innere Wachstum zu fördern, denn es ist nur die äußere Form. Oft ist das Gebotebrechen das wärmere Treibhaus. Aber wir halten die Gebote, wenn wir sie brechen sollten, und brechen sie, wenn wir sie halten sollten. Weil ein Heiliger nur gute Tagen vollbringt, so wähnen sie, sie könnten durch gute Taten Heilige werden; so gehen sie den Pfad eines falschen Gottesglaubens entlang hinab in den Abgrund und glauben, sie wären Gerechte. – Eine irrige Demut blendet sie, so daß sie entsetzt zurücktaumeln, wie Kinder vor dem eignen Spiegelbild, und fürchten, sie seien wahnsinnig geworden, wenn die Zeit kommt – und sein Gesicht blickt ihnen entgegen.«

Eine Hoffnungsfreudigkeit, die Hauberrisser neu schien – so lange hatte sie in ihm geschlafen – war mit einemmal wieder aufgewacht und erfrischte ihn, obwohl er einen Augenblick nicht recht wußte – es auch gar nicht zu wissen begehrte – worüber er sich freuen und worauf er hoffen sollte.

Er fühlte sich plötzlich wie ein Glückskind und nicht

mehr wie von boshaften Zufällen genarrt, daß ihm die sonderbare Geschichte mit dem Namen »Chidher Grün« passiert war.

»Froh muß ich sein«, jauchzte irgend etwas in ihm auf, »daß das Edelwild aus den unbekannten Wäldern eines neuen Gedankenreichs den Zaun des Alltags durchbricht und in meinen Garten grasen kommt, – froh, und nicht bedenklich, bloß weil ein paar alte morsche Stakete darüber kaputtgehen.«

Daß in den letzten Zeilen des Blattes auf das Gesicht Chidher Grüns angespielt wurde, erschien ihm sehr wahrscheinlich, und er brannte vor Ungeduld, mehr zu erfahren, – zumal ein paar Worte am Schluß der Seite erraten ließen, daß auf der nächsten ausführlich stehen werde, was man sich unter »magischer Herrschaft über die Gedanken« vorzustellen habe.

Am liebsten wäre er sogleich nach Hause geeilt, um bis in die Nacht hinein in der Rolle herumzulesen! – aber es mußte bald vier Uhr schlagen, und Pfeill wartete auf ihn. –

Ein Summen in der Luft, das dicht an sein Ohr drang, veranlaßte ihn, sich umzudrehen. Erstaunt stand er auf, als er nicht weit von seiner Bank einen Mann, grau gekleidet, eine Fechtmaske vor dem Gesicht und in der Hand eine lange Stange, stehen sah.

Einige Meter hoch über ihm schwebte in der Luft ein großes, sackartiges Gebilde, das langsam hin- und herschwankte, sich dann mit dem Zipfel an einen Zweig des Baumes heftete und dort baumelnd auf- und abbewegte.

Plötzlich fuhr der Mann mit dem Stock darnach, schien das merkwürdige Gebilde mit der Spitze oder einem kleinen Netz, das daran befestigt war, erwischt zu haben, klomm befriedigt an der Feuerleiter des Hauses empor, – die Stange geschultert und den ungeheuern Sack sozusagen auf dem Rücken, – und verschwand auf der Plattform des Daches.

»Es ist der Imker des Klosters«, erklärte eine alte Frau,

die hinter einem Ziehbrunnen hervorkam, Hauberrisser, als sie sein verdutztes Gesicht bemerkte; »der Bienenschwarm ist ihm davongeflogen, und er hat die Königin wieder eingefangen.« –

Hauberrisser ging hinaus, kam nach ein paar Zickzackgassen auf einen freien Platz, nahm ein Automobil und ließ sich nach Hilversum zum Landhaus seines Freundes Pfeill fahren.

– – – – – – – – –

Die breite, schnurgerade Straße war belebt von Tausenden Radfahrern; er sauste dahin durch ein Meer von Köpfen und blitzenden Pedalen, – er achtete während der ganzen einstündigen Fahrt nicht darauf. Die Umgebung flog an ihm vorbei. Fest stand nur das Bild vor ihm, das er soeben gesehen hatte: der Mann mit der Maske und der Schwarm Bienen, die sich um ihre Königin drängten, als könnten sie nicht leben ohne sie.

Die stumme Natur, die auf seiner letzten Fahrt ins Freie von ihm Abschied genommen, – heute war sie mit einem neuen Gesicht zu ihm zurückgekehrt, und er fühlte, daß er Worte von ihrem Munde las.

Der Mann, der die Königin wieder eingefangen hatte und mit ihr den ganzen Schwarm, erschien ihm wie ein Gleichnis.

»Ist mein Körper etwas anderes als ein wimmelndes Heer lebendiger Zellen«, sagte er sich, »die sich nach vererbter Gewohnheit von Jahrmillionen um einen verborgenen Kernpunkt drehen?«

Er ahnte einen geheimnisvollen Zusammenhang zwischen dem Vorgang, den er gesehen, und den Gesetzen der innern und äußern Natur und begriff, wie zauberhaft schimmernd die Welt vor ihm wiederauferstehen müßte, wenn es ihm gelingen sollte, auch die Dinge in einem neuen Licht zu betrachten, die der Alltag und die Gewohnheit ihrer Sprache beraubt hatten.

Siebentes Kapitel

Der Wagen bog in das Villenviertel von Hilversum ein und fuhr geräuschlos durch die Lindenallee in den Park, der das in der Sonne weiß schimmernde Landhaus Buitenzorg umgab.

Baron Pfeill stand auf der Freitreppe und kam freudig heruntergelaufen, als er Hauberrisser aussteigen sah.

»Famos, daß du gekommen bist, alter Kranich; ich fürchtete schon, meine Depesche hätte dich in deiner häuslichen Tropfsteingrotte nicht mehr angetroffen. – Ist dir etwas passiert? Du siehst so versonnen aus. – Übrigens: Gott lohne es dir, daß du mir den wundervollen Grafen Ciechonski geschickt hast; er ist eine Labsal in dieser trostlosen Zeit.« – Pfeill war so gut aufgelegt, daß er seinen Freund, der heftig protestierte und ihn über den Hochstapler aufklären wollte, gar nicht zu Wort kommen ließ. »Heute morgen machte er mir seine Aufwartung, und ich habe ihn natürlich über Mittag dabehalten. – Wenn ich nicht sehr irre, fehlt bereits ein Paar silberner Löffel. – – Er hat sich bei mir eingeführt – – –«

»– als Patenkind Napoleons des Vierten?«

»Ja. Natürlich. Aber außerdem unter Berufung auf dich!«

»So eine Frechheit!« rief Hauberrisser wütend. »Den Kerl muß man ja in den Boden hinein ohrfeigen.«

»Warum denn? Er verlangt doch nur, in einen vornehmen Spielklub aufgenommen zu werden. Man lasse ihm die Grille. Des Menschen Wünsche sind sein Himmelreich. – Wenn er sich mit aller Gewalt ruinieren will?«

»Wird nicht gehen; er ist Taschenspieler von Profession«, unterbrach Hauberrisser.

Pfeill sah ihn mitleidig an. »Du glaubst, damit kommt er heutzutage in unsern Pokerklubs durch? Falschspielen können die doch selber. Die Hosen wird er verlieren. Apropos, hast du seine Uhr gesehen?«

Hauberrisser lachte.

»Wenn du mich liebst«, rief Pfeill, »so kaufst du sie ihm ab und schenkst sie mir zu Weihnachten.« – Er schlich sich behutsam zu einem offenen Verandafenster, winkte seinem Freund und deutete hinein: »Schau mal, ist das nicht herrlich?«

Zitter Arpád, trotz der Tageszeit im Frack, eine Hyazinthe im Knopfloch, eigelbe Stiefel und eine schwarze Krawatte, saß in traulichem Tête-à-tête bei einer älteren Dame, die vor Erregung, endlich einmal wieder einen Mann eingefangen zu haben, hektische Flecken auf den Wangen hatte und ein Zuckergoscherl machte.

»Erkennst du sie?« flüsterte Pfeill. »Es ist die Konsulin Rukstinat; Gott habe sie möglichst bald selig. – Da! Jetzt zeigt er ihr die Uhr! Wetten möcht' ich, daß er die Alte durch den Anblick des beweglichen Liebespaares hinter dem Zifferblatt zu berücken sucht. – Er ist ein Herzensbrecher ersten Grades, darüber besteht kein Zweifel.«

»Es ist ein Taufgeschenk Eugène Louis Jean Josephs«, hörte man den »Grafen« mit vor Rührung bebender Stimme sagen.

»O Floohzimjersch!« säuselte die Gnädige.

»Donnnerkeil! Soweit halten die schon, daß sie ihn bereits beim Vornamen nennt?« – Pfeill pfiff durch die Zähne und zog seinen Freund mit fort. – »Rasch. Komm! Wir stören. – Schade, daß die Sonne scheint, sonst würde ich das Licht abdrehen. Aus Mitgefühl für Ciechonski. – Nein, nicht hier hinein!« – er hielt Hauberrisser an einer Tür zurück, die der Diener öffnete, – »da drinnen wird Politik gebrodelt«, – einen Augenblick wurde eine zahlreiche Gesellschaft sichtbar und in ihrer Mitte, beredt aufgebäumt und die fünf Fingerspitzen gebieterisch auf die Tischplatte gestützt, ein vollbärtiger Glatzkopf, – »gehen wir lieber ins Quallenzimmer.« – –

Erstaunt blickte Hauberrisser umher, als er sich in einem rehfarbenen, sämischledernen Klubsessel, der so dick wattiert war, daß er fast drin versank, niedergelassen hatte:

Wände und Plafond waren mit glatten, porenfreien und so kunstvoll aneinandergefügten Korkplatten, daß man keine Ritze bemerken konnte, bedeckt, – die Fensterscheiben aus gebogenem Glas, die Möbel, die Mauerecken und Winkel, ja selbst die Türstöcke sanft gerundet; nirgends eine Kante, der Teppich weich wie knöcheltiefer Sand und überall das gleiche, milde, matte Hellbraun.

»Ich bin nämlich dahintergekommen«, erklärte Baron Pfeill, »daß ein Mensch, der in Europa zu leben verdammt ist, eine Tobsuchtszelle nötiger hat als irgend etwas sonst. In Räumen, wie dieser, nur eine Stunde zu sitzen reicht hin, um auch den reizbarsten Zappelphilipp für lange Zeit in eine sanftmütige Molluske zu verwandeln. Ich versichere dir, ich kann mit Pflichten vollgepfropft sein bis zum Hals, – der bloße Gedanke an mein weiches Zimmer genügt, und schon fallen alle guten Vorsätze von mir ab wie vom Fuchs das Ungeziefer, wenn man ihn in Milch badet. Dank dieser sinnreichen Einrichtung bin ich jederzeit in der Lage, auch das wichtigste Tagewerk reuelos zu versäumen.«

»Wer dich so reden hört«, sagte Hauberrisser belustigt, »müßte unfehlbar glauben, du seiest der zynischste Genußmensch geworden, der sich ausdenken läßt.«

»Falsch!« widersprach Pfeill und schob seinem Freund

eine Zigarrenkassette mit geschweiften Buckeln hin, »ganz und gar falsch. Es ist lediglich die abgefeimteste Gewissenhaftigkeit gegen mich selbst, die mein Denken und mein Tun leitet. – Ich weiß, du bist der Ansicht, das Leben sei sinnlos; auch ich war lange in diesem Wahn befangen, aber allmählich ist mir ein Licht aufgegangen. Man muß nur mit der Streberei aufhören und wieder ein natürlicher Mensch werden.«

»Und das« – Hauberrisser deutete auf die Korkwände – »nennst du: natürlich?«

»Freilich! – Wenn ich arm wäre, müßte ich in einer verwanzten Kammer wohnen, – täte ich es jetzt freiwillig, so hieße das, die Unnatur auf den Gipfel treiben. Das Schicksal muß doch irgend etwas damit bezwecken, daß es mich hat reich auf die Welt kommen lassen. – Mich belohnen für etwas, was ich in einem früheren Dasein begangen und, unberufen, vergessen habe? Das riecht mir zu sehr nach theosophischem Kitsch. – Am wahrscheinlichsten, glaube ich, ist's, daß es mir die hehre Aufgabe stellt, ich solle mich so lange an den Süßigkeiten des Lebens überfressen, bis ich es satt bekäme und der Abwechslung wegen wieder einmal nach hartem Brot begehrte. Soll geschehen; an mir wird's nicht fehlen. Schlimmstenfalls irre ich mich. – Mein Geld andern schenken? Bitte, sofort; aber einsehen müßte ich vorher, weshalb. Bloß weil's in so vielen Schmökern steht? Nein. Auf das sozialistische Motto: ›Geh du weg und laß mich hin‹, falle ich prinzipiell nicht herein. Soll ich vielleicht einem, der bittere Medizin braucht, eine süße reichen? – Schicksal panschen, das könnte mir so fehlen.«

Hauberrisser kniff ein Auge zu.

»Ich weiß schon warum du grinst, Halunke«, fuhr Pfeill ärgerlich fort; »du spielst auf die gottverfluchten paar Kröten an, die ich da dem Schuster – aus Versehen natürlich – geschickt habe. Der Geist ist willig, aber das Fleisch ist schwach. – – Was sind das für Taktlosigkeiten, mir meine

Schwächen vorzuhalten! Die ganze Nacht habe ich mich wegen meiner Charakterlosigkeit gegiftet. Was, wenn der Alte überschnappt, dann bin ich schuld daran.«

»Wenn wir schon davon sprechen«, gab Hauberrisser zu, »keinesfalls hättest du ihm auf einen Hieb soviel schicken brauchen und ihn lieber –« »brockenweis verhungern lassen sollen«, ergänzte Pfeill höhnisch. »Alles das ist Blech. Ich gebe zu, wer nach dem Gefühl handelt, dem wird viel vergeben, weil er viel geliebt hat. Aber zuerst hat man mich gefälligst zu fragen, ob ich darauf reflektiere, daß man mir etwas vergibt. Ich gedenke nämlich meine Schulden, auch die geistigen, bis auf den letzten Cent zu bezahlen. Mir schwant, meine wertgeschätzte Seele hat sich lange vor meiner Geburt klugerweise große Reichtümer gewünscht. – Vorsichtshalber. Um nicht durch das Nadelöhr in den Himmel zu kommen. Sie liebt eben rastloses Halleluja-Gerufe nicht, und eintönige Musik ist mir auch ein Graus. – Ja, wenn der Himmel nur eine leere Drohung wäre! Aber ich bin fest überzeugt, es gibt so ein Institut nach dem Tode. Da ist es natürlich ein äußerst schweres Balancierstück, einerseits anständig zu bleiben und anderseits trotzdem einem künftigen Paradies zu entwischen. Ein Problem, über das sich schon der gottselige Buddha den Kopf zerbrochen hat.«

»Und du dir auch, wie ich merke.«

»Gewiß. Bloß leben genügt doch nicht. Oder? – Du scheinst überhaupt nicht zu ahnen, wie ungeheuer ich in Anspruch genommen bin. Nicht in bezug auf Gesellschaften, – das macht meine Hausdame drin ab – sondern durch die geistige Arbeit, die mir infolge beabsichtigter – Gründung – eines – neuen – Staates und einer neuen Religion erwächst. Jawohl.«

»Um Gottes willen! Du wirst noch eingesperrt werden.«

»Fürchte nichts, ich bin kein Aufrührer.«

»Ist deine Gemeinde schon groß?« fragte Hauberrisser lächelnd, da er einen Witz vermutete.

Pfeill sah ihn scharf an und sagte dann nach einer Pause: »Du scheinst mich, wie meistens, leider falsch zu verstehen. Spürst du nicht, daß etwas in der Luft liegt, was, vielleicht seit die Erde steht, noch nie so stark in der Luft gelegen hat? Einen Weltuntergang zu prophezeien ist eine undankbare Sache; er ist zu oft im Laufe der Jahrhunderte vorausgesagt worden, als daß die Glaubwürdigkeit nicht darunter gelitten hätte.

Trotzdem, glaube ich, behält diesmal derjenige recht, der das Kommen eines solchen Ereignisses zu fühlen behauptet. Es braucht ja nicht gleich eine Vernichtung der Erde zu sein, – der Untergang einer alten Weltanschauung ist auch ein Weltuntergang.«

»Und ein derartiger Umschwung in den Anschauungen, meinst du, könnte sich von heut auf morgen vollziehen?« – Hauberrisser schüttelte zweifelnd den Kopf, – »da glaube ich eher noch an bevorstehende Naturereignisse verheerender Art. Über Nacht ändern sich die Menschen nicht.«

»Sage ich denn, daß äußere Katastrophen ausbleiben müssen?!« rief Pfeill; »im Gegenteil, jeder Nerv in mir ahnt ihr Kommen. – Was die plötzliche innere Veränderung der Menschheit anbetrifft, so hast du hoffentlich nur scheinbar recht. Wie weit kannst du denn in der Geschichte zurückblicken, daß du solche Behauptungen aufstellen dürftest? Doch kaum ein paar lumpige tausend Jahre! – Hat es selbst in dieser kurzen Zeit nicht geistige Epidemien gegeben, deren rätselhaftes Auftauchen einen nachdenklich machen müßte? – Kinderkreuzzüge sind vorgekommen, – freilich, ob's die Menschheit jemals zu Kommiskreuzzügen bringen wird, ist zweifelhaft. Aber möglich ist manches, sogar um so wahrscheinlicher, je länger es auf sich warten läßt. – Bisher haben die Menschen einander zerfleischt um gewisser verdächtiger Unsichtbarer willen, die sich vorsichtshalber nicht Geister nennen, sondern ›Ideale‹. Jetzt, glaube ich, hat endlich die Stunde des Krieges gegen diese Unsichtbaren geschlagen, – und da möchte ich gerne dabeisein. Seit Jahren schon werde ich zum Soldaten im geistigen Sinne abgerichtet, das ist mir längst klar, aber so deutlich wie jetzt habe ich noch nie empfunden, daß eine große Schlacht gegen diese verfluchten Gespenster bevorsteht. Ich sage dir, wenn man einmal in das Ausroden der falschen Ideale hineinkommt, – nicht fertig wird man damit. Es ist kaum glaublich, was sich da alles auf dem Wege der Ideenvererbung an impertinentem Schwindel in einem aufgehäuft hat. – Und siehst du, dieses systematische Ausjäten von Unkraut in mir nenne ich die Gründung eines neuen – Staates. Aus Rücksicht für die bestehenden Systeme und aus Taktgefühl gegenüber meinen Mitmenschen, denen ich, Gott sei vor, meine Ansichten über innere Wahrhaftigkeit und unbewußte Verlogenheit nicht aufdrängen möchte, habe ich mich von vornherein darauf beschränkt, in meinen Staat, – den ich den keimfreien Staat nenne, weil er gründlich desinfiziert ist von den seelischen Bakterien eines falschen Idealismus, – nur einen einzigen Untertanen aufzunehmen, nämlich mich selbst. Ebenso bin ich der einzige Missionär meines Glaubens. Übertrittlinge brauche ich nicht.«

»Organisator bist du demnach nicht, wie ich sehe«, warf Hauberrisser erleichtert ein.

»Zum Organisieren fühlt sich heute jeder berufen, daraus geht schon hervor, wie falsch es sein muß. Das Gegenteil von dem, was der große Haufe tut, ist an sich schon richtig.« – Pfeill erhob sich und ging auf und ab. – »Nicht einmal Jesus hat sich unterfangen zu organisieren, er hat ein Vorbild gegeben. Frau Rukstinat und Konsorten natürlich erfrechen sich zu organisieren. Organisieren darf nur die Natur oder der Weltgeist. – Mein Staat soll ewig sein; er braucht keine Organisation. Wenn er eine hätte, würde er sein Ziel verfehlen.«

»Aber einmal wird dein Staat, wenn er einen Zweck haben soll, ja doch aus vielen bestehen müssen; woher willst du diese Bürger nehmen, lieber Pfeill?«

»Hör zu: Wenn ein Mensch einen Einfall hat, so beweist das nur, daß viele gleichzeitig denselben Gedanken gefaßt haben. Wer das nicht versteht, weiß nicht, was ein Einfall ist. Gedanken sind ansteckend, auch wenn man sie nicht ausspricht. Dann vielleicht erst recht. Ich bin fest überzeugt: In diesem Augenblick sind schon eine ganze Menge meinem Staat beigetreten, und schließlich wird er die Welt überschwemmen. – Die körperliche Hygiene hat große Fortschritte gemacht, – man desinfiziert sogar schon die Türklinken, um sich nicht irgendeine Krankheit zu holen, – ich sage dir, es gibt gewisse Schlagworte, die weit schlimmere Krankheiten, zum Beispiel: Rassen- und Völkerhaß, Pathos und dergleichen, übertragen und mit viel schärferer Lauge keimfrei gemacht werden müßten als Türklinken.«

»Du willst also den Nationalismus ausrotten?«

»Es soll von mir in fremden Gärten nichts ausgerottet werden, was nicht von selbst stirbt. In meinem eignen darf ich tun und lassen, was ich will. Der Nationalismus scheint für die meisten Menschen eine Notwendigkeit zu sein, das räume ich ein, aber es ist hoch an der Zeit, daß es endlich auch einen ›Staat‹ gibt, in dem die Bürger nicht durch Landesgrenzen und gemeinsame Sprache zusammengehalten werden, sondern durch die Denkungsart, und leben können, wie sie wollen.

– In gewissem Sinne haben die ganz recht, die lachen, wenn einer sagt, er wolle die Menschheit umgestalten. – Sie übersehen bloß, daß es vollkommen genügt, wenn ein einzelner sich bis in die Wurzeln umgestaltet. Sein Werk kann dann niemals vergehen, – gleichgültig, ob es der Welt bekannt wird oder nicht. So einer hat ein Loch ins Bestehende gerissen, das nie mehr zuwachsen kann, ob es jetzt die andern gleich bemerken oder eine Million Jahre später.

Was einmal entstanden ist, kann nur scheinbar verschwinden. So ein Loch in das Netz zu reißen, in dem die Menschheit sich verfangen hat, – nicht durch öffentliches Predigen, nein: Indem ich selbst der Fessel entrinne, das ist's, was ich will.«

»Bringst du die äußern Katastrophen, an deren Hereinbrechen du glaubst, in irgendwelchen ursächlichen Zusammenhang mit der vermutlich kommenden Denkänderung der Menschheit?« fragte Hauberrisser.

»Aussehen wird es natürlich immer so, als gäbe ein äußeres Unglück, zum Beispiel ein großes Erdbeben, den Anlaß zum sogenannten ›Insichgehen‹ des Menschen, – aber nur so aussehen. Die Geschichte mit der Ursache und Wirkung verhält sich, scheint mir, ganz anders. Ursachen können wir nie erkennen; alles, was wir wahrnehmen, ist Wirkung. Was uns Ursache zu sein scheint, ist in Wahrheit nur ein – Vorzeichen. Wenn ich diesen Bleistift hier loslasse, wird er zu Boden fallen. Daß das Loslassen die Ursache des Herunterfallens ist, mag ein Gymnasiast glauben, ich glaub's nicht. Das Loslassen ist ganz einfach das untrügliche Vorzeichen des Herunterfallens. Jedes Geschehnis, auf das ein zweites folgt, ist dessen Vorzeichen. Ursache ist etwas vollständig anderes. Allerdings bilden wir uns ein, es stünde in unserer Macht, eine Wirkung hervorzubringen, aber es ist ein unheilvoller Trugschluß, der uns die Welt beständig in einem falschen Licht sehen läßt. In Wahrheit ist es nur ein- und dieselbe geheimnisvolle Ursache, die den Bleistift zu Boden fallen macht und mich kurz vorher verleitet hat, ihn loszulassen. Eine plötzliche Denkänderung des Menschen und ein Beben der Erde kann wohl gleiche Ursache haben, – aber daß das eine die Ursache des andern wäre, ist vollkommen ausgeschlossen, so plausibel es auch dem ›gesunden‹ Verstand dünken mag. Das erste ist genauso Wirkung wie das zweite; eine Wirkung ruft die andere niemals hervor – kann, wie ge-

129

sagt, ein Vorzeichen sein in einer Kette von Geschehnissen, aber sonst auch nichts. Die Welt, in der wir leben, ist eine Welt der Wirkungen. – Das Reich der wahren Ursachen ist verborgen; wenn es uns gelingt, bis dorthin vorzudringen, werden wir zaubern können.«

»Und sollte: seine Gedanken beherrschen können, – das heißt, die geheimsten Wurzeln ihres Entstehens aufdecken – nicht dasselbe sein wie zaubern?«

Pfeill blieb mit einem Ruck stehen. »Freilich! Was sonst? Ebendeshalb stelle ich das Denken um eine Stufe höher als das Leben. Es führt uns einem fernen Gipfel zu, von dem aus wir nicht nur alles werden überschauen, sondern alles, was wir wollen, auch werden vollbringen können. – Vorläufig zaubern wir Menschen noch mit Maschinen; ich glaube, die Stunde ist nahe, wo wenigstens einige es mit bloßem Willen zustande bringen werden. Das bisher so beliebte Erfinden von wundervollen Maschinen war nichts weiter als ein Pflücken von Brombeeren, die neben dem Wege zum Gipfel wachsen. – Wertvoll ist nicht die »Erfindung«, sondern das Erfindenkönnen, wertvoll ist nicht ein Gemälde, höchstens kostbar, wertvoll ist nur das Malenkönnen. Das Gemälde kann vermodern, das Malenkönnen kann nicht verlorengehen, auch wenn der Maler stirbt. Es bleibt als vom Himmel geholte Kraft bestehen, die vielleicht für lange Zeit schlafen gehen mag, aber immer wieder aufwacht, wenn das geeignete Genie geboren wird, durch das sie sich offenbaren kann. Ich finde es sehr tröstlich, daß die wertgeschätzte Kaufmannschaft dem Erfinder quasi nur das Linsengericht abschwätzen kann und nicht das Wesentliche.«

»Du läßt mich heute, scheint's, gar nicht zu Worte kommen«, unterbrach Hauberrisser; »mir schwebt schon lange etwas auf der Zunge, was ich sagen möchte.«

»Also los! Warum sprichst du nicht?«

»Vorerst nur noch eine Frage: Hast du Anhaltspunkte,

oder – oder Vorzeichen, daß wir alle vor einem – nennen wir's mal: Wendepunkt – stehen?«

»Hm – Ja. – Es ist das wohl mehr Gefühlssache. Ich tappe da selbst noch ziemlich im Finstern. – Ein Faden zum Beispiel, an dem ich mich vorwärts taste, ist dünn wie ein Spinngewebe. – Ich bilde mir nämlich ein, daß ich gewisse Grenzsteine in unserer innern Fortentwicklung gefunden habe, die uns anzeigen, wann wir ein neues Gebiet betreten. Das zufällige Zusammentreffen mit einem Fräulein van Druysen – du wirst sie heute noch kennenlernen – und etwas, was sie mir von ihrem Vater erzählte, hat mich darauf gebracht. Ich schloß daraus – vielleicht ganz ungerechtfertigterweise –, daß ein solcher ›Grenzstein‹ im menschlichen Bewußtsein ein für alle, die reif dazu sind, gleiches inneres Erlebnis ist. – Nämlich, – lache jetzt bitte nicht –: die Vision eines grünen Gesichtes.«

Hauberrisser faßte erregt den Arm seines Freundes und unterdrückte einen Ausruf des Erstaunens.

»Um Gottes willen, was ist dir?« rief Pfeill.

In fliegenden Worten erzählte Hauberrisser, was er erlebt hatte.

Das Gespräch, das sich daraus entspann, fesselte sie dermaßen, daß sie den Diener kaum bemerkten, der melden kam, Fräulein Eva van Druysen und Herr Dr. Ismael Sephardi seien eingetroffen, und Baron Pfeill auf einer Tablette zwei Visitenkarten und das Abendblatt der Amsterdamer Zeitung überreichte.

– – – – – – – – –

– – – – – – – – –

– – – – – – – – –

Bald war die Unterhaltung über das grüne Gesicht in vollem Gange.

Hauberrisser hatte die Erzählung seines Erlebnisses im Vexiersalon Pfeill überlassen, und auch Fräulein van Druysen beschränkte sich darauf, nur hier und da ein Wort einzuflechten, als Dr. Sephardi den Besuch bei Swammerdam schilderte.

Von Verlegenheit konnte natürlich weder bei Eva van Druysen noch bei Hauberrisser die Rede sein, aber trotzdem standen sie beide unter einem Stimmungsdruck, der ihnen das Sprechen erschwerte. Sie zwangen sich förmlich, einander mit den Blicken nicht auszuweichen, aber jedes fühlte genau, daß das andere log, wenn es sich bemühte, irgend etwas Gleichgültiges zu sagen.

Der vollständige Mangel an weiblicher Koketterie bei Eva verwirrte Hauberrisser fast; er sah ihr an, wie peinlich sie darauf achtete, alles zu vermeiden, was auch nur den leisesten Schein von Gefallsucht oder tieferem Interesse an ihm hätte erwecken können, – aber er schämte sich gleichzeitig wie einer groben Taktlosigkeit, daß es ihm nicht gelingen wollte, vor ihr zu verhüllen, wie sehr er das Gekünstelte in ihrer innern Ruhe durchschaute. Er erriet, daß seine Gedanken offen vor ihr dalagen, aus der erzwungenen Gelangweiltheit, mit der ihre Hände an einem Rosenbukett spielten, aus der Art, wie sie eine Zigarette rauchte, – merkte es an hundert andern Kleinigkeiten; aber es gab für ihn kein Mittel, ihr zu Hilfe zu kommen.

Eine einzige phrasenhafte Bemerkung seinerseits würde genügt haben, ihr die Sicherheit, die sie heuchelte, wiederzugeben, – würde aber auch genügt haben, sie entweder aufs tiefste zu verletzen oder ihn selbst in ein Licht wenig geschmackvollen Gockeltums zu rücken, – was er natürlich ebenfalls zu vermeiden wünschte.

Als sie eingetreten, war er einen Moment sprachlos gewesen über ihre geradezu verblüffende Schönheit, und sie hatte es wie eine Bewunderung hingenommen, an die sie gewöhnt sein mußte; dann aber, als sie zu bemerken glaubte, daß seine Verwirrung nicht ausschließlich durch sie verursacht war, sondern ebensogut durch die Unterbrechung eines interessanten Gesprächs zwischen ihm und Baron Pfeill, – war die peinliche, nicht mehr loszuwerdende Empfindung über sie gekommen, den Eindruck plumper, weiblicher Sieghaftigkeit auf ihn gemacht zu haben.

Hauberrisser begriff instinktiv, daß Eva ihre Schönheit, die eine Frau wohl stolz tragen durfte, als Mädchen in ihrer seelischen Feinfühligkeit augenblicklich als Last empfand.

Am liebsten hätte er ihr offen gesagt, wie sehr er sie bewundere, aber er fürchtete, den richtigen Ton von Unbefangenheit nicht zu finden.

Er hatte im Leben zuviel schöne Frauen geliebt, um beim ersten Anblick selbst so berückender weiblicher Reize, wie Eva sie besaß, sogleich den Kopf zu verlieren, aber dennoch stand er bereits tiefer unter ihrem Einfluß, als er selbst merkte.

Anfangs vermutete er, sie sei mit Sephardi verlobt; als er sah, daß es nicht der Fall war, durchzuckte ihn eine leise Freude.

Er wehrte sich sofort dagegen; die unbestimmte Angst, seine Freiheit noch einmal zu verlieren und wiederum von dem alten Wirbelsturm derartiger Erlebnisse fortgerissen zu werden, warnte ihn, auf seiner Hut zu sein, aber bald wachte in ihm ein so echtes und inniges Gefühl von Zusammengehörigkeit mit Eva auf, daß jeder Vergleich mit dem, was er bisher Liebschaft genannt hatte, von selbst wegfiel.

Das unvermeidliche prickelnde Etwas, das sich infolge der stummen Gedankenübertragung zwischen beiden entspann, war zu deutlich, als daß es Pfeill mit seinem scharfen Blick hätte lange verborgen bleiben können. – Was ihn dabei schmerzlich berührte, war der Ausdruck eines mühsam verhaltenen, tiefen Wehs, das um die Augen Sephardis lag und aus jedem Worte der mit krampfhafter Hast geführten Rede des sonst so schweigsamen Gelehrten hervorklang.

Er fühlte, daß dieser einsame Mensch eine stille, aber vielleicht um so heißere Hoffnung zu Grabe trug.

»Wohin, glauben Sie, Herr Doktor«, fragte er, als Sephardi seine Erzählung beendet hatte, »mag der seltsame Weg wohl führen, den der ›geistige Kreis‹ Swammerdams oder des Schuhmachers Klinkherbogk zu gehen sich einbildet? Ich fürchte, in ein uferloses Meer von Visionen und – – «

»– und daran geknüpften Erwartungen, die niemals erfüllt werden«, – Sephardi zuckte traurig die Schultern, – »es ist das alte Lied von den Pilgern, die ohne Führung in der Wüste zum gelobten Land wandern und, eine trügerische Fata Morgana vor Augen, dem qualvollen Tode des Verdurstens entgegenschreiten. Es hat noch immer mit dem Schrei geendet: ›Mein Gott, mein Gott, warum hast du mich verlassen!‹«

»Bei all den andern, die an den Schuhmacher und sein Prophetentum glauben, mögen Sie recht haben«, mischte sich Eva van Druysen ernst ins Gespräch, aber bei Swammerdam irren Sie sich. Ich weiß es gewiß. Denken Sie daran, was Baron Pfeill uns von ihm erzählt hat! Den grünen Käfer hat er doch gefunden! Ich kann nicht loskommen von der Überzeugung: es ist ihm beschieden, auch das Größere zu finden, nach dem er sucht.«

Sephardi lächelte trüb. »Ich wünsche es ihm von Herzen, aber er wird bestenfalls, wenn er nicht früher darüber zugrunde geht, am Schluß nur zu dem gewissen: ›Herr, in deine Hände befehle ich meinen Geist‹ gelangen. – Glauben Sie mir, Fräulein Eva, ich habe mehr über jenseitige Dinge nachgedacht, als Sie wohl vermuten, und habe mir ein Menschenleben lang Kopf und Herz zermartert, ob es denn wirklich kein Entrinnen aus dem irdischen Kerker gibt. – Nein, es gibt keines! – Der Zweck des Lebens ist, auf den Tod zu warten.«

»Dann wären die noch die Klügsten«, wendete Hauberrisser ein, »die nur dem Vergnügen leben.«

»Gewiß. Wenn sie es imstande sind. Aber mancher bringt es eben nicht zuwege.«

»Und was soll der dann tun?« fragte Pfeill.

»Liebe üben und die Gebote halten, wie es in der Bibel steht.«

»Das sagen Sie?!« rief Pfeill erstaunt. »Ein Mensch, der alle Philosophiesysteme von Lao Tse bis Nietzsche durchstudiert hat! Wer ist denn der Erfinder dieser ›Gebote‹? Ein sagenhafter Prophet, ein angeblicher Wundertäter. Wissen Sie, ob er nicht nur ein Besessener war? Glauben Sie, daß ein Schuster Klinkherbogk nicht nach fünftausend Jahren im gleichen legendenhaften Glanz dastehen wird, wenn sein Name bis dahin nicht längst vergessen ist?«

»Gewiß, wenn sein Name bis dahin nicht längst vergessen ist«, sagt Sephardi einfach.

»Sie nehmen also einen Gott an, der über den Menschen thront und ihre Geschicke lenkt? Können Sie das in Einklang mit irgendwelchem logischen Denken bringen?«

»Nein, das kann ich nicht. Will es auch nicht. Ich bin Jude, vergessen Sie das nicht. Ich meine: nicht nur Jude der Religion nach, sondern auch Jude der Rasse nach, – und als solcher komme ich immer wieder zum alten Gott meiner Vorfahren zurück. Es liegt im Blut, und das Blut ist stärker als alle Logik. Freilich sagt mir mein Verstand, daß ich mit meinem Glauben in der Irre gehe, aber mein Glaube sagt mir auch, daß ich mit meinem Verstand in der Irre gehe.«

»Und was täten Sie, wenn Ihnen, wie es dem Schuster Klinkherbogk geschehen ist, ein Wesen erschiene und Ihnen Ihr Handeln vorschriebe?« forschte Eva.

»An seiner Botschaft zu zweifeln versuchen. Wenn mir das gelänge, so würde ich seinem Rate nicht folgen.«

»Wenn es Ihnen aber nicht gelänge?«

»Dann wäre meine Handlungsweise von selbst gegeben, nämlich: ihm zu gehorchen.«

»Ich würde es auch dann nicht tun«, murmelte Pfeill.

»Eine Denkungsart wie die Ihre müßte nur bewirken,

daß Ihnen ein jenseitiges Wesen, wie der – nennen wir es: ›Engel‹ Klinkherbogks niemals erscheinen kann, aber seine stumme Weisung würden Sie trotzdem befolgen. Allerdings in der festen Überzeugung, aus eigener Machtvollkommenheit zu handeln!«

»Oder umgekehrt«, widersetzte sich Pfeill, »Sie würden sich einbilden, Gott spräche zu Ihnen durch den Mund eines Phantoms mit grünem Gesicht, während in Wirklichkeit Sie selbst es wären.«

»Wo soll da ein wesentlicher Unterschied liegen?« entgegnete Sephardi. »Was ist eine Mitteilung? Ein Gedanke in laute Worte gekleidet. – Und was ist ein Gedanke? Ein leises Wort. Also auch im Grunde nichts anderes, als eine Mitteilung. Wissen Sie so genau, daß ein Einfall, den Sie haben, tatsächlich in Ihnen geboren wird und nicht eine Mitteilung von irgendwoher ist? Ich halte es für mindestens ebenso wahrscheinlich, daß der Mensch nicht der Erzeuger, sondern nur ein Empfangsapparat – ein feiner oder ein grober – für alle Gedanken ist, die – nehmen wir einmal an: von der Erde als Mutter gedacht werden. Das gleichzeitige Auftreten ein und derselben Idee, wie es doch so häufig vorkommt, spricht Bände für meine Theorie. Sie freilich, wenn Ihnen so etwas passiert, werden immer sagen, Sie hätten ursprünglich den betreffenden Einfall gehabt und die andern wären von Ihnen bloß angesteckt worden. Ich könnte darauf erwidern: Sie waren nur der erste, der diesen in der Luft liegenden Gedanken aufgefangen hat wie eine drahtlose Depesche vermittelst eines sensitiveren Gehirns, – die andern haben ihn ebenfalls aufgefangen; bloß später als Sie. – Je selbstbewußter und kraftvoller nun jemand ist, desto mehr wird er zu der Ansicht neigen, der eigne Schöpfer eines großen Gedankens zu sein; je schwächer und weicher hingegen, um so leichter wird er glauben, die betreffende Idee sei ihm – eingegeben worden. Im Grunde haben beide recht. Ich bitte, ersparen

Sie mir das ›wieso‹; ich möchte mich nicht gerne in die schwierige Erläuterung eines allen Menschen gemeinsamen Zentral-Ichs verlieren. – Was die Erscheinung des grünen Gesichtes bei Klinkherbogk, als Übermittler einer Botschaft oder eines Gedankens, betrifft, – was, wie ich schon vorhin sagte, dasselbe ist – so verweise ich Sie auf die wissenschaftlich bekannte Tatsache, daß es zweierlei Kategorien von Menschen gibt: die eine, die in Worten, und die andere, die in Bildern denkt. Nehmen wir an, Klinkherbogk hätte sein Leben lang in Worten gedacht, und plötzlich will sich ihm ein völlig neuer Gedanke, für den es noch gar kein Wort gibt, aufdrängen – ihm ›einfallen‹, sozusagen; wie könnte sich dieser Gedanke anders kundgeben als durch die Vision eines redenden Bildes, das eine Verbindungsbrücke zu ihm sucht, – in Klinkherbogks, in Herrn Hauberrissers und in Ihrem Falle als ein Mann oder ein Porträt mit grünem Gesicht?«

»Gestatten Sie nur eine kurze Unterbrechung«, bat Hauberrisser. – »Der Vater Fräulein van Druysens hat, wie Sie kurz nach Ihrem Eintritt im Laufe der Schilderung Ihres Besuchs bei Klinkherbogk erwähnten, den Mann mit dem erzgrünen Gesicht wörtlich den ›Urmenschen‹ genannt, – ich selbst hörte meine Vision im Vexiersalon sich mit einem ähnlichen Namen bezeichnen, – Pfeill glaubte, das Porträt des Ewigen Juden, also ebenfalls eines Wesens, dessen Ursprung weit in der Vergangenheit zurückliegt, gesehen zu haben, – wie erklären Sie, Herr Sephardi, diese höchst merkwürdige Übereinstimmung? Als einen uns allen ›neuen‹ Gedanken, den wir nicht mit Worten, sondern nur durch ein Bild begreifen könnten, das sich unserem innern Auge darstellt? Ich für meinen Teil, so kindisch es Ihnen klingen mag, glaube viel eher: es ist ein und dasselbe spukhafte Geschöpf, das da in unser Leben getreten ist.«

»Das glaube auch ich«, stimmte Eva leise bei.

Sephardi dachte einen Augenblick nach. – »Die Übereinstimmung, die ich erklären soll, scheint mir zu beweisen, daß es ein und derselbe ›neue‹ Gedanke ist, der sich Ihnen allen dreien aufdrängen und verständlich machen wollte, beziehungsweise: noch machen will. Daß das Phantom unter der Maske eines Urmenschen auftritt, bedeutet, denke ich, nichts anderes, als: ein Wissen, eine Erkenntnis, sogar vielleicht eine außerordentliche seelische Fähigkeit, die einstmals in längst vergangenen Zeiten des Menschengeschlechts existiert hatte, bekannt war und in Vergessenheit geriet, will wiederum neu werden, und ihr Kommen in die Welt gibt sich als Vision einigen wenigen Auserlesenen kund. – Verstehen Sie mich nicht falsch, ich sage nicht, daß das Phantom etwa kein selbständig existierendes Wesen sein könnte, – im Gegenteil, ich behaupte sogar: jeder Gedanke ist ein solches Wesen. – Der Vater Fräulein Evas hat übrigens den Ausspruch getan: ›Er – der Vorläufer – ist der einzige Mensch, der kein Gespenst ist.‹«

»Vielleicht verstand mein Vater darunter, dieser Vorläufer sei ein Wesen, das die Unsterblichkeit erlangt hat. Glauben Sie nicht?«

Sephardi wiegte bedächtig den Kopf. – »Wenn jemand unsterblich wird, Fräulein Eva, bleibt er als unvergänglicher Gedanke bestehen; gleichgültig, ob er zu unsern Gehirnen als Wort oder als Bild Zutritt zu erlangen vermag. Sind die Menschen, die auf Erden leben, unfähig, ihn zu erfassen oder zu ›denken‹, – so stirbt er deswegen noch nicht; er wird ihnen nur ferne gerückt. – – – Um auf den Disput mit Baron Pfeill zurückzukommen: ich wiederhole, ich kann als Jude von dem Gott meiner Väter nicht weg. Die Religion der Juden ist in ihrer Wurzel eine Religion selbstgewählter und absichtlicher Schwäche, – ist ein Hoffen auf Gott und das Kommen des Messias. Es gibt, ich weiß, auch einen Weg der Kraft. Baron Pfeill hat ihn angedeutet. Das Ziel bleibt dasselbe; in beiden Fällen kann es erst erkannt werden, wenn das Ende erreicht ist. Falsch ist an sich weder der eine noch der andere Weg; unheilvoll wird er erst dann, wenn ein Schwacher, oder ein Mensch, der voll Sehnsucht ist wie ich, den Weg der Kraft wählt, und ein Starker den Pfad der Schwäche. Einstmals, zur Zeit Mosis, als es bloß Zehn Gebote gab, war es verhältnismäßig leicht, ein Zadik Tomim – ein vollkommen Gerechter – zu sein, heute ist es unmöglich, wie jeder fromme Jude weiß, der sich bemüht, die zahllosen rituellen Gesetze zu halten. Heute muß Gott uns helfen, sonst können wir Juden den Weg nicht mehr gehen. Die darüber klagen, sind Toren, – der Weg der Schwäche ist nun vollkommener und leichter geworden, und dadurch ist auch der Pfad der Kraft klarer, denn keiner, der sich selbst erkannt, kann sich mehr auf das Gebiet verirren, in das er nicht gehört. – Die Starken haben keine Religion mehr nötig; sie gehen frei und ohne Stock; diejenigen, die nur an Essen und Trinken glauben, brauchen ebenfalls keine Religion; sie haben sie noch nicht nötig. – Sie bedürfen keines Stockes, denn sie gehen nicht, sie bleiben stehen.«

»Haben Sie nie etwas von einer Möglichkeit, die Gedanken zu beherrschen, gehört, Herr Sephardi?« fragte Hauberrisser, »ich meine es nicht im alltäglichen Sinne des sogenannten Sichbeherrschenkönnens, das man besser das Unterdrücken einer Gefühlswallung und so weiter nennen sollte. Ich denke dabei an das gewisse Tagebuch, das ich gefunden habe und von dem Pfeill vorhin erzählte.«

Sephardi erschrak.

Er schien die Frage erwartet oder befürchtet zu haben, und warf einen schnellen Blick auf Eva.

In seinem Gesicht malte sich wiederum derselbe Ausdruck von Schmerz, den Baron Pfeill schon früher an ihm bemerkt hatte.

Dann raffte er sich auf, aber man hörte ihm an, wie er sich zum Reden zwang:

»Das Herrwerden über die Gedanken ist ein uralter

heidnischer Weg zum wirklichen Übermenschentum, aber nicht zu jenem, von dem der deutsche Philosoph Nietzsche gesprochen hat. – Ich weiß nur sehr wenig darüber. Mir graut davor. – – In den letzten Jahrzehnten ist mancherlei über die ›Brücke zum Leben‹ – so lautet die echte Bezeichnung dieses gefahrvollen Pfades – von Osten her nach Europa gedrungen, aber zum Glück so wenig, daß keiner, der die ersten Schlüssel nicht hat, sich zurechtfinden könnte. Das Wenige hat schon genügt, um viele tausend Menschen, besonders Engländer und Amerikaner, die alle diesen Weg der Magie – es ist nichts anderes – erlernen wollten, außer Rand und Band zu bringen. Eine umfangreiche Literatur ist darüber entstanden und ausgegraben worden, zu Dutzenden laufen Schwindler aller Rassen herum, die sich als Eingeweihte gebärden, – aber, Gott sei Dank, noch weiß kein einziger, wo die Glocke hängt, die da läutet. – Scharenweise sind die Leute nach Indien und Tibet gepilgert, ohne zu wissen, daß dort das Geheimnis längst erloschen ist. Sie wollen es noch heute nicht glauben. – Wohl haben sie dort etwas gefunden, was einen ähnlichen Namen trägt, – aber es ist etwas anderes, das schließlich nur wieder zum Weg der Schwäche, den ich vorhin erwähnt habe, oder zu den Verwirrungen eines Klinkherbogk führt. Die paar alten Originalschriften, die darüber existieren, klingen sehr offenherzig, sind aber in Wahrheit der Schlüssel beraubt und der sicherste Zaun, um das Mysterium zu schützen. – Es hat auch einmal unter den Juden eine ›Brücke zum Leben‹ gegeben, und die Bruchstücke, die ich darüber kenne, stammen aus dem 11. Jahrhundert. Ein Vorfahre von mir, ein gewisser Salomon Gebirol Sephardi, dessen Lebensbeschreibung in unserer Familienchronik fehlt, hat sie in doppelsinnigen Randbemerkungen zu seinem Buch Megôr Hayyím niedergelegt und wurde deshalb von einem Araber ermordet. Angeblich soll eine kleine Gemeinde im Orient, die in blaue Mäntel gekleidet

geht und ihre Herkunft merkwürdigerweise von einge-
wanderten Europäern – Schülern der ehemaligen Golde-
nen und Rosen-Kreuzer – ableitet, das Geheimnis in seiner
Gänze noch bewahren. – Sie nennen sich: Paradâ, das ist
›Einer, der zum andern Ufer hinübergeschwommen ist‹.«

Sephardi stockte einen Moment und schien an einem
Punkt in der Erzählung angelangt zu sein, über den hin-
wegzukommen, er seine ganze Kraft aufbieten mußte.

Er krampfte die Nägel in die Handflächen und sah eine
Weile stumm zu Boden.

Endlich riß er sich auf, blickte Eva und Hauberrisser ab-
wechselnd fest an und sagte klanglos:

»Wenn es aber einem Menschen gelingt, über die
›Brücke des Lebens‹ hinüberzuschreiten, so ist es ein
Glück für die Welt. Es ist fast mehr, als wenn ihr ein Erlöser
geschenkt wird. – Nur etwas ist vonnöten: ein einzelner
kann dieses Ziel nicht erreichen, er braucht dazu – –
eine Gefährtin. – Nur durch eine Verbindung männli-
cher und weiblicher Kräfte ist es überhaupt möglich. Darin
liegt der geheime Sinn der Ehe, der der Menschheit seit
Jahrtausenden verlorengegangen ist.« – Die Sprache versagte ihm, er stand auf und trat ans Fenster, um sein Gesicht zu verbergen, ehe er scheinbar wieder ruhiger fort-
fahren konnte: »Wenn ich Ihnen beiden mit meinem
geringen Wissen über dieses Gebiet jemals behilf-
lich sein kann, so verfügen Sie über mich.« – – – – –
– – –

– – – – – – – – – –

Wie ein Blitz trafen Eva seine Worte. – Sie verstand jetzt,
was in ihm vorgegangen war. – Die Tränen schossen ihr in
die Augen.

Daß Sephardi mit dem durchdringenden Scharfblick eines Menschen, der sein ganzes Leben in Abgeschlossenheit
von der Außenwelt zugebracht, die Dinge, die sich zwischen Hauberrisser und ihr anbahnten, vorausgesehen

hatte, lag auf der Hand. Was aber mochte ihn bewogen haben, die Entwicklung der aufkeimenden gegenseitigen Verliebtheit, die unausweichlich vor ihnen lag, auf so hemmungslose Weise abzukürzen, – sie beide fast brüsk zu einer Entscheidung zu drängen?

Wäre nicht sein ganzes Wesen so über jeden Zweifel erhaben echt gewesen, – hätte sie an den raffinierten Versuch eines eifersüchtigen Nebenbuhlers glauben müssen, der durch wohlberechnetes Dazwischenfahren ein sich spinnendes zartes Gewebe zerreißen will. –

Oder war es vielleicht der heroische Entschluß eines Menschen, der sich nicht stark genug fühlt, die langsame Marter allmählicher Entfremdung von einer heimlich geliebten Frau zu ertragen, und es vorzieht, selber ein Ende zu machen, statt vergeblich zu kämpfen?

Eine Ahnung drängte sich ihr auf, als müsse noch irgend etwas anderes der Grund seines schnellen Handelns sein, – etwas, was mit seinem Wissen über die »Brücke des Lebens« zusammenhing, von der er, offenbar absichtlich, mit so knappen Worten gesprochen hatte. – –

Sie gedachte der Worte Swammerdams vom plötzlichen Galoppieren des Schicksals; sie klangen ihr in den Ohren.

Als sie in der verflossenen Nacht vom Geländer der Gracht des Zee Dyk in die dunklen Wasser hinabgestarrt hatte, war der Mut über sie gekommen, dem Rat des alten Mannes zu folgen und mit Gott zu reden.

Was sie jetzt erlebte – war es bereits die Folge davon? – Eine bange Angst, daß es so sein müsse, erschreckte sie. – Das Bild der finstern Nikolaskirche, das eingesunkene Haus mit der eisernen Kette und der Mann in dem Boot, der sich so scheu vor ihr zu verbergen getrachtet hatte, huschte schreckhaft wie die Erinnerung an einen bösen Traum durch ihr Bewußtsein.

Hauberrisser stand am Tisch und ließ wortlos und erregt die Blätter eines Buches durch die Finger laufen.

Eva fühlte, daß es an ihr war, die peinliche Stille zu brechen.

Sie ging zu ihm, sah ihm fest in die Augen und sagte ruhig:

»Die Worte Doktor Sephardis sollen nicht der Anlaß sein, daß eine befangene Stimmung zwischen uns Platz greift, Herr Hauberrisser; sie sind aus dem Mund eines Freundes gekommen. Was das Schicksal mit uns vorhat, können wir beide nicht wissen. Heute sind wir noch frei, ich wenigstens bin es; will uns das Leben zusammenführen, werden wir es weder ändern können noch wollen. – Ich sehe nichts Unnatürliches und nichts Beschämendes darin, diese Möglichkeit ins Auge zu fassen. – Morgen früh fahre ich nach Antwerpen zurück; ich könnte die Reise verschieben, aber es ist besser, wir kommen jetzt für längere Zeit nicht zusammen. Ich möchte nicht die Unsicherheit mit mir herumtragen, Sie oder ich hätten unter dem Eindruck einer kurzen Stunde voreilig ein Band geknüpft, das sich später nicht mehr ohne Schmerz lösen ließe. – Wie ich aus der Erzählung Baron Pfeills erfahren habe, sind Sie einsam – wie ich; lassen Sie mich das Gefühl mitnehmen, daß ich es von jetzt an nicht mehr bin und jemand Freund nennen darf, mit dem mich gemeinsam die Hoffnung verbindet, einen Weg zu suchen und zu finden, der jenseits der Alltäglichkeit liegt. – Und zwischen uns« – sie lächelte zu Sephardi hinüber, – »bleibt die alte, treue Freundschaft bestehen, nicht wahr?«

Hauberrisser ergriff die dargebotene Hand und küßte sie.

»Ich bitte Sie nicht einmal, Eva, – seien Sie mir nicht böse, daß ich Sie mit dem Vornamen nenne, – Sie möchten in Amsterdam bleiben und nicht reisen. Es wird das erste Opfer sein, das ich bringe, daß ich Sie am selben Tage noch verliere, wo ich Sie – – –«

»Wollen Sie mir den ersten Beweis Ihrer Freundschaft

geben?« unterbrach Eva schnell; »dann reden Sie jetzt nicht mehr von mir. Ich weiß, daß es weder Höflichkeit noch leere Form ist, die Ihnen die Worte, die Sie sagen wollen, eingibt, – aber, bitte, beenden Sie den Satz nicht. Ich möchte, daß – die Zeit uns belehren soll, ob wir einander mehr sein werden als Freunde.« – –

Baron Pfeill war aufgestanden, als Hauberrisser zu sprechen begonnen hatte, und wollte unauffällig, um die beiden nicht zu stören, das Zimmer verlassen. Da er sah, daß ihm Sephardi nicht folgen konnte, ohne dicht an ihnen vorüberzugehen, trat er an das runde Ecktischchen neben der Tür und griff nach dem Zeitungsblatt.

Ein Ausruf der Bestürzung entfuhr ihm, nachdem er die ersten Zeilen durchflogen hatte:

»Am Zee Dyk ist heute nacht ein Mord geschehen!« –

Laut und die nebensächlichen Stellen eilig überspringend, las er den andern, die erschreckt aufhorchten, vor:

»Der Täter bereits entdeckt.

Wir bringen zu unserm Bericht in der Mittagsausgabe nachträglich folgendes:

Als der am Zee Dyk wohnhafte Privatgelehrte Jan Swammerdam noch vor Tagesanbruch die von ihm aus bisher unaufgeklärten Gründen von außen abgeschlossene Dachkammer Klinkherbogks aufsperren wollte, fand er sie halb offenstehen und erblickte beim Betreten des Zimmers die blutüberströmte Leiche der ermordeten kleinen Katje. Der Schuster Anselm Klinkherbogk war verschwunden, ebenso eine größere Summe Geldes, die er nach Aussage Swammerdams noch am Abend besessen hatte.

Der Verdacht der Polizei richtete sich sofort auf einen im Hause bediensteten Kommis, den eine Frau gesehen haben will, wie er sich mit einem Schlüssel in der Dunkelheit an der Tür der Dachkammer zu schaffen machte. Er wurde sofort in Haft genommen, aber bereits wieder in Freiheit gesetzt, da sich inzwischen der wirkliche Täter selbst gestellt hat.

Man vermutet, daß der greise Schuhmacher zuerst und hierauf sein Enkelkind, das vermutlich über dem Lärm erwacht war, ermordet worden ist. – Seine Leiche wurde offenbar aus dem Fenster hinab in die Gracht geschleudert. – Ein Abschleppen des Wassers führte bisher zu keinem Resultat, da der Grund an dieser Stelle mehrere Meter tief aus weichem Morast besteht.

Es ist nicht ausgeschlossen, wenn auch wenig wahrscheinlich, daß der Täter den Mord in einem Dämmerzustand begangen haben könnte, wenigstens sind seine Angaben vor dem Kommissär äußerst verworren. – Das Geld geraubt zu haben, gibt er zu. Es handelt sich also um einen Raubmord. Das Geld, man spricht von mehreren tausend Gulden, soll dem Schuster Klinkherbogk von einem stadtbekannten Verschwender geschenkt worden sein. – Eine Warnung, wie übel angebracht derartige Wohltäterlaunen oft sein können.« – – –

Pfeill ließ das Blatt sinken und nickte traurig vor sich hin.

»Und der Täter?« fragte Fräulein van Druysen hastig. »Natürlich der grauenhafte Neger?«

»Der Täter?« – Pfeill schlug die Seite um. »Der Täter ist – – – dahier steht's: Als Täter bekannte sich ein alter russischer Jude, namens Eidotter, der ein Spirituosengeschäft im selben Hause betreibt. Es ist höchste Zeit, daß endlich am Zee Dyk usw. usw.«

»Simon, der Kreuzträger?« rief Eva erschüttert. »Ich glaube nun und nimmer, daß er ein so scheußliches Verbrechen mit Vorbedacht hat begehen können!«

»Auch nicht in einem Dämmerzustand«, murmelte Doktor Sephardi.

»Sie meinen also, es war der Kommis Hesekiel?«

»Der ebensowenig. Schlimmstenfalls wollte er mittels eines Nachschlüssels die Dachkammer aufsperren, um das Geld zu stehlen, und wurde im letzten Moment gestört. – Der Neger war der Mörder; es liegt auf der Hand.«

»Was kann aber um Himmels willen den alten Lazarus Eidotter veranlaßt haben, sich für den Täter auszugeben?«

Doktor Sephardi zuckte die Achseln. – »Vielleicht glaubte er im ersten Schrecken, als die Polizei kam, Swammerdam habe den Schuster umgebracht, und wollte sich für ihn opfern. In einem Anfall von Hysterie. – Daß er nicht normal ist, habe ich auf den ersten Blick gesehen. Erinnern Sie sich, Fräulein Eva, was der alte Schmetterlingssammler über die Kraft gesagt hat, die im Namen verborgen liegt? – Eidotter braucht seinen Geistesnamen Simon nur eine genügend lange Zeit ›geübt‹ zu haben, und es ist keineswegs ausgeschlossen, daß sich in ihm infolgedessen die Idee eingewurzelt hat, ein Opfer für andere zu bringen, wann immer sich die Gelegenheit ergeben würde. Ich bin sogar der Ansicht, daß der Schuster Klinkherbogk, bevor er selbst ermordet wurde, das kleine Mädchen im Religionswahnsinn getötet hat. – Er hat viele Jahre hindurch den Namen Abram geübt, das ist erwiesen, – hätte er statt dessen das Wort Abraham innerlich wiederholt, wäre die Katastrophe der Schlachtung Isaaks kaum eingetreten.«

»Was Sie da sagen, ist mir ein vollkommenes Rätsel«, fiel Hauberrisser ein; »ein Wort beständig in sich hineinsprechen sollte, das Schicksal eines Menschen bestimmen oder ändern können?«

»Warum nicht? Die Fäden, die die Taten eines Menschen lenken, sind gar fein. Was im ersten Buch Mosis über die Umänderung der Namen Abram in Abraham und Sarai in Sarah steht, hat mit der Kabbala – oder eher noch mit andern, weit tieferen Mysterien zu tun. – Ich habe gewisse Anhaltspunkte, daß es falsch ist, die geheimen Namen aus zusprechen, wie der Kreis Klinkherbogks es tut. – Wie Sie vielleicht wissen, bedeutet jeder Buchstabe im Hebräischen gleichzeitig eine Zahl, zum Beispiel: S = 21, M = 13, N = 14. Wir sind also imstande, einen Namen in Ziffern zu verwandeln und aus diesen Verhältniszahlen in der Vorstellung geometrische Körper zu konstruieren: einen Würfel, eine Pyramide und so weiter. Diese geometrischen Formen sind es, die sozusagen das Achsensystem unseres bis dahin gestaltlosen Innersten werden können, wenn wir es in der richtigen Weise und mit der nötigen Gedankenwucht imaginieren. Wir machen dadurch unsere ›Seele‹ – ich habe keinen andern Ausdruck dafür – zu einem Kristallgebilde und schaffen ihr die darauf bezüglichen ewigen Gesetze. – Die Ägypter haben sich die Seele in ihrer Vollendung als Kugel gedacht.«

»Worin könnte nach Ihrer Ansicht, falls der bedauernswerte Schuster wirklich seine Enkelin getötet haben sollte«, fragte Baron Pfeill sinnend, »der Fehler in der ›Übung‹ gelegen haben? Ist der Name Abram so grundverschieden von Abra–ham?«

»Klinkherbogk hat sich selbst den Namen Abram gegeben; er wuchs aus seinem eignen Unterbewußtsein hervor, daher das Verhängnis! Es fehlte das Von-oben-Herabkommen der Neschamah, wie wir Juden es nennen – des geistigen Hauches der Gottheit – hier in diesem Falle der Silbe ›ha‹. In der Bibel wurde dem Abra–ham das Opfer des Isaak erlassen. Der Abram hätte zum Mörder werden müssen, so wie Klinkherbogk es geworden ist. – Klinkherbogk hat in seinem Durst, das Ewige Leben zu suchen, selber den Tod gerufen. – Ich sagte vorhin, wer schwach ist, soll nicht den Weg der Kraft gehen. Klinkherbogk ist von dem Pfade der Schwäche – des Wartens –, der für ihn bestimmt war, abgewichen.«

»Aber irgend etwas muß doch für den armen Eidotter geschehen!« rief Eva. »Sollen wir denn untätig zusehen, wie er verurteilt wird?«

»So rasch geht das Verurteilen nicht«, beruhigte sie Sephardi. »Morgen früh will ich zu dem Gerichtspsychiater Debrouwer – ich kenne ihn von der Universität her – gehen und mit ihm sprechen.«

»Nicht wahr, Sie nehmen sich auch des armen alten Schmetterlingssammlers an und schreiben mir nach Antwerpen, wie es ihm geht?« bat Eva, stand auf und reichte nur Pfeill und Sephardi zum Abschied die Hand. »Und auf Wiedersehen in nicht allzu ferner Zeit.«

Hauberrisser verstand sofort, daß sie von ihm begleitet zu sein wünschte, und half ihr in den Mantel, den der Diener hereingebracht hatte.

- - - - - - - - -

Die Kühle der Abenddämmerung lag feucht um die duftenden Linden, wie sie durch den Park schritten. Steinerne griechische Statuen schimmerten weiß aus dem Dunkel belaubter Bogengänge und träumten beim Plätschern der in den verirrten Lichtern der Bogenlampen vom Schlosse her silbrig glitzernden Fontänen.

»Darf ich Sie nicht zuweilen in Antwerpen besuchen kommen, Eva?« fragte Hauberrisser gepreßt und fast schüchtern. »Sie verlangen von mir, ich soll warten, bis die Zeit uns zusammenbringt. Glauben Sie, daß es durch Briefe besser geschieht, als wenn wir uns sehen? Wir fassen doch beide das Leben anders auf, als es die Menge tut, warum eine Wand zwischen uns schieben, die uns nur trennen kann?«

Eva wandte den Kopf ab. »Wissen Sie denn wirklich genau, daß wir füreinander bestimmt sind? – Das Zusammenleben zweier Menschen mag etwas sehr Schönes sein, – warum geschieht es dann so häufig, ja, beinah immer, daß es nach kurzer Zeit in Abneigung und Bitternis endet? – Ich habe mir schon oft gesagt, daß etwas Unnatürliches darin liegen muß, wenn ein Mann sich an eine Frau kettet. Es kommt mir so vor, als brächen ihm dadurch die Flügel. – – Bitte, lassen Sie mich zu Ende sprechen, ich kann mir denken, was Sie sagen wollen – –«

»Nein, Eva«, unterbrach Hauberrisser rasch, »Sie irren; ich weiß, was Sie fürchten, das ich sagen könnte; Sie wollen nicht hören, was ich für Sie empfinde, und darum schweige ich auch darüber. – Die Worte Sephardis, so ehrlich sie gemeint waren und sosehr ich aus tiefstem Herzen hoffe, daß ihr Sinn in Erfüllung gehen möge, haben doch – ich fühle das immer schmerzlicher – eine fast unübersteigbare Schranke zwischen uns gesetzt. Wenn wir uns nicht mit aller Kraft bemühen, sie niederzureißen, wird sie dauernd zwischen uns stehen. Und doch bin ich eigentlich innerlich froh, daß es nicht anders gekommen ist. – Daß eine Ehe aus Nüchternheit zwischen uns geschlossen werden könnte, haben wir beide nicht zu befürchten; – was uns gedroht hat, – verzeihen Sie, Eva, daß ich die Worte ›wir‹ und ›uns‹ gebrauche, – war, daß uns die Liebe und der Trieb allein zusammengeführt hätten. – Doktor Sephardi hat recht gehabt, als er sagte, der Sinn der Ehe sei den Menschen verlorengegangen.«

»Das ist doch, was mich quält«, rief Eva. »Ich stehe ratlos und hilflos vor dem Leben wie vor einem gefräßigen, scheußlichen Ungeheuer. Alles ist schal und abgenützt. Jedes Wort, das man gebraucht, ist staubig geworden. Ich komme mir vor wie ein Kind, das sich auf eine Märchenwelt freut – und ins Theater geht und schminkebekleckste Komödianten sieht. – Die Ehe ist zu einer häßlichen Einrichtung herabgesunken, die der Liebe den Glanz raubt und Mann und Frau zur bloßen Zweckmäßigkeit erniedrigt. Es ist ein langsames, trostloses Versinken im Wüstensand. – Warum ist es bei uns Menschen nicht wie bei den Eintagsfliegen?« – sie blieb stehen und blickte sehnsüchtig zu einem lichtbeglänzten Brunnen hin, den goldene Wolken schwärmender Falter wie ein wogender Feenschleier umgaben, – »Jahre kriechen sie als Würmer über die Erde, bereiten sich vor auf die Hochzeit, wie auf etwas Heiliges, – um einen einzigen kurzen Tag der Liebe zu feiern und dann zu sterben.« – Sie hielt plötzlich inne und schauderte.

Hauberrisser sah an ihren dunkel gewordenen Augen,

149

daß ein Gefühl tiefster Ergriffenheit über sie gekommen war. Er zog ihre Hand an seine Lippen.

Eine Weile stand sie regungslos, dann schlang sie langsam, wie in halbem Schlaf, beide Arme um seinen Nacken und küßte ihn. – – – –

»Wann wirst du mein Weib werden? Das Leben ist so kurz, Eva.«

Sie gab keine Antwort, und ohne ein Wort zu sprechen, gingen sie nebeneinander her dem offenen Gittertor zu, vor dem der Wagen Baron Pfeills wartete, um Eva nach Hause zu bringen.

Hauberrisser wollte seine Frage wiederholen, ehe sie von ihm Abschied nahm; sie kam ihm zuvor, blieb stehen und schmiegte sich an ihn.

»Ich sehne mich nach dir«, sagte sie leise, »wie nach dem Tod. Ich werde deine Geliebte sein, ich weiß es gewiß, – aber das, was die Menschen Ehe nennen, wird uns erspart bleiben.«

Er erfaßte die Bedeutung ihrer Worte kaum; er war wie betäubt von dem Glück, sie in seinen Armen zu halten, – dann teilte sich ihm der Schauer mit, der noch in ihr lag, und er fühlte, daß sich ihm das Haar sträubte und sie beide von einem eisigen Hauch umfangen wurden, als nähme der Engel des Todes sie unter seine Schwingen und trüge sie beide weit weg von der Erde in die Blütengefilde einer ewigen Wonne.

Als er aus dem Zustand der Starrheit erwachte, wich das fremdartige, beseligende Verzücktsein des Sterbens, das er empfunden hatte wie einen alle Sinne verzehrenden Rausch, langsam von ihm, und an dessen Stelle trat, wie er dem Wagen nachblickte, der ihm Eva entführte, das Nagen einer unbestimmten, qualvollen Angst, sie nie mehr wiederzusehen.

Achtes Kapitel

Eva wollte früh morgens ihre Tante Bourignon, um sie zu trösten, im Beginenstift aufsuchen und dann den Vormittagsexpreß nach Antwerpen benutzen.

Ein Brief, eilig hingekritzelt und von Tränenspuren benetzt, den sie im Hotel vorfand, ließ sie ihren Entschluß ändern.

Das alte Fräulein war unter der Wucht der Katastrophe am Zee Dyk anscheinend völlig zusammengebrochen und schrieb, sie sei fest entschlossen, keinen Schritt mehr aus dem Stift zu tun, ehe nicht der erste heiße Schmerz verharscht wäre und sie sich wiederum soweit wohl fühlen würde, dem Getriebe der Welt, wie sie es nannte, ein neues Interesse entgegenzubringen. Der Schlußsatz, der in der Klage gipfelte, eine unleidliche Migräne mache es ihr unmöglich, Besuche von wem immer zu empfangen, verriet, daß ernste Besorgnisse um das innere Gleichgewicht der alten Dame zur Zeit wenig angebracht waren. – –

Eva ließ kurz entschlossen ihr Gepäck auf die Bahn schaffen. Um Mitternacht ging ein Zug nach Belgien, den ihr der Portier zu benützen empfahl, da er weit weniger überfüllt zu sein pflege.

Sie gab sich alle Mühe, das peinliche Gefühl abzuschütteln, das der Brief in ihr erweckt hatte.

So also sah es in weiblichen Herzen aus? – Sie hatte ge-

151

fürchtet, »Gabriele« werde den Schlag nie verwinden können. Statt dessen? – Kopfweh!

»Der Sinn für alles Große ist uns Frauen abhanden gekommen«, sagte sich Eva voll Bitterkeit, – »wir haben es in den süßlichen Großmutterzeiten hineingehäkelt in verächtliche Handarbeit.«

In mädchenhafter Angst preßte sie den Kopf zwischen ihre Hände. »Soll ich auch einmal so werden? Es ist eine erbärmliche Schmach, ein Weib zu sein.« –

Gedanken der Zärtlichkeit, wie sie sie die ganze Fahrt hindurch von Hilversum bis in die Stadt umfangen hatten, wollten wieder aufwachen; – das ganze Zimmer schien ihr erfüllt von dem schwülen Duft der blühenden Linden.

Sie riß sich gewaltsam los, setzte sich auf den Balkon und blickte hinauf in den sternenübersäten nächtlichen Himmel.

Früher, in ihren Kinderjahren, hatte es ihr zuweilen einen Trost gewährt, zu denken, dort oben throne ein Schöpfer, der sich ihrer Winzigkeit erbarme, – jetzt drückte es sie wie eine Schande, so klein zu sein.

Sie verabscheute aus dem Grund ihres Herzens alle Bestrebungen der Frauen, es den Männern auf den Gebieten des äußern Lebens gleichzutun, aber dem, den sie liebte, nichts anders schenken zu können als ihre Schönheit, erschien ihr armselig und gering, – als eine Selbstverständlichkeit, von der viel Wesens zu machen erbärmlich sei.

Die Worte Sephardis, es gäbe einen königlichen, verborgenen Pfad, auf dem ein Weib dem Gatten mehr sein könne als bloße irdische Freude, leuchtete ihr wie ein ferner Hoffnungsstrahl, aber wo den Eingang suchen?

Zaghaft und furchtsam nahm sie einen kleinen Anlauf, durch Denken zu erkennen, was sie wohl tun müsse, um einen solchen Weg zu finden, – aber es blieb, wie sie bald fühlte, nur ein vergebliches, schwächliches Betteln um Licht an die Mächte dort oben über den Sternen, statt das kraftvolle Ringen um Erleuchtung zu sein, dessen ein Mann fähig gewesen wäre.

Das zarteste und doch tiefste Leid, das ein junges Frauenherz verzehren kann: mit leeren Händen vor dem Geliebten zu stehen und doch übervoll zu sein von der Sehnsucht, ihm eine Welt an Glück zu geben, machte sie traurig und elend.

Kein Opfer wäre so schwer gewesen, daß sie es nicht jauchzend um seinetwillen gebracht hätte. – Sie begriff mit den feinen Instinkten des Weibes, daß das Höchste, was eine Frau zu tun vermöchte, nur die Aufopferung ihrer selbst sein konnte, aber was sie auch ersann, – es war, gemessen an der Größe ihrer Liebe, nichtig, vergänglich und kindisch.

Sich ihm unterzuordnen in allen Stücken, ihm die Sorgen abzunehmen, jeden Wunsch an den Augen abzulesen – wie leicht mußte es sein. – Würde sie ihn aber damit auch glücklich machen? – Es ging nicht über das Menschentum hinaus, und das, was sie zu schenken begehrte, sollte mehr sein als alles, was sich erdenken ließ.

Was sie früher nur dunkel begriffen hatte: den bittern Kummer einer Seele, reich zu sein wie ein König am Gebenwollen und bettelarm im Gebenkönnen, jetzt stand es riesengroß vor ihr und erfaßte sie mit den gewaltigen Schauern, die einst den Heiligen der Erde durch den Hohn und das Grinsen der Menge hindurch den Weg des Martyriums gewiesen hatten.

Im Übermaß ihrer Pein legte sie die Stirn an das Geländer und schrie mit verkrampften Lippen ein Gebet in sich hinein: nur der Geringste aus der Schar derer, die um der Liebe willen den Strom des Todes durchquert haben, möge ihr erscheinen und ihr den Pfad zur geheimnisvollen Krone des Lebens entdecken, damit sie sie nehmen und verschenken könne.

Als habe eine Hand ihren Scheitel berührt, blickte sie auf und sah, daß sich der Himmel plötzlich verändert hatte.

Querüber ging ein Riß aus fahlem Licht, und die Sterne stürzten hinein wie eine vom Sturmwind gejagte Wolke schimmernder Eintagsfliegen. Dann tat sich eine Halle auf, und an einem langen Tisch saßen uralte Männer in faltigen Gewändern, die Augen starr auf sie gerichtet, als seien sei bereit, ihre Rede zu vernehmen. Der Oberste von ihnen hatte den Gesichtsschnitt einer fremden Rasse, zwischen den Brauen ein leuchtendes Mal, und von seinen Schläfen gingen zwei blendende Strahlen aus wie die Hörner des Moses.

Eva erriet, daß sie ein Gelöbnis tun solle, aber sie konnte die Worte nicht finden. Sie wollte flehen, daß die Alten ihre Bitte erhören möchten, aber das Gebet konnte nicht aufsteigen; – es blieb ihr in der Kehle stecken und ballte sich in ihrem Munde.

Langsam begann sich der Riß wieder zu schließen, und die Milchstraße legte sich, als die Halle und der Tisch immer undeutlicher wurden und verschwammen, wie eine leuchtende Narbe am Himmel darüber.

Nur der Mann mit dem lodernden Mal auf der Stirn war noch sichtbar.

In stummer Verzweiflung streckte Eva die Arme nach ihm aus, daß er warten möge und sie anhören, aber schon wollte er das Gesicht abwenden.

Da sah sie, daß ein Mensch auf einem weißen Pferd in rasender Eile von der Erde durch die Luft empor zum Himmel schoß, und erkannte, daß es Swammerdam war.

Er sprang ab, trat zu dem Mann, schrie auf ihn ein und faßte ihn voll Zorn an der Brust.

Dann deutete er herrisch hinab auf Eva.

Sie wußte, was er wollte.

Ihr Herz erdröhnte unter dem Wort der Bibel, daß das Himmelreich mit Gewalt genommen werden müsse, – das Flehen wich von ihr wie ein Schatten, und sie befahl, wie Swammerdam es sie gelehrt, im Siegesbewußtsein ihres

154

ewigen Rechts der Selbstbestimmung: der Lenker des Schicksals solle sie vorwärts jagen dem höchsten Ziel zu, das ein Weib erringen könne, – erbarmungslos, taub für ihre Bitten, wenn sie schwach würde, vorwärts, schneller als die Zeit, – an Freuden und Glück vorbei und hindurch, ohne ihr Rast zu gönnen, ohne einen Atemzug zu versäumen, und koste es sie tausendfach das Leben.

Sie verstand, daß sie sterben müsse, denn das Zeichen auf der Stirne des Mannes strahlte unverhüllt, und es war bei ihrem Befehl so blendend geworden, daß es ihr Denken verbrannte, – ihr Herz jauchzte dagegen an: sie würde leben, da sie zugleich das Antlitz des Mannes gesehen hatte; – sie zitterte unter der ungeheuren Kraft, die in ihr frei wurde und den Riegel an der Kerkerpforte des Knechttums zerbrach, sie fühlte den Boden unter den Füßen wanken und ihr Bewußtsein schwinden, aber ihre Lippen murmelten ohne aufzuhören immer noch denselben Befehl – wieder und wieder, als das Gesicht am Himmel bereits längst verschwunden war.

Nur allmählich fand sie sich in ihre Umgebung zurück.

Sie wußte, daß sie zum Bahnhof gehen wollte, erinnerte sich, daß sie ihre Koffer vorausgeschickt hatte, sah den Brief ihrer Tante auf dem Tisch liegen, nahm ihn und zerriß ihn in kleine Stücke; alles, was sie tat, geschah mit der gleichen Selbstverständlichkeit wie früher, und doch kam es ihr neu und ungewohnt vor, – so, als seien ihre Hände, ihre Augen und ihr ganzer Körper nur noch Werkzeuge und nicht mehr mit ihrem Ich untrennbar verbunden. Sie hatte die Empfindung, als lebe sie gleichzeitig an einem fernen Ort irgendwo im Weltall ein zweites, dumpfes, noch nicht völlig erwachtes Leben wie ein Kind, das eben erst geboren worden.

Die Dinge im Zimmer hatten von ihren eigenen Organen nichts wesentlich Verschiedenes mehr für sie, – waren beides Gebrauchsgegenstände für den Willen, nichts weiter.

An den Abend im Park von Hilversum dachte sie wie an eine liebe Erinnerung aus der Kinderzeit, von der eine lange Reihe von Jahren sie trenne, zurück voll Freude und Zärtlichkeit, aber doch mit einem Gefühl, als sei das alles verschwindend und winzig gegenüber der unsagbaren Seligkeit, die eine kommende Zeit bringen werde. – Es war ihr zumute wie einer Blinden, die bisher nichts als finstere Nacht gekannt hat und in deren Herzen alle erlebten Freuden angesichts der neuen Gewißheit verblassen, daß eine Stunde schlagen wird, – wenn auch vielleicht spät und nach langen qualvollen Leiden, – die ihr das Augenlicht schenkt.

Sie versuchte sich darüber klarzuwerden, ob es allein der Abstand zwischen dem soeben Erlebten und den irdischen Dingen war, der ihr die Außenwelt plötzlich so nebensächlich erscheinen ließ, und fand, daß alles, was sie jetzt mit den Sinnen wahrnahm, fast wie ein Traum an ihr vorüberglitt, der, ob leid- oder freudvoll, immer nur ein Schauspiel ohne tiefer einschneidende Bedeutung blieb für das erwachte Ich.

Sogar ihre Gesichtszüge, als sie in den Spiegel blickte und ihren Reisemantel anzog, hatten etwas leise Fremdartiges für sie, – so, als müsse sie sich erst zögernd erinnern, daß sie es sei, die da umherging.

Hinter allem, was sie tat, stand eine beinah totenhafte Ruhe; sie sah in die Zukunft hinein wie in undurchdringliche Finsternis und doch voll Gleichmut, wie jemand, der weiß, daß das Schiff seines Lebens Anker gefaßt hat, und den kommenden Morgen gelassen erwartet, unbesorgt, welche Stürme die Nacht noch bringen wird. – –

Sie dachte daran, daß es Zeit sein müsse, zur Bahn zu gehen; – ein Vorgefühl, daß sie Antwerpen nie mehr sehen werde, hielt sie ab, aufzubrechen.

Sie griff nach Papier und Tinte, um an ihren Geliebten einen Brief zu schreiben, – kam nicht über die erste Zeile hinaus; die innere Gewißheit, alles, was sie jetzt aus eignem

Willen begänne, sei vergeblich, und daß es eher möglich wäre, eine abgeschossene Kugel im Laufe aufzuhalten, als der geheimnisvollen Macht, in deren Hände sie ihr Schicksal gelegt, in die Zügel zu fahren, lähmte jeden Entschluß in ihr. – – – – – – –
– – – – – – – – –

Das Murmeln einer Stimme, das durch die Wände des Nebenzimmers zu ihr herübergedrungen war, ohne daß sie ihm irgendwelche Beachtung geschenkt hatte, erstarb mit einem Ruck und ließ eine Stille zurück, die in ihr die Empfindung weckte, als sei sie plötzlich taub für äußere Geräusche geworden.

Statt dessen glaubte sie nach einer Weile tief im Ohr, wie aus einem andern Lande kommend, ein beharrliches Flüstern zu hören, das allmählich zu dumpfen Kehllauten einer fremden, wilden Sprache anschwoll.

Sie verstand die Worte nicht – begriff nur aus dem übermächtigen Zwang, der sie nötigte, aufzuspringen und zur Tür zu gehen, daß der Sinn der Mitteilung ein Befehl war, dem sie gehorchen mußte, ohne sich dagegen wehren zu können.

Auf der Treppe erinnerte sie sich, ihre Handschuhe vergessen zu haben, aber ihr Versuch, umzukehren, wurde von einer Kraft, die ihr fremd und bösartig und dennoch in den tiefsten Wurzeln als die eigene erschien, im selben Augenblick beiseite geschoben, als sie kaum den Gedanken gefaßt hatte.

Rasch und dennoch frei von Eile oder Hast schritt sie durch die Straßen, nicht wissend, ob sie an der nächsten Ecke geradeaus gehen solle oder nicht, und trotzdem sicher, daß sie im letzten Moment nicht zweifeln werde, welchen Weg sie zu nehmen habe.

Sie zitterte an allen Gliedern und wußte, daß es aus Todesangst entsprang, aber ihr Herz hatte keinen Anteil daran; sie war nicht imstande, die Furcht ihres Körpers in sich aufzunehmen – stand abseits davon, als seien ihre Nerven die einer andern.

Als sie auf einen freien Platz gelangte, in dessen Hintergrund der dunkle massige Würfel der Börse auftauchte, glaubte sie einen Augenblick, sie ginge zur Bahn und alles sei nur Täuschung gewesen, dann riß es sie plötzlich nach rechts durch enge, winklige Straßen.

Die wenigen Leute, die ihr entgegenkamen, blieben stehen und sie fühlte, daß sie ihr nachsahen.

Mit einem neuen Ahnungsvermögen, das sie früher nie an sich gekannt hatte, war sie plötzlich fähig zu erraten, was jeden einzelnen tief innerlich bewegte. – Aus manchen fühlte sie eine Besorgnis hervorbrechen wie einen Gedankenstrom voll heißen Mitleids, das ihr galt, und doch wußte sie, daß die Betreffenden selbst nicht die leiseste Ahnung hatten von dem, was in ihnen vorging, – daß sie mit keiner Faser begriffen, weshalb sie sich nach ihr umblickten, und gesagt haben würden, sie täten es aus Neugierde oder ähnlichen Motiven, wenn sie darüber Rechenschaft hätten geben müssen.

Mit Staunen wurde sie gewahr, daß ein geheimes, unsichtbares Band die Menschen umschloß, – daß ihre Seelen einander erkannten über die Körper hinweg und mitsammen sprechen konnten in unwägbaren Schwingungen und Gefühlen, die nur zu fein waren, um von den äußern Sinnen erfaßt zu werden. – Wie Raubtiere, schelsüchtig, gierig und mordbereit, machten sie sich das Leben streitig, und doch bedurfte es vielleicht bloß eines winzigen Risses in dem Vorhang, der über ihren Augen lag, um aus den erbittertsten Feinden die treusten Freunde zu machen.

Immer einsamer und unheimlicher wurden die Gassen, in die sie geriet; sie zweifelte nicht länger, daß die nächsten Stunden ihr etwas Gräßliches, – sie glaubte, den Tod durch die Hand eines Mörders – bringen würden, wenn es ihr nicht gelänge, den Bann zu brechen, der sie vorwärts zog, –

158

und doch machte sie nicht einmal den Versuch, dagegen anzukämpfen. Sie duldete ohne Widerstand den fremden Willen, der ihr den Weg in die Finsternis aufzwang, in ruhevoller Zuversicht, daß alles, was ihr zustoßen würde, nur einen Schritt weiter dem Ziele entgegen bedeutete.

Durch eine Lücke zwischen Häusergiebeln, als sie einen schmalen eisernen Steg über eine Gracht passierte, sah sie einen Augenblick die Silhouette der Nikolaskirche mit ihren beiden Türmen sich vom Horizont abheben wie eine warnend erhobene dunkle Hand und atmete unwillkürlich erleichtert auf bei dem Gedanken, es könne vielleicht nur Swammerdam sein, der in seinem Leid um Klinkherbogk mit dem Herzen nach ihr riefe.

Die Feindseligkeit, die sie um sich her lauern spürte, belehrte sie, daß sie sich irrte. Es ging ein finsterer Haß von der Erde aus, der sich gegen sie richtete, – der kalte, unbarmherzige Grimm, den die Natur auf den Menschen wirft, wenn er es wagt, an den Fesseln seiner Knechtschaft zu rütteln.

Es war das erstemal, daß sie sich fürchtete, seit sie ihr Zimmer verlassen hatte; – das Bewußtsein äußerster Hilflosigkeit ließ sie fast zusammenbrechen.

Sie versuchte stehenzubleiben, aber die Füße trugen sie weiter, als habe sie jede Gewalt über sie verloren.

In ihrer Verzweiflung blickte sie zum Himmel auf, und eine erschütternde Fülle von Trost ergoß sich über sie, als sie das Heer der Sterne mit tausend wachsamen Augen wie allmächtige Helfer, die nicht dulden würden, daß man ihr auch nur ein Haar krümme, drohend auf die Erde herabfunkeln sah. – Sie gedachte der alten Männer in der Halle, in deren Hände sie ihr Schicksal gelegt hatte, wie einer Versammlung von Unsterblichen, die nur mit der Wimper zu zucken brauchten und der Erdball zerfiel in Staub.

Abermals hörte sie im Ohr die fremden, befehlenden Kehllaute, – rauh und eindringlich, wie dicht in ihrer Nähe und sie zur Eile anspornend; dann erkannte sie plötzlich in der Dunkelheit das schiefe Haus wieder, in dem Klinkherbogk ermordet worden war.

Auf dem Geländer über den zusammenfließenden Grachten saß ein Mann, regungslos vorgebeugt, als horche er gespannt auf ihre herankommenden Schritte.

Sie fühlte, daß von ihm die dämonische Kraft ausging, die sie gezwungen hatte, an den Zee Dyk zu gehen.

Ehe sie noch sein Gesicht unterscheiden konnte, wußte sie bereits aus dem lähmenden Todesschrecken, der ihr Blut erstarren machte, daß es der grauenhafte Neger war, den sie in der Kammer des Schusters gesehen hatte.

In ihrem Entsetzen wollte sie einen Schrei um Hilfe ausstoßen, aber die Verbindung zwischen Wollen und Handeln war in ihr wie abgeschnitten; ihr Körper stand unter einer andern Macht. Als sei sie gestorben und getrennt von ihrem Leib, sah sie sich auf den Mann zutaumeln und dicht vor ihm stehenbleiben.

Er hob den Kopf und schien sie anzublicken, aber seine Augäpfel waren nach oben gedreht wie die eines Menschen, der mit offnen Lidern schläft.

Eva begriff, daß er starr wie eine Leiche und daß sie ihm nur einen Stoß vor die Brust zu versetzen brauchte, um ihn rücklings hinab in das Wasser zu stürzen; – trotzdem war sie völlig unter seinem Bann und nicht imstande, es auszuführen.

Sie sah sich als wehrloses Opfer in seine Hand gegeben, wenn er erwacht sein würde, – konnte die Minuten berechnen, die sie noch von dem Verhängnis trennten; über sein Gesicht lief von Zeit zu Zeit ein Zucken als erstes Vorzeichen, daß sein Bewußtsein allmählich zurückkehrte.

Oft hatte sie von Frauen gehört und gelesen, besonders von blonden, die trotz heftigsten Abscheus vor Negern ihnen zu willen sein müßten, – daß das wilde afrikanische Blut einen magischen Zwang auf sie ausübe, gegen den je-

160

der Widerstand vergebens sei; sie hatte es nie geglaubt und solche Geschöpfe als niedrig und tierisch verachtet, jetzt erkannte sie an sich selbst mit kaltem Grauen, daß eine finstere Macht dieser Art existierte. – Die scheinbar unüberbrückbare Kluft, die Entsetzen und Sinnenrausch auseinanderhielt, war in Wirklichkeit nur eine dünne, durchsichtige Scheidewand, die, wenn sie brach, die Seele einer Frau rettungslos zum Tummelplatz bestialischer Instinkte werden lassen mußte.

Was konnte diesem Wilden, halb Raubtier, halb Mensch, indem er innerlich nach ihr rief, die unerklärliche Gewalt verleihen, daß es sie wie eine Mondsüchtige durch fremde Gassen zu ihm zog, wenn nicht Saiten in ihr unbewußt unter dem Schrei seiner Brunst mit erklangen, von deren Vorhandensein sie sich stolz frei geglaubt?

Besaß dieser Neger eine teuflische Macht über jede weiße Frau, fragte sie sich, bebend vor Angst, oder stand sie selbst so viel tiefer als die vielen andern, die seinen magischen Lockruf nicht einmal gehört, viel weniger ihm Folge geleistet hätten?

Sie sah keine Rettung mehr vor sich. Alles, was sie für ihren Geliebten und für sich ersehnt hatte an Glück, ging mit ihrem Leibe zugrunde. Was sie über die Schwelle des Todes hinüberzuretten vermochte, war gestaltlos und konnte ihr das nicht geben, wonach sie begehrte. – Sie hatte sich von der Erde abwenden wollen, aber der Erdgeist hielt fest mit eisernem Griff, was ihm gehörte. – Wie eine Verkörperung seiner Allgewalt stand der Neger riesenhaft vor ihr.

Sie sah, daß er aufsprang und seine Betäubung abschüttelte. Dann packte er sie an den Armen und riß sie an sich.

Sie schrie auf, und ihr Hilferuf gellte von den Mauern der Häuser wider, aber er preßte ihr die Hand auf den Mund, daß sie fast erstickte.

Um den entblößten Hals hing ihm, wie einem Fleischerhund, ein dunkelroter lederner Strick, – sie faßte darnach und hielt sich krampfhaft daran fest, um nicht zu Boden gedrückt zu werden.

Einen Augenblick bekam sie den Kopf frei. Mit dem Aufgebot ihrer letzten Kraft schrie sie nochmals um Hilfe.

Man mußte sie gehört haben, denn eine Glastür klirrte, Gewirr von Stimmen schlug an ihr Ohr, und ein breiter Lichtschein fiel grell über die Gasse.

Dann fühlte sie, daß der Neger mit ihr in wilden Sätzen dem Schatten der Nikolaskirche zujagte; zwei chilenische Matrosen mit orangegelben Schärpen um die Hüften waren ihnen bereits dicht auf den Fersen, – sie sah die offenen Messer in ihren Händen blitzen und ihre bronzenen, mutigen Gesichter immer näher kommen.

Instinktiv hielt sie die Halsschnur des Negers fest und streckte die Beine, um ihn, so gut sie vermochte, am Laufen zu hindern, aber er schien ihre Last kaum zu spüren; mit einem Ruck hob er sie hoch vom Boden auf und raste mit ihr die Mauer des Kirchengartens entlang.

Sie sah die wulstigen Lippen um die gefletschten Zähne wie den Rachen eines Raubtiers dicht vor sich, und der Ausdruck lodernder Wildheit in seinen weißen Augen fraß sich in ihre Sinne ein, daß sie wie hypnotisiert erstarrte, unfähig, auch nur den geringsten Widerstand mehr zu leisten.

Der eine der beiden Matrosen hatte den Neger überholt, warf sich, zusammengeduckt wie eine Katze, vor seine Füße, um ihn zu Fall zu bringen, und stach mit dem Messer von unten nach ihm; das Knie des Zulus, der blitzschnell in die Höhe gesprungen war, traf ihn vor die Stirn, daß er sich lautlos überschlug und mit zerschmettertem Schädel liegenblieb.

Dann fühlte sich Eva plötzlich über das Gittertor des Kirchengartens geworfen, daß sie glaubte, alle Knochen im Leibe seien ihr zerbrochen, und sah, mit den Kleidern in den eisernen Spitzen verfangen, durch die Stäbe, wie der Neger mit seinem zweiten Gegner rang. –

Der Kampf dauerte nur wenige Sekunden, – wie ein Ball geschleudert, flog der Matrose die Wand des gegenüberliegenden Hauses empor an ein Fenster, dessen Scheiben und Kreuze unter der Wucht mit lautem Knall zerbarsten.

Eva hatte sich, zitternd vor Todesschwäche, von dem Gitter befreit und suchte zu entfliehen, aber der schmale Garten bot keinen Ausweg; – wie ein gehetztes Tier verkroch sie sich unter einer Bank; sie begriff, daß sie trotzdem verloren war, denn ihr helles Kleid leuchtete aus der Dunkelheit und mußte sie im nächsten Augenblick verraten.

Mit bebenden Fingern, kaum mehr fähig zu denken, suchte sie an ihrem Halse nach einer Nadel, um sie sich ins Herz zu stoßen, denn schon hatte sich der Neger über die Mauer geschwungen, und sie wollte ihm nicht lebend in die Hände fallen.

Ein stummer, verzweifelter Schrei zu Gott, etwas zu finden, womit sie sich den Tod geben könnte, ehe ihr Peiniger sie entdeckte, drängte sich ihr auf die Lippen.

Es war das letzte, woran sie sich erinnern konnte, dann bildete sie sich einen Moment lang ein, wahnsinnig geworden zu sein, denn sie sah plötzlich ihr Spiegelbild ruhig und lächelnd mitten im Garten stehen.

Auch der Neger schien es erblickt zu haben, er stutzte und ging überrascht darauf zu.

Sie glaubte zu hören, daß er mit der Erscheinung sprach, – sie konnte die Worte nicht verstehen, aber seine Stimme klang mit einemmal wie die eines Menschen, der, von Entsetzen gelähmt, kaum zu stammeln vermag.

Überzeugt, daß sie sich irren müsse – vielleicht längst das Opfer des Wilden geworden sei und den Verstand darüber verloren habe –, konnte sie den Blick von den beiden nicht wenden.

Dann wieder hatte sie die deutliche Gewißheit, sie selbst sei jenes Spiegelbild und der Neger stünde auf unbegreifliche Weise in ihrer Macht, – um im nächsten Augenblick abermals voll Verzweiflung nach einer Nadel an ihrem Halse zu tasten.

Sie nahm ihre ganze Kraft zusammen, – wollte sich klarwerden, ob sie wahnsinnig sei oder nicht, und starrte das Phantom unverwandt an, da sah sie, daß es wie aufgesogen von ihrer Aufmerksamkeit jedesmal verschwand und in ihren Körper zurückkehrte wie ein magischer Teil ihrer selbst, wenn sie sich anstrengte, es mit den Augen in der Finsternis zu unterscheiden.

Sie konnte es an sich ziehen und wieder aussenden wie den Atem, aber immer sträubte sich ihr unter eisigen Kälteschauern das Haar, als trete der Tod sie an, sooft es von ihr wich.

Auf den Neger machte das jeweilige Verschwinden des Spiegelbildes keinen Eindruck. Ob es kam oder ging, – beständig sprach er halblaut vor sich hin, als rede er im Schlaf mit sich selbst. –

Eva ahnte, daß er wieder in den seltsamen Zustand von Bewußtlosigkeit verfallen war, in dem sie ihn auf dem Geländer der Gracht hatte sitzen sehen.

Immer noch zitternd vor Angst, faßte sie endlich den Mut, ihr Versteck zu verlassen.

Sie hörte Rufe und Stimmen die Gasse heraufkommen; – in den Fenstern der Häuser hinter der Gartenmauer glänzte der Widerschein von laufenden Laternen und verwandelte die Schatten der Bäume an der Kirchenwand in eine tanzende Geisterschar.

Sie zählte die Schläge ihres Herzens: – jetzt, jetzt mußte die Menge, die nach dem Neger suchte, in nächster Nähe sein! – dann lief sie mit brechenden Knien dicht an dem Zulu vorbei an das Gittertor und schrie gellend um Hilfe.

Mit erlöschendem Bewußtsein begriff sie, daß ein Frauenzimmer mit rotem, kurzem Rock mitleidig neben ihr kniete und ihre Stirn mit Wasser benetzte.

Bunte, halbnackte Gestalten kletterten, Fackeln schwingend, über die Mauer, blitzende Messer zwischen den Zähnen, – ein Heer phantastischer, behender Teufel, die aus dem Boden zu wachsen schienen, um ihr Hilfe zu bringen; – Feuerschein lohte durch den Garten und machte die Heiligenbilder an den Glasfenstern der Kirche lebendig; wilde, spanische Flüche schrillten durcheinander: Dort steht der Nigger, reißt ihm die Gedärme heraus!

Sie sah, daß die Matrosen sich heulend vor Wut auf den Zulu warfen, – daß sie, von den furchtbaren Schlägen seiner Fäuste getroffen, niederstürzten, – hörte seinen markerschütternden Siegesschrei die Luft zerreißen, wie er sich, einem losgelassenen Tiger gleich, Bahn durch die Meute brach, sich auf einen Baum schwang und mit gewaltigen Sätzen von Nische zu Nische, von Giebel zu Giebel auf das Kirchendach schnellte.

– – – – – – – – –

Sekundenlang, als sie aus tiefer Ohnmacht erwachte, träumte sie, ein alter Mann mit einer Binde um die Stirn habe sich über sie gebeugt und sie beim Namen gerufen. – Sie glaubte, es sei Lazarus Eidotter, dann trat durch seine Züge hindurch, wie hinter einer gläsernen Maske hervor, wiederum das Gesicht des Negers mit den weißen Augen und den wulstigen Lippen um die gefletschten Zähne, wie es sich unauslöschlich in ihr Bewußtsein eingegraben hatte, als er sie in seinen Armen getragen, – und die hexenhaften Ausgeburten des Fieberreichs zerpeitschten ihr von neuem die Besinnung.

Neuntes Kapitel

Einsilbig und zerstreut saß Hauberrisser noch eine Stunde nach dem Souper mit Dr. Sephardi und Baron Pfeill beisammen.

Seine Gedanken weilten beständig bei Eva, so daß er manchmal fast erschrak, wenn das Wort an ihn gerichtet wurde.

Seine Einsamkeit in Amsterdam, die ihm so wohlgetan, schien ihm mit einemmal unaushaltbar, wenn er an die kommende Zeit dachte.

Außer Pfeill und Sephardi, zu dem er sich vom ersten Augenblick an, als er ihn kennengelernt, stark hingezogen fühlte, besaß er weder Freunde noch Bekannte, und die Beziehungen mit seiner Heimat waren längst abgebrochen. – Würde er das einsiedlerhafte Leben, das er bisher geführt, jetzt, wo er Eva gefunden hatte, ertragen können?

Er überlegte, ob er seinen Wohnsitz nicht nach Antwerpen verlegen solle, um mit ihr wenigstens dieselbe Luft zu atmen, wenn sie schon nicht wünschte, daß sie beisammen seien; vielleicht ergab sich dann doch bisweilen eine Gelegenheit, sie zu sehen.

Es schmerzte ihn, wenn er sich ins Gedächtnis zurückrief, wie kühl sie ihren Entschluß ausgesprochen hatte, es der Zeit und mehr oder weniger dem Zufall zu überlassen, ob sich ein dauerndes Band zwischen ihnen anknüpfen werde, dann wieder dachte er, minutenlang berauscht von Glück, an ihre Küsse und daß sie sich ja bereits für immer gefunden hätten.

Nur an ihm lag es, sagte er sich, wenn sich die Trennung länger als ein paar Tage hinauszog.

Was hinderte ihn, sie schon in der kommenden Woche zu besuchen und sie zu bitten, im Verkehr mit ihm zu bleiben? – Sie war, soviel er wußte, vollkommen unabhängig und brauchte niemand zu fragen, wenn sie ihre Wahl treffen wollte.

So überaus klar und geebnet ihm der Weg zu ihr auch erschien, wie er alle Umstände in Betracht zog, – immer wieder drängte sich vor seine Hoffnungen dasselbe unabweisbare Gefühl einer unbestimmten Angst um Eva, das er zum erstenmal so deutlich empfunden, als sie Abschied voneinander genommen hatten.

Er wollte sich die Zukunft in rosigen Farben ausmalen, kam aber nicht über die Anfänge hinaus: Sein krampfhaftes Bemühen, das eiserne »Nein« wegzuleugnen, das jedesmal in seiner Brust wie eine Antwort auf seine Frage an das Schicksal ertönte, wenn er sich ein befriedigendes Ende vorzustellen zwang, brachte ihn fast zur Verzweiflung.

Er wußte aus langer Erfahrung, daß es nichts half, die hartnäckigen Stimmen jener seltsamen, scheinbar auf nichts begründeten inneren Gewißheit eines drohenden Unheils zu überschreien, wenn sie einmal wach geworden waren, – und so suchte er sie zu beschwichtigen, indem er sich vorhielt, seine Besorgnis sei die natürliche Folge der Verliebtheit; trotzdem glaubte er jetzt schon die Stunde kaum erwarten zu können, wo er erfahren würde, Eva sei wohlbehalten in Antwerpen angekommen.

In der Station Wesperpoort, die der Mitte der Stadt näher liegt als der Zentralbahnhof, stieg er gemeinsam mit Sephardi aus, begleitete ihn ein Stück nach der Heerengracht und eilte dann zum Amstelhotel, um einen Strauß

167

Rosen, den ihm Pfeill lächelnd mitgegeben, als hätte er seine Gedanken erraten, beim Portier für Eva zu hinterlegen.

Fräulein van Druysen sei soeben abgereist, hieß es; aber, wenn er einen Wagen nähme, könne er den Zug möglicherweise noch vor Abgang erreichen.

Ein Automobil brachte ihn in schneller Fahrt zum Bahnhof.

Er wartete.

Minute um Minute verstrich, Eva kam nicht.

Er telephonierte an das Hotel – – sie war auch nicht nach Hause zurückgekehrt. – Er solle in der Gepäckhalle fragen. –

Die Koffer waren nicht abgeholt worden. Er glaubte, der Boden wanke unter seinen Füßen.

Jetzt, wo er sich in Angst um Eva verzehrte, begriff er erst, wie heiß er sie liebte und daß er ohne sie nicht mehr leben könnte.

Die letzte Schranke zwischen ihr und ihm, – das leise Gefühl des Sich-noch-fremd-Seins, entstanden durch die ungewöhnliche Art, wie sie einander nähergebracht worden waren, – fiel in nichts zusammen unter dem Übermaß seiner Sorge um sie, und er wußte, wenn sie jetzt vor ihm stünde, würde er sie in die Arme schließen und mit Küssen bedecken und nie wieder von sich lassen.

Es blieb ihm kaum eine Hoffnung, daß sie in letzter Minute noch kommen könne, dennoch wartete er, bis sich der Zug in Bewegung setzte.

Daß ihr ein Unglück zugestoßen sein mußte, lag auf der Hand. Gewaltsam zwang er sich zur Ruhe.

Welchen Weg konnte sie genommen haben? Keine Minute durfte mehr verlorengehen. Hier konnte nur noch, wenn nicht bereits das Schlimmste geschehen war, das kalte, hellsichtige Durchschauen und Abwägen der Sachlage helfen, das er schon in seinem ehemaligen Beruf als

Ingenieur und Erfinder als eine fast nie versiegende Quelle rettender Einfälle erkannt hatte.

Seine Vorstellungskraft bis aufs äußerste anspannend, mühte er sich ab, einen Blick in das geheime Räderwerk der Geschehnisse zu werfen, die sich um Eva, bevor sie das Hotel verlassen hatte, möglicherweise abgespielt haben konnten. – Er versuchte, sich in die Stimmung des Wartens hineinzuversetzen, in der sie sich vermutlich befunden, bevor sie aufgebrochen war.

Der Umstand, daß sie ihr Gepäck zur Bahn vorausgeschickt hatte, statt den Hotelwagen zu benutzen, brachte ihn auf den Gedanken, sie müsse einen Besuch bei irgend jemand geplant haben.

Aber bei wem – und in so später Stunde noch?

Plötzlich fiel ihm ein, daß sie Sephardi ans Herz gelegt hatte, er möge ja nicht vergessen, nach Swammerdam zu sehen.

Der alte Schmetterlingssammler wohnte am Zee Dyk – einem Verbrecherviertel, wie aus dem Zeitungsbericht über den Mord deutlich hervorging. – Ja! Nur dorthin konnte sie sich gewandt haben.

Ein kalter Schauer überlief Hauberrisser, als ihm all die gräßlichen Möglichkeiten durch den Kopf schossen, die ihr unter dem Hafengelichter dieser verrufenen Gegend drohten.

Er hatte von Spelunken gehört, in denen Fremde ausgeraubt, ermordet und durch Falltüren in die Grachten geworfen worden waren; – das Haar sträubte sich ihm, wenn er daran dachte, Eva könne es vielleicht ähnlich ergangen sein.

Im nächsten Augenblick sauste das Automobil über die Openhavenbrücke zur Nikolaskirche und hielt.

Man könne in die engen Gassen des Zee Dyk nicht hineinfahren, erklärte der Chauffeur, – der Herr möge sich in die Schenke »Zum Prins van Oranje« bemühen – er deutete auf einen Lichtschein – und sich beim Wirt nach der gewünschten Adresse erkundigen.

– – – – – – – – – –

Die Tür der Spelunke stand weit offen, Hauberrisser stürzte hinein; das Lokal war leer bis auf einen Mann, der hinter dem Schanktisch stand und ihn heimtückisch musterte.

In der Ferne erscholl wüstes Geheul wie von einer Rauferei.

Herr Swammerdam wohne im vierten Stock, bequemte sich der Wirt zu verraten, nachdem er ein Trinkgeld bekommen hatte, und leuchtete widerwillig die halsbrecherische Stiege hinauf.

»Nein, Fräulein van Druysen ist seitdem nicht mehr bei uns gewesen«, sagte der alte Schmetterlingssammler kopfschüttelnd, als ihm Hauberrisser in fliegender Eile seine Besorgnisse vortrug; er war noch nicht schlafen gegangen und vollkommen angezogen.

Eine einzige, fast schon herabgebrannte Talgkerze auf dem leeren Tisch und sein gramerfülltes Gesicht verrieten, daß er stundenlang im Zimmer gesessen und über das furchtbare Ende seines Freundes Klinkherbogk nachgesonnen haben mochte.

Hauberrisser faßte seine Hand: »Verzeihen Sie, Herr Swammerdam, daß ich Sie mitten in der Nacht überfalle und – und so gar keine Rücksicht auf Ihren Schmerz nehme; – ja, ich weiß, welcher Verlust Sie betroffen hat« – brach er ab, als er die erstaunte Miene des Alten bemerkte – »ich kenne sogar die näheren Umstände; Doktor Sephardi hat sie mir heute erzählt. Wenn es Ihnen recht ist, sprechen wir später ausführlich darüber; jetzt bin ich halb wahnsinnig vor Angst um Eva. Was, wenn sie wirklich zu Ihnen gehen wollte und unterwegs überfallen wurde und – und – um Gottes willen, es ist ja nicht auszudenken!«

170

Er sprang außer sich vor Unruhe aus dem Sessel auf und lief im Zimmer hin und her.

Swammerdam dachte eine Weile angestrengt nach, dann sagte er zuversichtlich:

»Bitte, fassen Sie meine Worte nicht als leeren Trost auf, Mynheer; – Fräulein van Druysen ist nicht tot!«

Hauberrisser fuhr herum. »Wieso wissen Sie das?« Der ruhige, feste Ton des alten Mannes nahm ihm – er wurde sich nicht klar, warum – einen Stein vom Herzen.

Swammerdam zögerte einen Moment mit der Antwort.

»Weil ich sie sehen würde«, sagte er endlich halblaut.

Hauberrisser griff nach seinem Arm. »Ich beschwöre Sie, helfen Sie mir, wenn Sie können! Ich weiß, Ihr ganzes Leben ist ein Weg des Glaubens gewesen; vielleicht dringt Ihr Blick tiefer als der meine. Ein Unbeteiligter sieht oft – – –«

»Ich bin nicht so unbeteiligt, wie Sie glauben, Mynheer«, unterbrach Swammerdam. »Ich habe das Fräulein nur einmal im Leben gesehen, aber, wenn ich sage, ich liebe sie so innig, als ob sie meine Tochter wäre, so ist es nicht zuviel gesagt«; – er wehrte mit der Hand ab, – »danken Sie mir nicht, es ist da nichts zu danken. Es ist mehr als selbstverständlich, daß ich alles, was in meinen schwachen Kräften steht, tun werde, um ihr und Ihnen zu helfen, und wenn ich mein altes wertloses Blut darum vergießen müßte. – Hören Sie mir jetzt, bitte, ruhig zu: – Sie haben bestimmt recht gehabt mit Ihrer Ahnung, daß Fräulein Eva irgendein Unglück widerfahren ist. – Bei ihrer Tante ist sie nicht gewesen, ich hätte es von meiner Schwester, die soeben noch im Beginenstift war, erfahren. – Ob wir ihr heute noch beistehen können, – das heißt, sie auffinden, – bin ich außerstande zu sagen, aber jedenfalls werden wir kein Mittel unversucht lassen. – Trotzdem seien Sie, bitte, unbesorgt, auch wenn wir sie nicht finden sollten; ich weiß so bestimmt, wie ich hier stehe, daß ein – anderer, gegen den wir beide ein Nichts sind, die Hand über ihr hält. Ich möchte nicht in Ausdrücken reden, die Ihnen ein Rätsel sein müssen, – vielleicht kommt einmal die Zeit, wo ich Ihnen sagen kann, was mich so fest überzeugt sein läßt, daß Fräulein Eva einen Rat, den ich ihr gab, befolgt hat. – – – – – – – – Wahrscheinlich ist das, was ihr heute geschehen ist, bereits die erste Wirkung davon.

Mein Freund Klinkherbogk hat einst einen ähnlichen Weg eingeschlagen wie jetzt Fräulein Eva; ich habe längst tief innerlich das Ende vorausgesehen, wenn ich mich auch stets an die Hoffnung klammerte, es ließe sich vielleicht doch noch durch heiße Gebete abwenden. Die verflossene Nacht hat mir bewiesen, was ich immer schon wußte, – bloß war ich zu schwach, danach zu handeln –: daß Gebete nur ein Mittel sind, um Kräfte, die in uns schlummern, gewaltsam zu erwecken. Zu glauben, daß Gebete den Willen eines Gottes zu ändern vermöchten, ist Torheit. – Die Menschen, die ihr Schicksal dem Geiste in sich überantwortet haben, stehen unter geistigem Gesetz. Sie sind mündig gesprochen von der Vormundschaft der Erde, über die sie dereinst Herren werden sollen. Was ihnen im Äußern noch zustößt, bekommt einen vorwärts treibenden Sinn: alles, was mit ihnen geschieht, geschieht so, daß es keinen Augenblick besser geschehen könnte.

Halten Sie daran fest, Mynheer, daß dies auch bei Fräulein Eva der Fall ist.

Das Schwere ist die Anrufung des Geistes, der unser Schicksal lenken soll; – nur wer reif ist, dessen Stimme hört Er, und der Ruf muß aus Liebe geschehen und um eines andern Menschen willen, sonst machen wir die Kräfte der Finsternis in uns lebendig.

Die Juden der Kabbala drücken es aus: ›es gibt Wesen aus dem lichtlosen Reiche Ob – sie fangen die Gebete ab, die keine Flügel haben‹; – sie meinen damit nicht Dämonen außer uns, denn gegen solche sind wir durch die

172

Mauer unseres Körpers geschützt, – sondern magische Gifte in uns, die, wachgerufen, unser Ich zerspalten.«

»Aber kann nicht Eva«, fiel Hauberrisser erregt ein, »ebenso dem Verderben entgegengegangen sein wie Ihr Freund Klinkherbogk?«

»Nein! Bitte lassen Sie mich zu Ende sprechen. – Ich hätte nie den Mut gehabt, ihr einen so gefährlichen Rat zu geben, wenn in jenem Augenblick nicht Der um mich gewesen wäre, von dem ich vorhin gesagt habe: wir beide sind gegen ihn wie ein Nichts. Ich habe in einem langen Leben und durch unsägliches Leid gelernt, mit Ihm zu reden und Seine Stimme von den Einflüsterungen menschlicher Wünsche zu unterscheiden. – Die Gefahr war nur, daß Fräulein Eva in einem unrichtigen Moment die Anrufung hätte vornehmen können; dieser Moment der Gefahr – der einzigen – ist, Gott sei Dank, vorüber. Sie ist gehört worden« – Swammerdam lächelte freudig – – »erst vor wenigen Stunden! – Vielleicht – ich will mich nicht damit brüsten, denn solche Vorgänge spielen sich bei mir in Augenblicken höchster Entrückung ab, – vielleicht war ich so glücklich, ihr bereits helfen zu können«; – er ging zur Tür und öffnete sie für seinen Gast, »aber jetzt wollen wir das tun, was uns der nüchterne Verstand gebietet. Erst wenn von unserer Seite alles geschehen ist, was in irdischer Macht liegt, haben wir ein Recht, die Hilfe geistiger Einflüsse zu erwarten. – – Gehen wir hinunter in die Schenke, geben Sie den Matrosen Geld, damit sie nach dem Fräulein suchen, und versprechen Sie dem, der sie findet und wohlbehalten bringt, einen Preis, und Sie werden sehen, daß sie das Leben für sie in die Schanze schlagen, wenn es darauf ankommt. – Diese Menschen sind in Wirklichkeit weit besser, als man glaubt; sie haben sich nur verirrt in die Urwälder ihrer Seelen und gleichen in ihrem Zustand reißenden Tieren. In jedem von ihnen steckt ein Stück Heroismus, der so manchen gesitteten Bürgern fehlt; er offenbart sich bloß in ihnen als Wildheit, weil sie nicht erkennen, was es für eine Kraft ist, die sie treibt. – Sie fürchten den Tod nicht, und kein mutiger Mensch ist ein wahrhaft schlechter Mensch. Das sicherste Zeichen, daß jemand die Unsterblichkeit in sich trägt, ist, daß er den Tod verachtet.« –

Sie betraten die Spelunke.

Das Schenkzimmer war vollgepfropft von Menschen, und in der Mitte auf dem Boden lag mit zerschmettertem Schädel die Leiche des chilenischen Matrosen, den der Zulu auf seiner Flucht mit dem Knie vor die Stirn getroffen hatte.

Es sei nur eine Rauferei gewesen, wie sie fast täglich am Hafen stattfände, erklärte der Wirt ausweichend, als sich Swammerdam nach den näheren Umständen erkundigte.

»Der verdammte Nigger, der gestern – –«, fiel die Kellnerin Antje ein, aber sie kam nicht zu Ende: der Wirt versetzte ihr einen so heftigen Stoß in die Rippen, daß sie die Worte verschluckte, und schrie dazwischen: »Halt's Maul, Drecksau! Ein schwarzer Heizer war's von einem Brasilienfahrer, verstanden!«

Hauberrisser nahm einen der Strolche beiseite, drückte ihm ein Geldstück in die Hand und begann, ihn auszuforschen.

Bald umstand ihn eine ganze Rotte wilder Gestalten, die einander in gestenreichen Schilderungen überboten, wie sie den Neger zugerichtet haben wollten; – nur in einem Punkte waren sie vollständig einig, nämlich, daß es ein fremder Heizer gewesen sei. – Die warnende Miene des Wirtes hielt sie in Schach, und sein lautes Räuspern ließ sie erraten, daß sie unter keinen Umständen Näheres aussagen dürften, was auf die Spur des Zulus hätte führen können. Sie wußten, daß der Wirt nicht den Finger gerührt haben würde, wenn es ihnen eingefallen wäre, einen noch so wertvollen Stammgast niederzustechen, – sie wußten aber auch, daß es das heiligste Gesetz der Hafenschenke war, sofort zum Feinde zu halten, wenn Gefahr von außen her drohte.

Ungeduldig hörte Hauberrisser den Prahlereien zu, bis plötzlich ein Wort fiel, das ihm alles Blut zum Herzen trieb: Antje erwähnte, der fremde Neger habe eine vornehme, junge Dame überfallen.

Er mußte sich einen Augenblick an Swammerdam halten, um nicht zusammenzubrechen, – dann leerte er seine Börse in die Hand der Kellnerin aus und forderte sie, unfähig, einen Laut hervorzubringen, durch ein Zeichen auf, ihm den Hergang des Begebnisses zu schildern.

Man hätte Schreie einer Frauenstimme gehört und sei hinausgelaufen, riefen alle durcheinander; – »ich hab' sie auf dem Schoß gehalten, sie war ohnmächtig«, gellte Antje dazwischen.

»Aber wo ist sie, wo ist sie?« schrie Hauberrisser auf.

Die Matrosen verstummten und sahen einander verblüfft an, als kämen sie jetzt erst zur Besinnung.

Keiner wußte, wo Eva geblieben war.

»Ich hab' sie auf dem Schoß gehalten«, beteuerte Antje immer wieder; man sah ihr an, daß sie selbst nicht die leiseste Ahnung hatte, wohin Eva verschwunden sein könnte.

Dann liefen sie alle hinaus, Hauberrisser und Swammerdam mitten unter ihnen, durchsuchten die Gassen, brüllten den Namen Eva, beleuchteten jeden Winkel im Kirchengarten.

»Dort hinauf ist er, der Nigger«, erklärte die Kellnerin und deutete auf das grünglitzernde Dach, »und hier auf'm Pflaster hab' ich sie liegenlassen, wie ich ihm auch hab' nachwollen, und dann haben wir den Toten ins Haus gebracht, und ich hab' auf sie vergessen.«

Man weckte die Bewohner der umliegenden Häuser, ob Eva sich vielleicht in eins von ihnen geflüchtet habe; – Fenster rollten in die Höhe, Stimmen riefen herab, was geschehen sei. – Nirgends eine Spur der Vermißten.

Gebrochen an Leib und Seele, versprach Hauberrisser jedem, der in seine Nähe kam, alles, was er sich nur wünsche, wenn man ihm eine einzige Nachricht über den Verbleib Evas brächte.

Vergebens suchte ihn Swammerdam zu beruhigen; der Gedanke, Eva könne aus Verzweiflung über das Geschehene – vielleicht in Geistesverwirrung ihrer nicht mehr mächtig – Selbstmord begangen und sich ins Wasser gestürzt haben, raubte ihm den letzten Rest klarer Besinnung.

Die Matrosen zerstreuten sich bis über die Prins Hendrik Kade die ganze Nieuwe Vaart entlang, – kehrten unverrichteterdinge zurück.

Bald war das gesamte Hafenviertel auf den Beinen; Fischer, halbnackt noch, fuhren mit Bootslichtern umher, suchten die Quaimauern ab und versprachen, bei Tagesgrauen ihre Schleppnetze durch sämtliche Grachtmündungen zu ziehen.

Jeden Augenblick fürchtete Hauberrisser von der Kellnerin, die ihm unablässig in tausend Variationen erzählte, wie alles gekommen sei, zu erfahren, daß der Neger Eva vergewaltigt habe. Die Frage versengte ihm die Brust, und doch konnte er sich lange nicht entschließen, sie zu stellen.

Endlich überwand er sich und deutete stockend an, was er meinte.

Die Strolche, die ihn umstanden und mit gräßlichen Schwüren, sie würden den Nigger, sobald sie ihn erwischten, lebendig in Streifen schneiden, zu trösten versuchten, schwiegen sogleich – vermieden mitleidig seinen Blick oder spuckten wortlos aus.

Antje schluchzte leise in sich hinein.

Sie war trotz eines Lebens in grauenhaftestem Schmutz immer noch Weib genug, um zu begreifen, was ihm das Herz zerriß.

Nur Swammerdam war gelassen und ruhig geblieben.

176

Der Ausdruck unerschütterlicher Zuversicht in seinen Mienen und die freundliche Geduld, mit der er immer wieder mild lächelnd den Kopf schüttelte, wenn Mutmaßungen laut wurden, Eva könne sich ertränkt haben, gaben Hauberrisser allmählich eine neue Hoffnung, und schließlich folgte er seinem Rat und ging, von ihm begleitet, zögernd nach Hause.

»Legen Sie sich jetzt zur Ruhe«, redete ihm Swammerdam zu, als sie vor der Wohnung angelangt waren, »und nehmen Sie Ihre Sorgen nicht mit in den Schlaf hinüber. Wir können mehr tun mit unserer Seele, wenn der Körper sie mit seinem Kummer nicht mehr stört, als die Menschen ahnen. – Überlassen Sie mir, was noch im Äußern zu geschehen hat; ich werde die Polizei verständigen, damit sie nach Ihrer Braut sucht. – Trotzdem ich mir nichts davon verspreche, soll alles geschehen, was der nüchterne Verstand gebietet.«

Er hatte bereits unterwegs Hauberrisser behutsam auf andere Gedanken zu bringen getrachtet, und mit kurzen Worten war der junge Mann unter anderem auf die Tagebuchrolle und die damit verknüpften Pläne eines neuen Studiums zu sprechen gekommen, das jetzt wohl für lange Zeit, wenn nicht für immer, unterbrochen sei.

Swammerdam griff auf das Thema zurück, als er in Hauberrissers Gesicht die alte Verzweiflung wieder aufwachen sah. Er faßte seine Hand und ließ sie lange nicht los. – »Ich wünschte, ich könnte Ihnen von der Sicherheit geben, die ich Fräulein Evas wegen empfinde. Wenn Sie nur einen kleinen Teil davon hätten, würden Sie selbst wissen, was das Schicksal von Ihnen will, das Sie tun sollen, – so aber kann ich Ihnen nur raten. Ob Sie meinen Rat befolgen werden?«

»Verlassen Sie sich darauf«, versprach Hauberrisser unwillkürlich erschüttert, denn Evas Worte in Hilversum fielen ihm ein, daß Swammerdam in seinem lebendigen Glauben auch das Höchste zu finden imstande sei; – »verlassen Sie sich darauf. Es geht von Ihnen eine Kraft aus, daß mir bisweilen zumute wird, als schütze mich ein tausendjähriger Baum vor dem Sturm. Jedes Wort, das Sie mir sagen, ist mir wie eine Hilfe.«

»Ich will Ihnen ein kleines Begebnis erzählen«, fing Swammerdam wieder an, »das mir einst, so scheinbar unbedeutend es aussah, als Wegweiser im Leben gedient hat. – Ich war damals noch ziemlich jung und hatte eine bittere, grausame Enttäuschung erlitten, so daß mir die Erde lange dunkel und wie eine Hölle erschien. In dieser Stimmung und fast verbittert, daß das Schicksal wie ein erbarmungsloser Henker mit mir verfuhr und, wie ich glaubte, ohne Sinn und Zweck auf mich losschlug, begab es sich, daß ich eines Tages Zeuge wurde, wie man ein Pferd abrichtete.

Man hatte es an einen langen Riemen befestigt und trieb es, ohne ihm nur eine Sekunde Ruhe zu gönnen, im Kreise umher. – Sooft es an eine Hürde kam, über die es springen sollte, brach es aus oder bockte. Hageldicht und stundenlang sausten die Peitschenhiebe auf seinen Rücken nieder, aber immer weigerte es sich zu springen. Dabei war der Mann, der es quälte, keineswegs ein roher Mensch und litt selber sichtlich unter der grausamen Arbeit, die er verrichten mußte. – Er hatte ein gutes, freundliches Gesicht und sagte mir, als ich ihm Vorstellungen machte: ›Ich würde ja gern dem Gaul für meinen ganzen Tagelohn Zucker kaufen, wenn er dann nur begriffe, was ich von ihm will. Ich hab' dergleichen oft genug versucht, aber es hilft nichts. Es ist rein, als ob in so einem Tier der Teufel steckt, der ihm den Verstand verblendet. Und dabei ist's doch so wenig, was es tun soll.‹ – Ich sah die Todesangst in den wahnsinnigen Augen des Pferdes, wenn es an die Hürde kam, jedesmal von neuem aufleuchten und las in ihnen die Furcht: ›Jetzt, jetzt wird die Peitsche auf mich niederfallen.‹ – – Ich zerbrach mir den Kopf, ob es denn kein anderes Mittel gäbe, einen Weg der Verständigung mit dem armen Tier anzubahnen. Und wie ich vergeblich versuchte, ihm im Geiste und später in Worten zuzurufen, es solle springen, dann sei sofort alles vorüber, – und zu meinem Leide einsehen mußte, daß doch nur der grimmige Schmerz es war, der als Lehrer schließlich zum Ziele kam, da blitzte in mir die Erkenntnis auf, daß ich selber es auch nicht anders machte als das Pferd: das Schicksal hieb auf mich ein, und ich wußte nur, daß ich litt, – ich haßte die unsichtbare Macht, die mich folterte, aber daß alles nur geschah, damit ich irgend etwas vollbringen sollte – vielleicht eine geistige Hürde überspringen, die vor mir lag, – das hatte ich bis dahin nicht begriffen.

Jenes kleine Erlebnis wurde von nun an ein Markstein auf meinem Weg: ich lernte die Unsichtbaren, die mich vorwärts peitschten, lieben, denn ich fühlte, sie gäben mir auch lieber ›Zucker‹, wenn es auf diese Art ginge, mich über die niedrige Stufe sterblichen Menschentums in einen neuen Stand zu erheben. – –

Das Beispiel, das ich bekommen habe, hinkt natürlich«, fuhr Swammerdam humoristisch fort, »denn es ist ja die Frage, ob das Pferd dadurch, daß es springen lernte, wirklich einen Fortschritt gemacht hat und ob es nicht besser gewesen wäre, es in seiner Wildheit zu belassen. Doch das brauche ich Ihnen wohl nicht erst zu sagen. – Wichtig für mich war vor allem das eine: ich hatte bis dahin in dem Wahne gelebt, was mir an Leid geschähe, sei eine Strafe, und mich mit Grübeln zerquält, womit ich mir sie wohl verdient haben könnte, – dann mit einemmal kam für mich Sinn in die Härten des Schicksals, und wenn ich auch sehr oft nicht zu ergründen vermochte, was für eine Hürde ich überspringen sollte, so war ich doch von da an nach bestem Willen ein gelehriges Pferd.

Ich erlebte damals in einer Sekunde an mir den Satz der Bibel von der Vergebung der Sünden in der seltsam verborgenen Bedeutung, die ihm zugrunde liegt: – mit dem Begriff der Strafe fiel auch von selbst die Schuld weg, und aus dem Zerrbild eines rächenden Gottes wurde im veredelten, von Form losgelösten Sinn eine wohltätige Kraft, die mich nur belehren wollte – so, wie der Mann das Pferd.

Oft, sehr oft habe ich andern dieses unscheinbare Begebnis erzählt, aber es fiel fast nie auf fruchtbaren Boden. – Die Leute glaubten, wenn sie meinen Rat anwandten, immer leicht erraten zu können, was der unsichtbare ›Dresseur‹ von ihnen verlangte, und hörten die Schläge des Schicksals dann nicht sogleich auf, so gerieten sie wieder in ihr altes Geleise und schleppen murrend oder – ›ergeben‹, wenn sie zur Selbstbelügung der sogenannten Demut ihre Zuflucht nahmen – ihr Kreuz weiter. Ich sage: Wer schon so weit ist, daß er nur zuweilen erraten kann, was die drüben, – oder besser: ›Der große Innerliche‹ – von ihm will, das er tue, der hat schon mehr als die Hälfte der Arbeit hinter sich. Das Erratenwollen bedeutet allein schon eine vollkommene Umwälzung der Lebensauffassung; das Erratenkönnen ist bereits die Frucht dieser Saat. –

Es ist ein schweres Ding, dieses Erratenlernen, was wir tun sollen!

Im Anfang, wenn wir die ersten Versuche wagen, ist es wie ein unvernünftiges Tappen, und wir begehen da zuweilen Handlungen, die denen eines Verrückten gleichen und lange keinen Zusammenhang zu haben scheinen. Erst nach und nach bildet sich aus dem Chaos ein Gesicht, aus dessen Mienen wir den Willen des Schicksal lesen lernen können; im Beginn schneidet es Grimassen.

Aber es ist mit allen großen Dingen so; – jede neue Erfindung, jeder neue Gedanke, der in die Welt hereinfällt, hat im Entstehen etwas Fratzenhaftes. Das erste Modell einer Flugmaschine war auch lange Zeit eine drachenähnliche Grimasse, bevor ein wirkliches Gesicht daraus wurde.«

»Sie wollten mir sagen, was Sie glauben, daß ich tun

solle«, bat Hauberrisser fast schüchtern. Er erriet, daß der alte Mann nur deshalb so weit abschweifte und vorbereitete, weil er fürchtete, sein Rat, dem er offenbar den größten Wert beimaß, könne, wenn zu schnell vorgebracht, nicht entsprechend gewürdigt werden und verlorengehen.

»Gewiß will ich das, Mynheer; ich mußte nur zuerst das Fundament legen, damit es Ihnen weniger befremdlich vorkomme, wenn ich Ihnen etwas zu tun empfehle, was wie ein Abbrechen und nicht wie ein Fortführen dessen, wozu es Sie jetzt treibt, aussieht. – Ich weiß, – und es ist sehr begreiflich und menschlich, – daß Sie augenblicklich nur der Wunsch erfüllt, Eva zu suchen; aber dennoch ist das, was Sie tun sollen: diejenige magische Kraft zu suchen, die es für die Zukunft ausschließt, daß Ihrer Braut jemals wieder ein Unheil zustoßen kann; sonst möchte es vielleicht geschehen, daß Sie sie finden, um sie immer wieder zu verlieren. So, wie sich die Menschen auf der Erde finden, um vom Tod auseinandergerissen zu werden.

Sie müssen sie finden, nicht wie man einen verlorenen Gegenstand findet, sondern auf eine neue doppelte Art. – Sie haben mir auf dem Weg hierher selbst gesagt, Ihr Leben sei nach und nach wie ein Strom geworden, der sich im Sande zu verlieren droht. Jeder Mensch kommt einmal zu diesem Punkt, wenn auch nicht in einem einzigen Dasein. Ich kenne das. – Es ist wie ein Sterben, das nur das Innere betrifft und den Körper verschont. Aber gerade dieser Moment ist der kostbarste und kann zum Sieg über den Tod führen. – Der Geist der Erde fühlt gar wohl, daß ihm in diesem Augenblick die Gefahr droht, vom Menschen überwunden zu werden, und deshalb stellt er uns gerade da die tückischsten Fallen. – Fragen Sie sich einmal selbst: Was würde geschehen, wenn Sie in diesem Moment Eva fänden? – Wenn Sie Kraft genug haben, der Wahrheit ins Gesicht zu sehen, müssen Sie sich sagen: der Strom Ihres Lebens und des Lebens Ihrer Braut würde wohl ein Stück weiterrinnen, dann aber im Sande des Alltags unrettbar versiegen. Erzählten Sie mir nicht, daß Eva sich vor der Ehe fürchtete? – Gerade weil das Schicksal sie davor bewahren will, hat es Sie beide so rasch zusammengeführt und gleich darauf wieder auseinandergerissen. – Zu jeder andern Zeit als der jetzigen, in der fast die gesamte Menschheit vor einer ungeheuern Leere steht, könnte es vielleicht sein, daß das, was Ihnen geschehen ist, nur eine Grimasse des Lebens wäre, – heute scheint es mir ausgeschlossen.

Ich kann nicht wissen, was in der Rolle steht, die Ihnen auf so seltsame Weise zugekommen ist, – trotzdem rate ich Ihnen heiß und dringend, lassen Sie alles Äußere seiner Wege treiben, und suchen Sie in den Lehren, die jener Unbekannte niedergelegt hat, das, was Ihnen nottut. Alles übrige wird sich von selber einstellen. – Auch wenn es wider Erwarten nur eine irreführende Fratze wäre, die Ihnen daraus entgegengrinst, und wenn diese Lehren an sich noch falsch sein sollten, so würden Sie dennoch das für Sie Richtige in ihnen finden.

Wer richtig sucht, der kann nicht angelogen werden. Es gibt keine Lüge, in der nicht die Wahrheit stäke: es muß nur der Punkt der richtige sein, auf dem der Suchende steht«, – Swammerdam drückte Hauberrisser rasch die Hand zum Abschied – »und eben heute stehen Sie auf dem richtigen Punkte: Sie können ohne Gefahr nach den furchtbaren Kräften greifen, die sonst unrettbar den Wahnsinn bringen, – denn Sie tun es jetzt um der Liebe willen.«

Zehntes Kapitel

Sephardis erster Weg am Morgen nach dem Besuch in Hilversum war zu dem Gerichtspsychiater Dr. Debrouwer gewesen, um Näheres über den Fall Lazarus Eidotter zu erfahren.

Daß der alte Jude der Mörder nicht sein konnte, stand für ihn zu fest, als daß er es nicht für seine Pflicht gehalten hätte, als Glaubensgenossen ein Wort für ihn einzulegen, zumal Dr. Debrouwer als ein selbst unter Irrenärzten ungewöhnlich talentloser und vorschneller Beobachter galt.

Obwohl Sephardi Eidotter nur einmal im Leben gesehen hatte, war dennoch seine Teilnahme an ihm sehr rege. –

Schon der Umstand, daß er als russischer Jude einem geistigen Kreis ausgesprochen christlicher Mystiker angehörte, ließ vermuten, daß er ein kabbalistischer Chassid sein mußte, – und alles, was diese sonderbare jüdische Sekte betraf, nahm Sephardis Interesse in hohem Grade in Anspruch.

– – – – – – – –

Er hatte sich in seiner Annahme, der Gerichtspsychiater werde den Fall falsch beurteilen, nicht geirrt, denn kaum gab er seiner Überzeugung, Eidotter sei unschuldig und sein Geständnis auf Hysterie zurückzuführen, Ausdruck, als Dr. Debrouwer, der schon äußerlich durch den blonden

Vollbart und den »gütigen, aber durchdringenden« Blick den wissenschaftlichen Poseur und Hohlkopf verriet, mit sonorer Stimme einfiel: »Ein abnormer Befund hat sich keineswegs ergeben. Ich habe den Fall zwar erst seit gestern unter Beobachtung, aber so viel steht fest, daß jegliches Krankheitssymptom fehlt.«

»Sie halten also den alten Mann für einen bewußten Raubmörder und sein Geständnis für einwandfrei?« fragte Sephardi trocken.

Die Augen des Arztes nahmen den Ausdruck übermenschlicher Schläue an; er setzte sich geschickt gegen das Licht, damit das Blitzen seiner kleinen ovalen Brillengläser das Imposante seines Denkerantlitzes womöglich noch erhöhte, und sagte, eingedenk des Sprichwortes, daß auch die Wände Ohren haben, mit plötzlich geheimnisvoll gedämpfter Stimme:

»Als Mörder kommt dieser Eidotter nicht in Betracht, aber es handelt sich um ein Komplott, dessen Mitwisser er ist!«

»Ah. – Und woraus schließen Sie das?«

Dr. Debrouwer beugte sich vor und flüsterte: »Sein Geständnis deckt sich in gewissen Punkten mit den Tatsachen; folglich kennt er sie! Er hat es lediglich aus dem Grunde abgelegt und sich selbst als Täter bezeichnet, um den immerhin möglichen Verdacht der Hehlerschaft von sich abzulenken und zugleich Zeit zur Flucht für seinen Spießgesellen zu gewinnen.«

»Kennt man denn die näheren Umstände des Mordes bereits?«

»Gewiß. Einer unserer fähigsten Kriminalisten hat sie aus dem Befund hergestellt. – Der Schuhmacher Klinkherbogk hat in einem Anfall von – von dementia praecox« (Sephardi horchte auf und unterdrückte ein Lächeln) »seine Enkelin unter Zuhilfenahme einer Schusterahle erstochen, wurde gleich darauf, als er das Zimmer verlassen wollte, von dem eindringenden Mörder getötet und durchs Fenster hinab in die Gracht geworfen. Eine ihm gehörige Krone aus Goldpapier hat man auf dem Wasser schwimmen gefunden.«

»Und das alles hat Eidotter genauso angegeben?«

»Das ist's ja eben!« – Dr. Debrouwer lachte breit. – »Als der Mord im Hause ruchbar wurde, wollten Zeugen den Eidotter in seiner Wohnung wecken, fanden ihn aber vollkommen bewußtlos. Er simulierte natürlich. Wäre er in Wirklichkeit an der Tat unbeteiligt gewesen, hätte er doch unmöglich wissen können, daß der Tod des kleinen Mädchens infolge Erstechens durch eine Schusterahle eintrat. Trotzdem hat er es in seinem Geständnis ausdrücklich erwähnt. Daß er sich selbst auch als Mörder des Kindes ausgab, – nun, das ist sehr durchsichtig: Es geschah, um die Behörden zu verwirren.«

»Und auf welche Weise will er den Schuster überfallen haben?«

»Er behauptet, an einer Kette, die vom Giebel des Hauses ins Wasser herabhängt, emporgeklettert zu sein und dem Klinkherbogk, der ihm mit freudig ausgebreiteten Arme entgegengetreten sein soll, das Genick gebrochen zu haben. – Alles Unsinn natürlich.«

»Das mit der Ahle, sagen Sie, könne er unmöglich gewußt haben?– Ist es wirklich ganz ausgeschlossen, daß er es von irgend jemand erfahren hat, ehe er sich selbst bei der Polizei stellte?«

»Ausgeschlossen.«

Sephardi wurde immer nachdenklicher. Seine anfängliche Vermutung, Eidotter habe sich als Täter bezeichnet, um einer eingebildeten Mission als »Simon der Kreuzträger« gerecht zu werden, hielt nicht Stich. Vorausgesetzt, daß der Irrenarzt nicht log, – woher konnte Eidotter die näheren Umstände mit der Ahle gewußt haben? Eine Ahnung beschlich Sephardi, als müsse ein schwer erklärlicher

Fall unbewußten Hellsehens bei dem Alten mit hereinspielen.

Er öffnete den Mund, um den Verdacht, der Zulu sei vielleicht der Mörder, auszusprechen, aber ehe er es noch über die Lippen bringen konnte, fühlte er von innen heraus einen heftigen Ruck, der ihn sofort schweigen machte.

Es war fast wie eine körperliche Berührung gewesen. Trotzdem maß er der Sache keine weitere Bedeutung bei und fragte nur, ob es erlaubt sei, mit Eidotter zu sprechen.

»Eigentlich dürfte ich es nicht zugeben«, meinte Dr. Debrouwer, – »gar wo Sie, wie man ja bei Gericht weiß, mit ihm noch kurz vor dem Geschehnis bei Swammerdam beisammen waren, aber wenn Ihnen soviel daran liegt – und da Ihr Ruf als Gelehrter in Amsterdam ja unantastbar ist« – setzte er mit einem Anflug von Neid hinzu, »so will ich gern meine Machtbefugnis überschreiten.« – Er klingelte und ließ Sephardi durch einen Wärter in die Zelle führen. – – –

– – – – – – – –

Der alte Jude saß, wie man durch die Beobachtungsluke in der Mauer sehen konnte, vor dem vergitterten Fenster und blickte in den sonnendurchfluteten Himmel.

Als er die Tür öffnen hörte, stand er gleichmütig auf.

Sephardi ging rasch auf ihn zu und drückte ihm die Hand.

»Ich bin gekommen, Herr Eidotter, erstens, weil ich mich dazu verpflichtet fühle als Ihr Glaubensgenosse – –«

»Gloobensgenosse«, murmelte Eidotter ehrerbietig und machte einen Kratzfuß.

»– und dann, weil ich überzeugt bin, daß Sie unschuldig sind.«

»Unschuldig sind«, echote der Alte.

»Ich fürchte, Sie mißtrauen mir«, fuhr Sephardi nach einer Pause fort, da der andere stumm blieb, – »seien Sie unbesorgt, ich komme als Freund.«

»Als Freund«, wiederholte Eidotter mechanisch.

»Oder glauben Sie mir nicht? Das täte mir leid.«

Der alte Jude fuhr sich langsam über die Stirn, als erwachte er erst jetzt.

Dann legte er die Hand aufs Herz und sagte stockend, Wort für Wort bemüht, sich so dialektfrei wie möglich auszudrücken: »Ich – hab' – keinen Feind. – Auf was herauf? – Und ibber den, als Sie mir sagen, Sie kümmen als Freund, woher soll ich nehmen die Chuzpe, an Ihren Worten zu zweifeln?«

»Schön. Das freut mich; ich werde infolgedessen ganz offen mit Ihnen reden können, Herr Eidotter«; – Sephardi nahm den angebotenen Stuhl und setzte sich so, daß er das Mienenspiel des Alten genau studiere konnte –, »wenn ich Sie jetzt verschiedenes fragen werde, geschieht es nicht aus Neugierde, sondern vor allem, um Ihnen aus der verhängnisvollen Lage, in die Sie geraten sind, zu helfen.«

»Zu helfen«, brummte Eidotter in sich hinein.

Sephardi schwieg absichtlich eine Weile und betrachtete aufmerksam das greisenhafte Gesicht, das fest und unbeweglich und ohne eine Spur von Erregung auf ihn gerichtet war.

Er erkannte auf den ersten Blick an den tief eingemeißelten Leidensfurchen, daß der Mann Furchtbares im Leben mitgemacht haben mußte, – dennoch lag, als seltsamer Kontrast dazu, in den weit offenen tiefschwarzen Augen ein Glanz von Kindlichkeit, wie er ihn noch nie an einem russischen Juden wahrgenommen hatte.

In dem spärlich beleuchteten Zimmer Swammerdams war ihm all das nicht aufgefallen. Er hätte in dem Alten einen Sektierer vermutet, der unter der Wirkung eines übertriebenen Frömmigkeitsgefühls zwischen Fanatismus und Selbstqual hin- und hergeworfen wurde; – der Mensch, der jetzt vor ihm saß, schien ein völlig anderer zu sein.

Seine Züge waren weder breit, noch hatten sie das Listige oder Abstoßende, das der Typus der russischen Juden aufzuweisen pflegt. Sie verrieten in jeder Linie eine ungewöhnliche Ideenkraft; trotzdem war ein geradezu erschreckender Ausdruck von Gedankenleere darüber gebreitet.

Sephardi konnte sich nicht zusammenreimen, wie dieses sonderbare Gemisch aus kindlicher Harmlosigkeit und greisenhaftem Verfall überhaupt fähig war, ein Branntweingeschäft in einem Verbrecherviertel zu betreiben.

»Sagen Sie mir«, begann er sein Verhör in freundlichem Tone, – »wie sind Sie nur auf den Einfall geraten, sich als Mörder an Klinkherbogk und seiner Enkelin auszugeben? Wollten Sie jemand damit helfen?«

Eidotter schüttelte den Kopf. – »Wem hätte ich denn helfen sollen? Ich hab' doch die beiden umgebracht.«

Sephardi ging scheinbar darauf ein:

»Und warum haben Sie sie umgebracht?«

»Nu. Vün wegen die tausend Gülden.«

»Und wo haben Sie das Geld?«

»Das haben mich doch die Gaônen« – Eidotter deutete mit dem Daumen auf die Tür – »auch schon gefragt. Ich weiß nicht.«

»Bereuen Sie Ihre Tat denn gar nicht?«

»Bereuen?« – der Alte dachte nach. »Warum soll ich sie bereuen? Ich kann doch nix dafür.«

Sephardi stutzte. Das war nicht die Antwort eines Wahnsinnigen. Er sagte leichthin:

»Gewiß können Sie nichts dafür. Sie haben die Tat eben gar nicht begangen. Sie haben im Bett gelegen und geschlafen und sich alles nur eingebildet. Sie sind auch gar nicht die Kette hinaufgeklettert, – das hat ein anderer getan; Sie wären zu so etwas in Ihren Jahren nie imstande gewesen.«

Eidotter zögerte. »Sie meinen also, Herr Doktor, ich bin gar nicht der Mörder?«

»Natürlich sind Sie's nicht! Das ist doch sonnenklar!«

Wieder dachte der Alte eine Minute nach, dann brummte er gelassen:

»Nu. Das ist gescheit.« – Keine Spur von Freude oder Erleichterung war in seinem Gesicht zu lesen. Nicht einmal Erstaunen.

Die Sache wurde Sephardi immer rätselhafter. Hätte eine Bewußtseinsverschiebung in Eidotter stattgefunden, würde es der Ausdruck der Augen, die nach wie vor gleich kindlich dreinschauten, oder ein Mienenspiel verraten haben. An absichtliche Verstellung war nicht zu denken: der Greis hatte die Erkenntnis der Tatsache, daß er unschuldig war, hingenommen wie etwas kaum Erwähnenswertes.

»Und wissen Sie auch, was mit Ihnen geschehen wäre«, fragte Sephardi eindringlich, »wenn Sie die Tat wirklich begangen hätten? – Sie wären hingerichtet worden!«

»Hm. Hingerichtet worden.«

»Jawohl. Erschreckt Sie das nicht?« –

Offenbar wirkte die Frage nicht auf das Gemüt des alten Mannes. Nur sein Gesicht wurde ein wenig nachdenklicher – so wie von einer Erinnerung erhellt. Dann zuckte er die Achseln und sagte: »Mir is im Leben schon Schrecklicheres passiert, Herr Doktor.«

Sephardi wartete, was weiter kommen würde, aber Eidotter war bereits wieder in seine totenhafte Ruhe versunken und schwieg.

»Waren Sie von jeher Branntweinhändler?«

Kopfschütteln.

»Geht Ihr Geschäft gut?«

»Ich weiß nicht.«

»Hören Sie, wenn Sie so gleichgültig in Ihrem Beruf sind, kann's Ihnen eines Tages geschehen, daß Sie um alles kommen.«

»Freilich. Wann mer nicht achtgibt«, war die naive Antwort.

»Wer gibt acht? Sie? Oder haben Sie eine Frau? Oder Kinder, die achtgeben?«

»Meine Frau is schon lang tot. – Und – und die Kinder- lich aach.«

Sephardi glaubte einen Weg zum Herzen des alten Man- nes vor sich zu sehen: – »Denken Sie nicht zuweilen in Liebe an Ihre Familie zurück? Ich weiß ja nicht, ob es schon lange her ist, daß Sie sie verloren haben, aber glück- lich können Sie sich doch unmöglich fühlen in Ihrer Ein- samkeit! – Sehen Sie, ich habe auch niemand, der um mich wäre, und kann mich daher um so leichter in Ihre Lage ver- setzen. Wirklich, ich frage jetzt nicht nur aus Wißbegierde, um mir das Rätsel zu lösen, das Sie für mich sind«, – un- willkürlich vergaß er, weshalb er gekommen war – »ich frage Sie aus reiner Menschlichkeit und –«

»– und weil Ihnen nebbich so zu Mut is und Sie nicht anders können«, ergänzte zu seinem größten Erstaunen Eidotter, einen Augenblick ganz verändert; – in dem bisher leblosen Gesicht war etwas aufgeblitzt wie Mitgefühl und tiefes Verständnis. Eine Sekunde später erschien es wieder als das unbeschriebene Blatt, das es von Anfang an gewesen war, – »Rabbi Jochanan hat gesagt: Ein passendes Ehepaar unter den Menschen zusammenzubringen ist schwerer als das Wunder Mosis im Roten Meer«, – hörte Sephardi ihn geistesabwesend murmeln. Mit einem Schlag begriff er, daß der Alte seinen Schmerz um den Verlust Evas, der ihm selbst momentan nicht klar zum Bewußtsein gekommen war, wenn auch vorübergehend mitempfunden hatte.

Er erinnerte sich, daß unter den Chassiden die Legende ging, es gäbe in ihrer Gemeinschaft Menschen, die den Eindruck von Wahnsinnigen machten und es trotzdem nicht wären, – die zu Zeiten ihres Ichs entkleidet, die Lei- den und Freuden der Mitwelt so deutlich am eigenen Her- zen erführen, als wären sie selber die davon Betroffenen. – Er hatte es für eine Fabel gehalten; – sollte wirklich dieser sinnverwirrte Greis ein lebendiger Zeuge für die Wahrheit jener Behauptung sein? – Sein Benehmen, die Einbildung, Klinkherbogk ermordet zu haben, seine bisherige Handlungsweise, kurz alles bekam einen neuen Zusammenhang, wenn es sich tatsächlich so verhielt.

»Können Sie sich nicht entsinnen, Herr Eidotter«, fragte er im höchsten Grade interessiert, »ob es Ihnen schon einmal passiert ist, daß Sie glaubten, irgendeine Handlung begangen zu haben, die sich später als die Tat eines andern herausstellte?«

»Ich hab' mich nix drum gekümmert.«

»Aber daß Sie in Ihrem Denken und Fühlen nicht so beschaffen sind wie Ihre Mitmenschen – wie ich zum Beispiel oder wie Ihr Freund Swammerdam, werden Sie vielleicht wissen? Neulich, als wir uns bei ihm kennenlernten, waren Sie nicht so einsilbig und viel lebhafter. Hat Sie der Tod Klinkherbogks so angegriffen?« – Sephardi faßte voll Teilnahme die Hand des Alten. – »Wenn Sie Sorgen haben oder Erholung brauchen, so vertrauen Sie sich mir an, ich will alles tun, um Ihnen beizustehen. Ich glaube auch nicht, daß Ihr Geschäft am Zee Dyk das Richtige für Sie ist. Vielleicht ist es mir möglich, Ihnen einen andern und – würdigeren Beruf zu verschaffen. – Warum wollen Sie eine Freundschaft, die Ihnen angeboten wird, zurückweisen?«

Es war deutlich zu sehen, daß die warmen Wort dem Alten wohltaten.

Er lächelte glückselig wie ein Kind, das man belobt, aber ein Verständnis für das, was ihm in Aussicht gestellt wurde, schien er nicht zu haben.

Ein paarmal öffnete er den Mund, als wolle er sich bedanken, aber er fand offenbar die Worte nicht.

»Bin – bin ich damals anders gewest?« fragte er endlich stockend.

»Gewiß. Sie sprachen ausführlich mit mir und der übrigen Gesellschaft. Sie waren menschlicher, sozusagen; Sie disputierten sogar mit Herrn Swammerdam über Kabbala. – Ich entnahm daraus, daß Sie sich viel mit Fragen über Religion und Gott befaßt haben.« – Sephardi brach schnell ab, denn er bemerkte, daß eine Veränderung des Greises vor sich ging.

»Kabbala – – Kabbala«, murmelte Eidotter. »Ja, freilich, Kabbala, die hab' ich studiert. Lang. Und Babli auch. Und – und Jeruschalmi.« – Seine Gedanken fingen an, in eine ferne Vergangenheit zurückzuwandern; er sprach sie aus, als stünden sie abseits von ihm – wie jemand, der auf Bilder zeigt und sie einem andern erklären will, bald langsam, bald schnell, je nachdem sie an seinem Gedächtnis vorüberzogen. – »Aber was drin steht in der Kabbala – über Gott – is falsch. Es is ganz anders in der Lebendigkeit. Damals – in Odessa –, da hab' ich's noch nicht gewußt. – Im Vatikan in Rom hab' ich müssen übersetzen aus dem Talmud.« –

»Sie waren im Vatikan?« rief Sephardi erstaunt.

Der Alte hörte nicht darauf.

»und dann is mir verdorrt die Hand.« – Er hob den rechten Arm, an dem die Finger wie Wurzeln verkrümmt waren von Gichtknoten. – »In Odessa hat mer geglaubt bei die Griechisch-Orthodoxen, ich bin ä Spion, daß ich verkehr mit die römischen Gojim, – – und auf emol hat's gebrennt in ünserm Haus, aber Elias, sein Nam' sei gepriesen, hat's abgewendet, daß mir sind bloß auf der Gass' gesessen: – meine Frau Berurje und ich und die Kinderlich. – Dann später is gekommen Elias und hat an unserm Tisch gegessen nach dem Lauberhüttenfest. Ich hab' gewußt, daß es is Elias, wenn Berurje auch hat gemeint, daß er heißt: Chidher Grün.« – Sephardi zuckte zusammen. Derselbe Name war gestern in Hilversum gefallen, als Baron Pfeill für Hauberrisser das Wort geführt und dessen Erlebnisse erzählt hatte! –

»In der Gemeinde hat mer gelacht ibber mir und wenn

192

sie von mir gesprochen haben, hat's immer geheißen: Eidotter? Eidotter is ä Nebbochant; er lauft ohne Verstand herüm. – Sie haben nicht gewußt, daß mich Elias unterweist in dem doppelten Gesetz, das Moses dem Josua überliefert hat von Mund zu Ohr«, – ein Glanz von Verklärung belebte seine Züge – »und daß Er die zwei verhüllenden Lichter der Makifim in mir umgestellt hat. – Dann war ä Judenverfolgung in Odessa. Ich hab' mein Kopp hingehalten, aber es hat die Berurje getroffen, daß ihr Blut is über den Boden hingeflossen, wie sie hat wollen die Kinderlich beschützen, als eins nach dem andern is erschlagen worden.« –

Sephardi sprang auf, hielt sich die Ohren zu und starrte entsetzt Eidotter an, in dessen lächelndem Gesicht keine Spur von Erregung zu bemerken war. –

»Ribke, meine älteste Tochter, die hat geschrien zu mir um Hilfe, wie sie sich haben ibber ihr gestürzt, aber mer hat mich festgehalten. – Dann haben sie mei Kind mit Petroleum begossen – und angezündet.«

Eidotter schwieg, blickte sinnend an seinem Kaftan herunter und zupfte kleine Fältchen aus den zerschlissenen Nähten. Er schien vollkommen bei Sinnen zu sein und trotzdem keinen Schmerz zu empfinden, denn nach einer Weile fuhr er mit klarer Stimme fort: »Wie ich dann später hab' wieder wollen Kabbala studieren, hab' ich nicht mehr können, denn die Lichter der Makifim waren in mir umgestellt.«

»Wie meinen Sie das?« fragte Sephardi bebend. »Hat das furchtbare Leid Ihren Geist umnachtet?«

»Das Leid nicht. Und auch bin ich nicht umnachtet. Es is so, wie man sagt von die Ägypter, daß sie haben än Trank gehabt, der wo vergessen macht. – Wie hätt ich's denn sonst überleben können! – Ich hab' damals lang nicht gewußt, wer ich bin, und wie ich's dann doch wieder gewußt hab', hat mir gefehlt, was der Mensch zum Weinen

193

braucht, aber auch so manches, was mer zum Denken braucht. – Die Makifim sind umgestellt. – Von da an hab' ich, ich möcht' sagen: das Herz im Kopf und das Gehirn in der Brust. Besonders manchmal.«

»Können Sie mir das näher erklären?« fragte Sephardi leise. »Aber, bitte, nur wenn Sie es gerne tun. Ich möchte nicht, daß Sie glauben, ich forschte aus Neugier.«

Eidotter faßte ihn am Ärmel. »Schauen Sie, Herr Dokter, wenn ich jetzt in das Tuch zwick, haben Sie doch kan Schmerz? – Ob's dem Ärmel weh tut, wer kann wissen? – So is es bei mir. Ich seh, es is einmal was geschehen, was eigentlich hätt schmerzen müssen; ich weiß es genau, aber ich spür's nicht. Weil mein Gefühl im Kopf is. – Ich kann aber auch nicht mehr zweifeln, wenn mir jemand irgendwas sagt, so wie ich's in meiner Jugend in Odessa noch gekonnt hab'. Ich muß es glauben, weil mein Denken jetzt im Herzen is. – Ich kann mir auch nichts mehr ausgrübeln wie früher. Entweder es fallt mir was ein, oder es fallt mir nix ein; fallt mir was ein, dann is es auch in Wirklichkeit so, und ich erleb's so deutlich, daß ich nicht unterscheiden könnt': War ich dabei oder nicht? Deshalb probier' ich's gar nicht erst, drieber nachzudenken.«

Sephardi begriff jetzt halb und halb, wie es zu dem Geständnis vor Gericht gekommen war.

»Und Ihre tägliche Beschäftigung? Wie sind Sie imstande, ihr nachzugehen?«

Eidotter deutete wieder auf den Ärmel. – »Das Kleid schützt Sie vor der Näss', wenn's regnet, und vor der Hitz', wenn die Sonn' scheint. Ob Sie sich darum sorgen oder nicht: – Das Kleid macht's von selber. – Mein Körper kümmert sich um das Geschäft, nur weiß ich nichts mehr davon wie früher. Hat doch schon Rabbi Simon ben Eleasar gesagt: ›Hast du je einen Vogel ein Handwerk treiben gesehen? – und doch ernährt er sich ohne Müh' – und ich sollt mich nicht ohne Müh' ernähren?‹ – – Natürlich, wenn

194

die Makifim nicht in mir umgestellt wären, könnt' ich mein Körper nicht allein lassen und wär' an ihn angenagelt.«

Sephardi, durch die klare Rede aufmerksam gemacht, warf einen prüfenden Blick auf den alten Mann und sah, daß er sich anscheinend in nichts mehr von einem normalen russischen Juden unterschied: er gestikulierte beim Sprechen mit den Händen, und seine Stimme hatte etwas Eindringliches bekommen. Die so überaus verschiedenen Geisteszustände waren lückenlos ineinander übergegangen.

»Freilich, aus eigner Kraft kann der Mensch so was nicht vollbringen«, – fuhr Eidotter versonnen fort –, »da hilft alles Studieren nix und ka Gebet, und auch die Mikwaôth – die Tauchbäder – sind umsonst. Wenn nicht einer von drüben die Lichter in einem umstellt – wir können's nicht.«

»Und Sie glauben, es ist einer von ›drüben‹ gewesen, der es in Ihnen vollbracht hat?«

»Nu ja: Elias, der Prophet, wie ich Ihnen schon gesagt hab'. Wie er eines Tags is in unser Zimmer gekommen, da hab' ich schon vorher an seinem Schritt gehört: Er is es. – Früher, wenn ich mir gedenkt hab', es könnte sein, daß er einmal unser Gast is, – Sie wissen doch, Herr Dokter, wir Chassidim hoffen beständig auf ihm –, da hab' ich immer gemeint, ich müßt' zittern an allen Gliedern, wenn er vor mir steht. Aber es war ganz natürlich; so, als wenn ä ganz gewöhnlicher Jud zur Tür hereintritt. Nicht emol das Herz hat mir schneller geschlagen. Bloß zweifeln hab' ich nicht daran können, daß er's is, soviel ich mir auch angestrengt hab'. – Wie ich ihn dann nicht mehr aus den Augen gelassen hab', is mir sei' Gesicht immer bekänner und bekänner vorgekommen, und ich hab' plötzlich gewußt, daß nicht ä einzige Nacht in meinem Leben gewesen is, wo ich ihn nicht im Traum gesehen hätt'. Und wie ich weiter und weiter in meinem Gedächtnis zurückgegangen bin (denn ich hätt' doch gern herausgebracht, wann ich ihm zum allererstenmal begegnet bin), – da is meine ganze Jugend an mir vorübergezogen: ich hab' mich als kleines Kind gesehen und dann noch viel früher, in äm frieheren Leben, als ä erwachsener Mensch, von dem ich vorher gar nicht geahnt hab', daß ich's gewest bin, und dann wieder als Kind und so fort und so fort, – aber jedesmal war Er bei mir, und immer war Er gleich alt und hat genau so ausgesehen wie der fremde Gast am Tisch. – Ich hab' natierlich scharf aufgepaßt auf jede von seine Bewegungen und auf alles, was er machen wird; – wenn ich nicht gewußt hätt', es is Elias, wär' mir auch dran nichts besonders aufgefallen, aber so hab' ich gespürt, daß alles, was er getan hat, ä tiefe Bedeutung gekriegt hat. Dann, wie er im Gespräch die zwei Leuchter am Tisch miteinander vertauscht hat, is es mir ganz deutlich geworden, und ich hab' gefühlt, daß er in mir die Lichter umstellt, und ich bin von da an ä anderer Mensch gewest – meschugge, wie mer in der Gemeinde gesagt hat. – Zu was für än Zweck Er die Lichter in mir umgestellt hat, das habe ich später gewußt, als meine Familie is geschlachtet geworden. – Auf was herauf Berurje geglaubt hat, daß er Chidher Grün heißt, wollen Sie wissen, Herr Dokter? – Sie behauptet, er hätt's ihr gesagt.«

»Ist er Ihnen später nie mehr begegnet? Sie erwähnten doch, er hätte Sie in der Mercaba unterrichtet«, – fragte Sephardi – »ich meine damit: in dem geheimen zweiten Gesetz Mosis?«

»Begegnet?« wiederholte Eidotter und strich sich über die Stirn, als müsse er sich erst langsam klarwerden, was man von ihm wolle. »Begegnet? – Wo er einmal bei mir war, wie hätt' er denn wieder fortgehen sollen? Er is doch immer bei mir.«

»Und Sie sehen ihn beständig?«

»Ich seh' ihn überhaupt nicht.«

»Aber Sie sagen, er sei immerwährend bei Ihnen. – Wie soll ich das verstehen?«

Eidotter zuckte die Achseln. »Mit dem Verstand läßt sich das nicht begreifen, Herr Dokter.«

»Können Sie es mir nicht an einem Beispiel erklären? Redet Elias zu Ihnen, wenn er Sie unterweist, oder wie ist das?«

Eidotter lächelte. – »Wenn Sie sich freuen, ist da die Freude bei Ihnen? Ja. Natierlich. Aber Sie können die Freude doch nicht anschauen und nicht hören. – So is es.«

Sephardi schwieg. Er sah ein, daß sich eine geistige Kluft des Verständnisses zwischen ihm und dem Alten auftat, die sich nicht überbrücken ließ. Wohl deckte sich, wenn er es ausspann, vieles, was er soeben von Eidotter gehört hatte, mit seinen eignen Theorien über die innere Weiterentwicklung der menschlichen Rasse; – er selber hatte immer der Ansicht zugeneigt und es auch ausgesprochen, – gestern erst in Hilversum – daß der Weg dazu in den Religionen und im Glauben an sie läge, aber jetzt, wo er an dem Greis ein lebendiges Beispiel vor sich sah, fühlte er sich durch die Wirklichkeit überrascht und enttäuscht zugleich. Er mußte sich eingestehen, daß Eidotter dadurch, daß er dem Schmerz nicht mehr unterlag, unendlich viel reicher war als alle seine Mitgeschöpfe, – er beneidete ihn um seine Fähigkeit, und dennoch hätte er nicht mit ihm tauschen mögen.

Ein Zweifel wandelte ihn so an, ob das, was er gestern in Hilversum in bezug auf den Weg der Schwäche und des Wartens auf eine Erlösung verfochten, letzten Endes auch richtig sei.

Er hatte sein Leben, umgeben mit einem Luxus, von dem er keinen Gebrauch gemacht, einsam, abgeschlossen von den Menschen und in Studien aller Art zugebracht, – jetzt schien es ihm, als hätte er dabei so manches übersehen und das Wichtigste versäumt.

Hatte er sich in Wahrheit nach Elias und seinem Kommen gesehnt, so wie dieser arme russische Jude? Nein; er hatte sich nur eingebildet, er sehne sich, und war sich durch Lesen darüber klargeworden, daß es für die Erweckung eines inneren Lebens nötig sei, sich zu sehnen. Jetzt stand einer leibhaftig vor ihm, der die Erfüllung seiner Sehnsucht erlebt hatte, und er, der große Bücherweise, Sephardi, mußte sich sagen: ich möchte nicht mit ihm tauschen.

Tief beschämt nahm er sich vor, bei der nächsten Gelegenheit Hauberrisser, Eva und Baron Pfeill zu erklären, daß er in Wirklichkeit so gut wie nichts wisse – daß er unterschreiben müsse, was ein jüdischer Schnapshändler, der seiner Sinne nicht mächtig war, über geistige Erlebnisse gesagt hatte: »Mit dem Verstand läßt sich das nicht begreifen.«

»Es is wie ä Hiniebergehen ins Reich der Fülle« – fuhr Eidotter nach einer Pause fort, während der er selig vor sich hin gelächelt hatte, – »es is kei' Herieberkommen, wie ich früher immer geglaubt hab'. Aber es is ja alles falsch, was ä Mensch glaubt, solang die Lichter in ihm noch nicht umgestellt sind, – so grundfalsch, daß mer's gar nicht erfassen kann. Mer hofft, daß Elias kommt, und dann, wenn er kommt und er is da, sieht mer, daß er gar nicht gekommen is, sondern: daß mer zu ihm gegangen is. Mer glaubt, mer nimmt, statt dessen gibt man. Man glaubt, mer bleibt stehn und wartet, statt dessen geht mer und sucht. Der Mensch wandert, und Gott bleibt stehen. – Elias is in unser Haus gekommen – hat ihn Berurje erkannt? Sie is nicht zu ihm gekommen, also is er auch nicht zu ihr gekommen, und sie hat gemeint, es is ä fremder Jud, der Chidher Grün heißt.«

Sephardi blickte bewegt in die strahlenden Kinderaugen des Alten. »Ich verstehe jetzt sehr wohl, wie Sie es meinen, wenn ich's auch mit dem Gefühl nicht mitzuerleben vermag, – und danke Ihnen. – Ich wollte, ich könnte etwas für Sie tun. – Sie freizubekommen, kann ich Ihnen bestimmt versprechen; es wird nicht schwer sein, Doktor Debrouwer zu überzeugen, daß Ihr Geständnis mit dem Morde nichts zu tun hat. – Allerdings«, – setzte er mehr für sich hinzu – »weiß ich augenblicklich noch nicht, wie ich ihm den Fall erklären soll.«

»Darf ich Ihnen um ä Gefälligkeit bitten, Herr Dokter?« – unterbrach Eidotter.

»Selbstverständlich. Natürlich.«

»Dann sagen Sie dem da draußen gar nix. Soll er glauben, ich war's; so wie ich es selbst geglaubt hab'. Ich möcht' nicht schuld sein, daß mer den Mörder findt. Ich weiß jetzt auch, wer's is. Ihnen gesagt: es war ä Schwarzer.«

»Ein Neger? Woher wissen Sie das mit einemmal?« rief Sephardi verblüfft und einen Augenblick von Mißtrauen erfüllt.

»Das is so«, erklärte Eidotter gelassen: »Wenn ich im traumlosen Schlaf ganz mit Elias vereinigt war und komm zurück so halb ins Leben in mein Spiritusladen, und es is inzwischen was passiert, so glaub' ich oft, ich bin dabeigewest und hab' mitgemacht. Wenn zum Beispiel jemand ä Kind geschlagen hat, glaub' ich, daß ich's geschlagen hab', und muß hingehen und es trösten; wenn jemand vergessen hat, sein' Hund zu füttern, glaub' ich, ich hab's vergessen und muß ihm sei' Fressen bringen. Nachher, wenn ich zufällig erfahr', daß ich mich geirrt hab', brauch' ich bloß für än Augenblick wieder ganz zu Elias zu gehen und gleich wieder zurückzukümmen, dann weiß ich sofort, wie's in Wirklichkeit gewest is. Ich mach'' so was selten, weil's kan Zweck hat und schon das halbete Weggehen von Elias so is, als ob mer blind wird, aber vorhin, wie Sie so lang nachgedenkt haben, Herr Dokter, hab' ich's doch gemacht, und da hab' ich gesehen, daß es ä Schwarzer war, der wo mein Freund Klinkherbogk umgebracht hat.«

»Wie – wie haben Sie gesehen, daß es ein Neger war?«

»Nu, ich bin wieder im Geist auf der Kette 'eraufgeklet-
tert, bloß hab' ich mich diesmal angeschaut, und da hab'
ich schon äußerlich gesehen: ich bin ä Schwarzer mit än roten Lederstrick um en Hals, kane Stiebeln an und en
blauen Leinwandanzug. Und wie ich mich innerlich angeschaut hab', hab' ich schon gar gewußt, ich bin ä Wilder.«

»Das sollte man aber wirklich Dr. Debrouwer melden«,
rief Sephardi und stand auf.

Eidotter hielt ihn am Ärmel fest: »Sie haben mir versprochen, zu schweigen, Herr Dokter! Um Elias willen darf ka
Blut nicht fließen. Die Rache is mein. Und dann –« – das
freundliche Greisengesicht bekam plötzlich etwas drohend
Fanatisches, Prophetenhaftes –, »und dann is der Mörder
aner von ünsere Leut! – Nicht ä Jud, wie Sie jetzt wieder
meinen –« erklärte er, als er Sephardis verdutzte Miene bemerkte, – »aber doch aner von unsere Leut! Ich hab's erkannt, wie ich ihn soeben innerlich angeschaut hab'. – Daß
er ä Mörder is?! – Wer soll richten? Wir? Sie und ich? Die
Rache is mein. Er is ä Wilder und hat sein Glauben; Gott
soll hüten, daß viele so än gräßlichen Glauben haben wie
er, aber sei Glauben is echt und lebendig. Das sind unsere
Leut, die wo än Glauben haben, der im Feuer Gottes nicht
schmilzt, – der Swammerdam, der Klinkherbogk und der
Schwarze auch. Was is Jud, was is Christ, was is ä Heide? Ä
Name für die, wo ä Religion haben statt än Glauben. Und
darum – verbiet' ich Ihnen, daß Sie sagen, was Sie jetzt
über den Schwarzen wissen! – Wann es sein soll, daß ich für
ihm den Tod erleid', dürfen Sie mir so ä Geschenk wegnehmen?«

– – – – – – – –

Erschüttert trat Sephardi seinen Heimweg an.

Es ging ihm nicht aus dem Kopf, wie seltsam es war, daß
Dr. Debrouwer im Grunde genommen von seinem Standpunkt aus gar nicht so unrecht gehabt hatte, als er läppi-
scherweise sagte, Eidotter sei im Komplott und wolle

durch sein Geständnis Zeit für den wirklichen Mörder gewinnen. Jede einzelne Behauptung stimmte, und es war der nackte Sachverhalt, und dennoch hätte Debrouwer nichts Unrichtigeres annehmen und mehr im Irrtum sein können.

Jetzt erst begriff Sephardi in voller Klarheit die Worte Eidotters: »Alles, was ein Mensch glaubt, solang die Lichter in ihm noch nicht umgestellt sind, ist falsch, und wenn's noch so richtig ist – es ist so grundfalsch, daß man es gar nicht erfassen kann. Man glaubt, man nimmt, statt dessen gibt man; man glaubt, man bleibt stehen und wartet, statt dessen geht man und sucht.«

Elftes Kapitel

Woche um Woche verging, aber Eva blieb verschollen. Baron Pfeill und Dr. Sephardi hatten entsetzt von Hauberrisser die Schreckensbotschaft vernommen und alles nur Denkbare aufgeboten, die Verschwundene zu finden; an jeder Straßenecke klebten Ausrufe und Steckbriefe, und bald war der Fall Tagesgespräch geworden unter Einheimischen und Fremden.

In der Wohnung Hauberrissers war ein ewiges Kommen und Gehen, die Leute drängten sich vor dem Hause, einer gab dem andern die Türklinke in die Hand, und jeder wollte irgendeinen Gegenstand gefunden haben, von dem sich vermuten ließ, er gehöre der Vermißten, denn schon auf die kleinste Nachricht über Eva stand eine hohe Belohnung.

Wie Lauffeuer tauchten Gerüchte auf, man hätte sie da oder dort gesehen; anonyme Briefe mit dunklen, geheimnisvollen Andeutungen, von Verrückten oder Böswilligen geschrieben, verdächtigten Unschuldige, Eva verschleppt zu haben oder gefangenzuhalten; Kartenschlägerinnen boten sich zu Dutzenden an; »Hellsehende«, von denen früher kein Mensch je etwas gehört, tauchten auf und prahlten mit Fähigkeiten, die sie nicht besaßen: – die Massenseele einer Stadtbevölkerung, die bis dahin harmlos erschienen, offenbarte sich in all ihren niedrigen Instinkten von Habgier, Klatschsucht, Wichtigtuerei und verleumderischer Hinterlist.

Bisweilen trugen Schilderungen derart das Gepräge der Wahrhaftigkeit, daß Hauberrisser oft stundenlang, begleitet von einem Polizisten, auf den Beinen war, um in fremde Wohnungen einzudringen, von denen man ihm gesagt hatte, Eva hielte sich darin auf.

Hoffen und Enttäuschung warfen ihn hin und her wie einen Spielball.

Bald gab es keine kleine oder große Straße und keinen Platz mehr, in denen er nicht ein oder mehrere Häuser nach Eva, irregeleitet durch Hiobsbotschaften, von oben bis unten durchsucht hatte.

Es war, als räche sich die Stadt an ihm für seine frühere Gleichgültigkeit.

Des Nachts im Traum schrien hundert Gesichter von Menschen auf ihn ein, mit denen er tagsüber gesprochen hatte, und jedes wollte ihm etwas Neues berichten, bis sie in eine einzige molluskenhafte Grimasse verschwammen, als hätte sich ein Stoß durchsichtiger photographischer Porträts aufeinander gehäuft.

Wie Labsal in dieser Zeit der Trostlosigkeit berührte es ihn, daß jeden Morgen in aller Frühe Swammerdam bei ihm erschien. Wenn er auch stets mit leeren Händen kam und, gefragt, ob er über Eva etwas erfahren habe, den Kopf schütteln mußte, so gab doch seine unerschütterlich zuversichtliche Miene Hauberrisser jedesmal neue Kraft, den Wirrnissen des Tages entgegenzusehen.

Das Tagebuch wurde mit keinem Worte mehr erwähnt, und doch fühlte Hauberrisser, daß ihn der alte Schmetterlingssammler hauptsächlich in dieser Angelegenheit besuchte.

Eines Morgens aber konnte sich Swammerdam nicht länger zurückhalten.

»Erraten Sie noch immer nicht«, fragte er mit abgewandtem Gesicht, »daß eine Rotte fremder Gedanken feindselig auf Sie einstürmt und Ihnen jede Besinnung rauben will? – Wenn es wild gewordene Wespen wären, die ihr Nest gegen Sie verteidigen wollten, wüßten Sie doch sofort, um was es sich handelt! – Warum sind Sie gegenüber den Fliegenschwärmen des Schicksals nicht ebenso auf der Hut, wie Sie es bei wirklichen Wespen wären?«

Dann brach er schnell ab und ging hinaus.

Beschämt raffte sich Hauberrisser auf. Er schrieb einen Zettel des Inhaltes, er sei verreist und man möge alle Mitteilungen, den Fall Eva van Druysen betreffend, nur mehr an die Polizei richten, und ließ ihn von seiner Wirtschafterin an das Haustor kleben.

Seine Ruhe kehrte jedoch damit nicht zurück; wohl zehnmal in der Stunde ertappte er sich auf dem Wunsche, hinunterzugehen, um den Zettel wieder abzureißen.

Er nahm die Rolle vor und wollte sich zum Lesen zwingen, aber nach jeder Zeile wanderten seine Gedanken hinaus und suchten nach Eva, und wenn er seine Aufmerksamkeit auf das Papier bannen wollte, flüsterten sie ihm zu, es sei Narretei, in dem Geschreibsel nach abseits liegenden, rein theoretischen Fragen zu fahnden, wo jede Minute nach Taten schrie.

Schon wollte er das Heft wieder in den Schreibtisch sperren, da hatte er plötzlich und so deutlich das Gefühl, von einer unsichtbaren Macht überlistet worden zu sein, daß er einen Augenblick innehielt und nachsann. Es war mehr ein Lauschen als ein Sinnen.

»Was ist das für eine seltsame unheimliche Kraft«, fragte er sich, »die da so unschuldig tut und, um ihr Sondersein vor mir zu verbergen, sich als mein eigenes Ich gebärdet und meinen Willen zum Gegenteil von dem mißbraucht, was ich mir kaum eine Minute früher fest vorgenommen habe? Ich will lesen und darf nicht?« – Er blätterte in den Seiten, und bei jedem Hindernis, das sich ihm bei dem

Versuch, den Inhalt zu ordnen, entgegenstellte, meldeten sich die zudringlichen Gedanken von neuem: »Laß es bleiben, du findest den Anfang nicht; es ist vergebliche Arbeit.« – Aber er stand Wache vor der Türe seines Willens und ließ sie nicht hinein. Seine alte Gewohnheit, sich selbst zu beobachten, fing leise an, wieder in ihre Rechte zu treten.

»Wenn ich nur den Anfang fände!« stöhnte wieder heuchlerisch eine Selbstbelügung in ihm auf, während er mechanisch die Seiten umschlug, aber diesmal gab ihm die Rolle selbst die richtige Antwort:

»Der Anfang« – las er, an einer x-beliebigen Stelle beginnend, und stutzte über den eigentümlichen Zufall, gerade auf dieses Wort gestoßen zu sein – »ist es, der dem Menschen fehlt.

Nicht, daß es so schwer wäre, ihn zu finden, – nur die Einbildung, ihn suchen zu müssen, ist das Hemmnis.

Das Leben ist gnädig; jeden Augenblick schenkt es uns einen Anfang. Jede Sekunde drängt uns die Frage auf: Wer bin ich? – Wir stellen sie nicht; das ist der Grund, weshalb wir den Anfang nicht finden.

Wenn wir sie aber einmal im Ernste stellen, dann bricht auch schon der Tag an, dessen Abendrot für jene Gedanken den Tod bedeutet, die in den Herrschersaal eingedrungen sind und an der Tafel unserer Seele schmarotzen.

Das Korallenriff, das sie sich mit infusorienhaftem Fleiß im Lauf der Jahrtausende aufgebaut haben und das wir ›unsern Körper‹ nennen, ist ihr Werk und ihre Brut- und Heimstätte; wir müssen in dieses Riff aus Kalk und Leim zuerst eine Bresche legen und es dann wiederum in den Geist auflösen, der es von Anbeginn war, wenn wir freies Meer gewinnen wollen. – – Ich will dich späterhin lehren, wie du dir aus den Trümmern dieses Riffs ein neues Haus erbauen kannst.«

Hauberrisser legte das Tagebuch einen Augenblick aus

der Hand und dachte nach. Ob, wie es schien, diese Seite die Abschrift oder der Entwurf eines Briefes war, den der Verfasser an irgend jemand gerichtet hatte, interessierte ihn weiter nicht; das »Du« hatte ihn gepackt, als gelte es ihm allein, und in diesem Sinne wollte er es von jetzt an auch auffassen.

Eines fiel ihm besonders auf: Was hier geschrieben stand, klang zuweilen beinah wie eine Rede, bald aus dem Munde Pfeills oder Sephardis, bald aus dem Swammerdams. Er verstand jetzt, daß sie alle drei von demselben Geist gefärbt waren, der aus dieser Tagebuchrolle wehte, – daß der Strom der Zeit, um ihn, den jetzt so hilflosen, weltmüden, kleinen Herrn Hauberrisser, zu einem wahren Menschen zu erziehen, fast Doppelfiguren aus ihnen machte. –

»Jetzt aber höre, was ich dir zu sagen habe:

Rüste dich für eine kommende Zeit!

Bald schlägt die Uhr der Welt die zwölfte Stunde; ihre Zahl auf dem Zifferblatt ist rot und in Blut getaucht. Daran kannst du sie erkennen.

Der neuen ersten Stunde geht ein Sturmwind voraus.

Sei wach, damit er dich nicht schlafend finde, denn die mit geschlossenen Augen hinübergehen in den heranbrechenden Tag, werden die Tiere bleiben, die sie waren, und nicht mehr zu erwecken sein.

Es gibt auch eine geistige Tag- und Nachtgleiche. Die neue erste Stunde, von der ich spreche, ist der Wendepunkt. In ihr gewinnt das Licht das Gleichgewicht gegenüber der Dunkelheit.

Ein Jahrtausend und länger noch haben die Menschen gelernt, das Gesetz der Natur zu durchschauen und sie sich dienstbar zu machen. Wohl denen, die den Sinn dieser Arbeit erfaßt und begriffen haben, daß das Gesetz des Innern dasselbe wie das des Äußern ist, nur um eine Oktave höher: sie sind zur Ernte berufen, – die andern bleiben ackernde Knechte, das Antlitz zur Erde gebeugt.

Der Schlüssel zur Macht über die innere Natur ist verrostet seit der Sintflut. Er heißt: – – Wach sein.

Wach sein ist alles.

Von nichts ist der Mensch so fest überzeugt wie davon, daß er wach sei; dennoch ist er in Wirklichkeit in einem Netz gefangen, das er sich selbst aus Schlaf und Traum gewebt hat. Je dichter dieses Netz, desto mächtiger herrscht der Schlaf; die darein verstrickt sind, das sind die Schlafenden, die durchs Leben gehen wie Herdenvieh zur Schlachtbank, stumpf, gleichgültig und gedankenlos.

Die Träumenden unter ihnen sehen durch die Maschen eine vergitterte Welt, – sie erblicken nur irreführende Ausschnitte, richten ihr Handeln darnach ein und wissen nicht, daß diese Bilder bloß sinnloses Stückwerk eines gewaltigen Ganzen sind. Diese ›Träumer‹ sind nicht, wie du vielleicht glaubst, die Phantasten und Dichter – es sind die Regsamen, die Fleißigen, Ruhelosen der Erde, die vom Wahn des Tuns Zerfressenen; sie gleichen emsigen, häßlichen Käfern, die ein glattes Rohr emporklimmen, um von oben – hineinzufallen.

Sie wähnen, wach zu sein, aber das, was sie zu erleben glauben, ist in Wahrheit nur Traum, – genau vorausbestimmt und unbeeinflußbar von ihrem Willen.

Einige unter den Menschen hat's gegeben und gibt es noch, die wußten gar wohl, daß sie träumen, – Pioniere, die bis zu den Bollwerken vorgedrungen sind, hinter denen sich das ewig wache Ich verbirgt, – Seher wie Goethe, Schopenhauer und Kant, aber sie besaßen die Waffen nicht, um die Festung zu erstürmen, und ihr Kampfruf hat die Schläfer nicht erweckt.

Wach sein ist alles.

Der erste Schritt dazu ist so einfach, daß jedes Kind ihn tun kann; nur der Verbildete hat das Gehen verlernt und bleibt lahm auf beiden Füßen, weil er die Krücken nicht missen will, die er von seinen Vorfahren geerbt hat.

Wach sein ist alles.

Sei wach bei allem, was du tust! Glaub nicht, daß du's schon bist. Nein, du schläfst und träumst.

Stell dich fest hin, raff dich zusammen und zwing dich einen einzigen Augenblick nur zu dem körperdurchrieselnden Gefühl: ›Jetzt bin ich wach!‹

Gelingt es dir, das zu empfinden, so erkennst du auch sogleich, daß der Zustand, in dem du dich soeben noch befunden hast, dagegen wie Betäubung und Schlaftrunkenheit erscheint.

Das ist der erste zögernde Schritt zu einer langen, langen Wanderung von Knechttum zu Allmacht.

Auf diese Art geh vorwärts von Aufwachen zu Aufwachen.

Es gibt keinen quälenden Gedanken, den du damit nicht bannen könntest; er bleibt zurück und kann nicht mehr zu dir empor; du reckst dich über ihn, so wie die Krone eines Baumes über die dürren Äste hinauswächst.

Die Schmerzen fallen von dir ab wie welkes Laub, wenn du einmal so weit bist, daß jenes Wachsein auch deinen Körper ergreift.

Die eiskalten Tauchbäder der Juden und Brahmanen, die Nachtwachen der Jünger Buddhas und der christlichen Asketen, die Foltern der indischen Fakire, um nicht einzuschlafen, – sie alle sind nichts anderes als erstarrte äußerliche Riten, die wie Säulentrümmer dem Suchenden verraten: Hier hat in grauer Vorzeit ein geheimnisvoller Tempel des Erwachenwollens gestanden.

Lies die heiligen Schriften der Völker der Erde: durch alle zieht sich wie ein roter Faden die verborgene Lehre vom Wachsein; – es ist die Himmelsleiter Jakobs, der mit dem Engel des Herrn die ganze ›Nacht‹ gerungen hat, bis es ›Tag‹ wurde und er den Sieg gewann.

Von einer Sprosse immer hellern und hellern Wachseins zur andern mußt du steigen, wenn du den Tod überwinden willst, dessen Rüstzeug Schlaf, Traum und Betäubung sind.

Schon die unterste Sprosse dieser Himmelsleiter heißt: Genie; wie erst sollen wir die höheren Stufen benennen! Sie bleiben der Menge unbekannt und werden für Legenden gehalten. – Auch die Geschichte von Troja galt jahrhundertelang als Sage, bis endlich einer den Mut fand – und grub selber nach.

Auf dem Wege zum Erwachen wird der erste Feind, der sich dir entgegenstellt, dein eigner Körper sein. Bis zum ersten Hahnenschrei wird er mit dir kämpfen; erblickst du aber den Tag des ewigen Wachseins, der dich fernrückt von den Nachtwandlern, die da glauben, die seien Menschen, und nicht wissen, daß sie schlafende Götter sind, dann verschwindet für dich auch der Schlaf des Körpers, und das Weltall ist dir untertan.

Dann kannst du Wunder tun, wenn du willst, und mußt nicht wie ein wimmernder Sklave demütig harren, bis es einem grausamen Götzen gefällig ist, dich zu beschenken oder – dir den Kopf abzuschlagen.

Freilich, das Glück des treuen, wedelnden Hundes: einen Herrn über sich zu kennen, dem er dienen darf – dieses Glück wird für dich zerschellen, – aber frag dich selbst, würdest du als der Mensch, der du jetzt noch bist, mit deinem Hunde tauschen?

Laß dich nicht abschrecken durch die Angst, das Ziel in diesem Leben vielleicht nicht erreichen zu können! – Wer unsern Weg einmal betreten hat, der kommt immer wieder auf die Welt in einer innern Reife, die ihm die Fortsetzung seiner Arbeit ermöglicht, – er wird als ›Genie‹ geboren.

Der Pfad, den ich dir weise, ist besät mit wundersamen Erlebnissen: Tote, die du im Leben gekannt hast, werden vor dir aufstehen und mit dir reden! – Es sind nur Bilder! – Lichtgestalten, glanzumflossen und beseligend, werden dir erscheinen und dich segnen. – Es sind nur Bilder – Hauchformen, von deinem Körper ausgesendet, der unter dem Einfluß deines verwandelnden Willens den magischen Tod stirbt und aus Stoff zu Geist wird, gleich wie starres Eis, vom Feuer getroffen, sich in formenballenden Dunst auflöst.

Erst wenn du alles Kadaverhafte von ihm abgestreift hast, kannst du sagen: Jetzt ist der Schlaf für immer von mir gewichen.

Dann aber ist das Wunder vollbracht, das die Menschen nicht glauben können, – weil sie, durch ihre Sinne betrogen, nicht begreifen, daß Stoff und Kraft dasselbe ist, – jenes Wunder: daß, wenn man dich auch begräbt, keine Leiche im Sarg liegt.

Dann erst, nicht früher, wirst du Wesenhaftes vom Schein trennen können; wem du dann begegnest, kann nur einer sein, der vor dir den Weg gegangen ist. – Alle andern sind Schatten.

Bis dahin bleibt es ungewiß auf Schritt und Tritt, ob du das glücklichste oder das unglücklichste der Wesen wirst. – Aber fürchte dich nicht –: noch ist keiner, der den Pfad des Wachseins betreten hat, auch wenn er in der Irre ging, von den Führern verlassen worden.

Ein Merkmal will ich dir sagen, an dem du erkennen kannst, ob eine Erscheinung, die du hast, wesenhaft ist oder ein Trugbild: Wenn sie vor dich tritt und dein Bewußtsein ist getrübt, und die Dinge der Außenwelt sind für dich verschwommen oder verschwunden, dann traue nicht! Sei auf der Hut! Es ist ein Stück von dir. Wenn du das Gleichnis nicht errätst, das es in sich birgt, ist es nur ein Gespenst ohne Bestand – ein Schemen, ein Dieb, der von deinem Leben zehrt.

Die Diebe, die die Kraft der Seele stehlen, sind schlimmer als die Diebe der Erde. Sie locken dich wie Irrlichter in die Moräste einer trügerischen Hoffnung, um dich in der Finsternis allein zu lassen und für immer zu verschwinden.

Laß dich durch kein Wunder blenden, das sie scheinbar für dich tun, durch keinen heiligen Namen, den sie annehmen, durch keine Prophezeiung, die sie aussprechen, auch nicht, wenn sie in Erfüllung geht, – sie sind deine Todfeinde, von der Hölle deines eignen Körpers ausgespien, mit dem du um die Herrschaft ringst.

Wisse, daß die wunderbaren Kräfte, die sie besitzen, deine eignen sind, – von ihnen entwendet, um dich in Sklaverei zu erhalten; – sie können nicht leben, außer von deinem Leben, aber wenn du sie überwindest, sinken sie zu stummen, gehorsamen Werkzeugen herab, die du nach deinem Willen handhaben kannst.

Unzählig sind die Opfer, die sie unter den Menschen gefordert haben; lies die Geschichte der Visionäre und Sektierer, und du wirst erkennen, daß der Pfad der Beherrschung, den du wandelst, mit Totenschädeln bedeckt ist.

Die Menschheit hat sich unbewußt eine Mauer gegen sie gebaut; – den Materialismus. Diese Mauer ist ein unfehlbarer Schutz, – sie ist ein Sinnbild des Körpers, aber sie ist zugleich auch eine Kerkermauer, die den Ausblick hemmt.

Heute, wo sie langsam zerbröckelt und der Phönix des innern Lebens aus seiner Asche, in der er lange Zeit wie tot gelegen, mit neuen Schwingen wieder aufersteht, regen auch die Aasgeier einer andern Welt die Flügel. Darum hüte dich. Die Waagschale, in die du dein Bewußtsein legst, zeigt dir allein an, wann du Erscheinungen trauen darfst; je wacher es ist, desto tiefer neigt sie sich zu deinen Gunsten.

Will dir ein Führer, ein Helfer oder ein Bruder aus einer geistigen Welt erscheinen, so muß er es können, auch ohne dein Bewußtsein zu plündern; du darfst, wie der ungläubige Thomas, deine Hand in seine Seite legen.

Es wäre ein leichtes, den Erscheinungen und ihren Gefahren auszuweichen: – du brauchst nur zu sein wie ein gewöhnlicher Mensch. – Aber was ist damit gewonnen?

Du bleibst ein Gefangener im Kerker deines Leibes, bis der Henker ›Tod‹ dich zum Richtblock schleppt.

Die Sehnsucht der Sterblichen, die Gestalten der Überirdischen zu schauen, ist ein Schrei, der auch die Phantome der Unterwelt weckt, weil eine solche Sehnsucht nicht rein ist – weil sie Habgier ist statt Sehnsucht, weil sie ›nehmen‹ will in irgendeiner Form, statt zu schreien, um das ›geben‹ zu lernen.

Jeder, der die Erde als ein Gefängnis empfindet, jeder Fromme, der nach Erlösung ruft, – sie alle beschwören unbewußt die Welt der Gespenster.

Tu du es auch. Aber: bewußt!

Ob es für jene, die es unbewußt tun, eine unsichtbare Hand gibt, die die Sümpfe, in die sie geraten müssen, in Eilande verzaubern kann? Ich weiß es nicht. Ich will nicht streiten, – – aber ich glaub's nicht.

Wenn du auf dem Wege des Erwachens das Reich der Gespenster durchquerst, wirst du allmählich erkennen, daß es nur Gedanken sind, die du plötzlich mit den Augen sehen kannst. Das ist der Grund, weshalb sie dir fremd und wie Wesen erscheinen; denn die Sprache der Formen ist anders als die Sprache des Gehirns.

Dann ist der Zeitpunkt gekommen, wo sich die seltsamste Wandlung vollzieht, die dir geschehen kann: aus den Menschen, die dich umgeben, werden – Gespenster werden. Alle, die dir lieb gewesen, werden plötzlich Larven sein. Auch dein eigner Leib.

Es ist die furchtbarste Einsamkeit, die sich ausdenken läßt, – ein Pilgern durch die Wüste, und wer die Quelle des Lebens in ihr nicht findet, verdurstet.

Alles, was ich dir hier gesagt habe, steht auch in den Büchern der Frommen jedes Volkes: das Kommen eines neuen Reiches, das Wachen, die Überwindung des Körpers und die Einsamkeit, – und doch trennt uns von diesen Frommen eine unüberbrückbare Kluft: sie glauben, daß ein Tag naht, an dem die Guten in das Paradies eingehen und die Bösen in den Höllenpfuhl geworfen werden, – wir wissen, daß eine Zeit kommt, wo viele erwachen werden und von den Schlafenden getrennt sein wie die Herren von den Sklaven, weil die Schlafenden die Wachen nicht begreifen können, – wir wissen, daß es kein Böse und kein Gut gibt, sondern nur ein ›Falsch‹ und ein ›Richtig‹; – sie glauben, daß ›wachen‹ ein Offenhalten der Sinne und Augen und ein Aufbleiben des Körpers während der Nacht sei, damit der Mensch Gebete verrichten könne, – wir wissen, daß das ›Wachen‹ ein Aufwachen des unsterblichen Ichs bedeutet und die Schlummerlosigkeit des Leibes eine natürliche Folge davon ist; – sie glauben, der Körper müsse vernachlässigt werden und verachtet, weil er sündig sei; wir wissen: es gibt keine Sünde, der Körper ist der Anfang, mit dem wir zu beginnen haben, und wir sind auf die Erde herabgestiegen, um ihn in Geist zu verwandeln; – sie glauben, man solle mit dem Leib in die Einsamkeit gehen, um den Geist zu läutern; wir wissen, daß zuerst unser Geist in die Einsamkeit gehen muß, um den Leib zu verklären.

Bei dir allein steht es, deinen Weg zu wählen – ob unsern oder jenen. Es soll dein freier Wille sein.

Ich darf dir nicht raten; es ist heilsamer, aus eigenem Entschluß eine bittere Frucht zu pflücken, als auf fremden Rat eine süße auf dem Baume – hängen zu sehen.

Nur mach's nicht wie die vielen, die da wohl wissen, es steht geschrieben: ›Prüfet alles, und das Beste behaltet‹ – aber hingehen, nichts prüfen und das – Erstbeste behalten.«

––––––––

Die Seite war zu Ende, und das Thema brach ab.

Hauberrisser glaubte nach einigem Suchen, den anschließenden Teil gefunden zu haben. Der Unbekannte, an den das Schriftstück gerichtet war, schien sich zu dem

»heidnischen Wege der Gedankenbeherrschung« entschlossen zu haben, denn der Verfasser der Rolle fuhr auf einem neuen Blatt, das die Überschrift trug:

Der Phönix

folgendermaßen fort:

»Mit dem heutigen Tag bist du aufgenommen in unsere Gemeinschaft und ein neuer Ring in der Kette, die von Ewigkeit zu Ewigkeit reicht.

Damit erlischt mein Amt und geht in die Hände eines andern über, den du nicht sehen kannst, solange deine Augen noch der Erde gehören.

Er ist unendlich fern von dir und dennoch dicht in deiner Nähe; er ist nicht räumlich von dir getrennt und dennoch weiter weg als die äußersten Grenzen des Weltalls; du bist von ihm umgeben, wie ein Mensch, der im Ozean schwimmt, von Wasser, aber du nimmst ihn nicht wahr, – so wie der Schwimmer das Salz nicht schmeckt, das das Meer durchdringt, wenn die Nerven seiner Zunge tot sind.

Unser Sinnbild ist der Phönix, das Symbol der Verjüngung – der sagenhafte ägyptische Adler des Himmels mit rotem und goldenem Gefieder, der sich in seinem Nest aus Myrrhen verbrennt und immer neu aus der Asche ersteht.

Ich habe dir gesagt, der Anfang des Weges ist der eigene Körper; wer das weiß, kann jeden Augenblick die Wanderung beginnen.

Ich will dich jetzt die ersten Schritte lehren:

Du mußt dich vom Leibe trennen, aber nicht, als wolltest du ihn verlassen: – du mußt dich von ihm lösen wie jemand, der Licht von Wärme scheidet.

Schon hier lauert der erste Feind.

Wer sich vom Körper losreißt, um durch den Raum zu fliegen, der geht den Weg der Hexen, die nur einen gespenstischen Leib aus dem groben, irdischen herausgezogen haben und auf ihm wie auf einem Besen zur Walpurgisnacht reiten.

Die Menschheit hat sich aus richtigem Instinkt eine Brustwehr gegen diese Gefahr errichtet, indem sie ein Lächeln über die Möglichkeit solcher Künste bereithält. – Du brauchst als Schutz den Zweifel nicht mehr – du hast in dem, was ich dir gegeben habe, ein besseres Schwert. Die Hexen glauben, auf dem Sabbat des Teufels zu sein, und in Wirklichkeit liegt ihr Körper bewußtlos und starr in der Kammer. Sie vertauschen bloß die irdische Wahrnehmung gegen eine geistige – sie verlieren das Bessere, um das Schlechtere zu gewinnen; – es ist ein Ärmerwerden statt ein Reichersein.

Schon daraus siehst du, daß es nicht der Weg des Erwachens sein kann. – Um zu begreifen, daß du nicht dein Körper bist, – wie die Menschen von sich wähnen, – mußt du erkennen, mit welchen Waffen er kämpft, um die Herrschaft über dich zu behaupten. – Jetzt stehst du freilich noch so tief in seiner Gewalt, daß dein Leben erlischt, wenn sein Herz aufhört zu schlagen, und du in Nacht versinkst, sobald er die Augen schließt. Du glaubst, du könntest ihn bewegen, – es ist eine Täuschung: nein, er bewegt sich und nimmt nur deinen Willen zu Hilfe. Du glaubst, du schaffst Gedanken: nein, er schickt sie dir, damit du meinst, sie kämen von dir, und alles tust, was er will.

Setz dich aufrecht hin und nimm dir vor, kein Glied zu rühren, mit keiner Wimper zu zucken und regungslos zu bleiben wie eine Bildsäule, und du wirst sehen, daß er haßentbrannt augenblicklich über dich herfällt und dich zwingen will, ihm wieder untertan zu sein. – Mit tausend Waffen wird er auf dich losstürzen, bis du ihm wieder erlaubst, sich zu bewegen. – An seiner grimmigen Wut und der überstürzten Kampfesweise, mit der er Pfeil auf Pfeil auf dich abschießt, kannst du ersehen, wenn du schlau bist, wie bange ihm um seine Herrschaft sein muß und wie groß deine Macht, daß er sich so vor dir fürchtet.

Aber es steckt dabei noch eine List von ihm dahinter: er

will dich glauben machen, daß hier, im äußern Willen, die Entscheidungsschlacht um das Zepter geschlagen wird; nein, es sind nur Scharmützel, die er dich, wenn's sein muß, gewinnen läßt, um dich dann um so tiefer unters Joch zu beugen.

Diejenigen, die solches Geplänkel gewinnen, werden die ärmsten Sklaven – sie dünken sich Sieger und tragen auf der Stirn das Schandmal: ›Charakter‹.

Deinen Körper zu bändigen ist nicht der Zweck, den du verfolgst. Wenn du ihm verbietest, sich zu bewegen, so sollst du es nur deshalb tun, damit du die Kräfte kennenlernst, über die er gebietet. Es sind Heerscharen, fast unüberwindlich durch ihre Zahl. Er wird sie gegen dich in den Kampf schicken, eine nach der andern, wenn du nicht nachläßt, mit dem so einfach scheinenden Mittel des Stillsitzens: zuerst die rohe Gewalt der Muskeln, die beben und zittern wollen, – das Sieden des Blutes, das dir den Schweiß ins Gesicht treibt, – das Hämmern des Herzens, – das Frösteln der Haut, bis dein Haar sich sträubt, – das Schwanken des Leibes, das dich durchfährt, – als habe die Schwerkraft die Achse verändert, – sie alle kannst du besiegen, – scheinbar durch den Willen – dennoch ist es nicht der Wille allein: es ist in Wahrheit bereits ein höheres Wachsein, das unsichtbar hinter ihm steht in der Tarnkappe.

Auch dieser Sieg ist wertlos; selbst wenn du Herr würdest über Atmung und Herzschlag, wärest du nur ein Fakir – ein ›Armer‹ auf deutsch.

Ein ›Armer‹! – das sagt genug. – – –

Die nächsten Kämpfer, die dir dein Körper stellt, sind die ungreifbaren Fliegenschwärme der Gedanken.

Gegen sie hilft das Schwert des Willens nicht mehr. Je wilder du nach ihnen schlägst, desto wütender umschwirren sie dich, und glückt es dir nur einen Augenblick, sie zu verscheuchen, so fällst du in Schlummer und bist in anderer Form der Besiegte.

Ihnen Stillhalten zu gebieten ist vergebens; nur ein einziges Mittel gibt es, ihnen zu entrinnen: die Flucht in ein höheres Wachsein.

Wie du das zu beginnen hast, mußt du allein lernen.

Es ist ein vorsichtiges, immerwährendes Tasten mit dem Gefühl und ein eiserner Entschluß zugleich.

Das ist alles, was ich dir darüber sagen kann. Jeder Rat, den dir für dieses qualvolle Ringen irgend jemand gibt, ist Gift. Hier liegt eine Klippe, über die dir kein anderer hinweghelfen kann als du selbst.

Es braucht dir nicht zu gelingen, die Gedanken für immer zu bannen, – der Kampf mit ihnen dient nur dem einen Zweck: den Zustand höheren Wachseins zu erklimmen.

Hast du diesen Zustand erlangt, naht das Reich der Gespenster, von dem ich dir bereits gesprochen habe.

Gestalten, schreckhafte und solche in Strahlenglanz werden dir erscheinen und dich glauben machen wollen, sie seien Wesen aus einer andern Welt. – Es sind nur Gedanken in sichtbarer Form, über die du noch nicht völlig Macht besitzt!

Je erhabener sie sich gebärden, desto verderblicher sind sie, das merke dir!

So mancher Irrglaube hat sich auf solchen Erscheinungen aufgebaut und die Menschheit in die Finsternis zurückgerissen. Trotzdem steckt hinter jedem dieser Phantome ein tiefer Sinn: sie sind nicht bloß Bilder, sie sind für dich – gleichgültig ob du ihre symbolische Sprache verstehst oder nicht – die Merkmale der geistigen Entwicklungsstufen, auf denen du dich befindest.

Die Verwandlung deiner Mitmenschen in Gespenster, von der ich dir sagte, daß sie auf diesen Zustand folgen wird, birgt, wie alles auf geistigem Gebiet, zugleich ein Gift und eine Heilkraft in sich.

Bleibst du dabei stehen, die Menschen nur für Gespenster zu halten, so trinkst du bloß das Gift und wirst wie jener, von dem es heißt: ›Hat er die Liebe nicht, bleibt er leer wie tönendes Erz.‹ Findest du aber den ›tieferen Sinn‹, der in jedem dieser Menschenschemen verborgen liegt, so siehst du mit dem Auge des Geistes nicht nur ihren lebendigen Kern, sondern auch den deinen. Dann wird dir alles, was dir genommen worden, tausendfach zurückgegeben wie dem Hiob; dann bist du – wieder da, wo du warst, wie die Törichten so gerne höhnen; – sie wissen nicht, daß es ein anderes ist, wieder heimzukehren, wenn man lang in der Fremde war, als immer zu Hause geblieben zu sein.

Ob dir, wenn du so weit vorgedrungen bist, jene Wunderkräfte, die die Propheten des Altertums besessen haben, zuteil werden oder du statt dessen in den ewigen Frieden eingehen darfst, das weiß niemand.

Solche Kräfte sind ein freies Geschenk derer, die die Schlüssel dieser Geheimnisse bewahren.

Wenn du sie bekommst, um sie zu handhaben, geschieht es nur der Menschheit wegen, die solcher Zeichen bedarf.

Unser Weg führt bloß bis zur Stufe der Reife, – bist du zu ihr gelangt, so bist du auch würdig, jenes Geschenk zu erhalten; ob man es dir gibt? Ich weiß es nicht.

Ein Phönix aber wirst du geworden sein – so oder so; dies zu erzwingen steht in deiner Hand.

Ehe ich jetzt von dir Abschied nehme, sollst du noch erfahren, aus welchem Zeichen du erkennen kannst, ob du einst in der Zeit der ›großen Tag- und Nachtgleiche‹ berufen sein wirst, die Gabe der Wunderkräfte zu bekommen. Höre:

Einer von denen, die die Schlüssel der Geheimnisse der Magie aufbewahren, ist auf der Erde zurückgeblieben und sucht und sammelt die Berufenen.

So, wie er nicht sterben kann, so kann auch die Sage, die über ihn im Umlauf ist, nicht sterben. –

Die einen munkeln, er sei der ›Ewige Jude‹; die andern

nennen ihn Elias; die Gnostiker behaupten, er wäre Johannes der Evangelist; – aber jeder, der ihn gesehen haben will, schildert sein Aussehen anders. Laß dich dadurch nicht beirren, falls du Menschen in der sprießenden Zeit der Zukunft begegnen solltest, die auf solche Art von ihm erzählen.

Es ist nur natürlich, daß jeder ihn anders sieht: – ein Wesen wie er, das seinen Leib in Geist verwandelt hat, kann an keine starre Form mehr gebunden sein.

Ein Beispiel wird dir erklären, daß auch seine Gestalt und sein Gesicht nur Bilder sein können – gespenstischer Schein sozusagen für das, was er in Wahrheit ist:

Nimm an, er erschiene dir als ein Wesen von grüner Farbe. Grün ist an sich keine wirkliche Farbe, trotzdem du sie sehen kannst, – sie ist aus einer Mischung von Blau und Gelb entstanden. – Wenn du Blau und Gelb miteinander innig vermengst, erhältst du Grün.

Jeder Maler weiß das, – daß aber die Welt, die man um sich sieht, gleicherweise im Zeichen der ›grünen‹ Farbe steht und in Wahrheit nicht das ist, was sie zu sein scheint, nämlich: gelb und blau, – das wissen die wenigsten.

Erkenne du aus diesem Beispiel, daß er, wenn er dir als ein Mann mit grünem Antlitz begegnen sollte, sein wahres Gesicht dir trotzdem noch immer nicht offenbar ist.

Wenn du ihn siehst als den, der er in Wirklichkeit ist: als ein geometrisches Zeichen, als ein Sigill am Himmel, das kein anderer schauen kann als du allein, – dann wisse: du bist berufen zum Wundertäter.

Mir ist er begegnet als leibhaftiger Mensch, und ich habe meine Hand in seine Seite legen dürfen.

Sein Name war – – – – – – – –«

Hauberrisser erriet den Namen; er stand auf dem Blatt, das er beständig bei sich trug, – es war der Name, der ihm immer wieder entgegensprang:

Chidher Grün.

219

Zwölftes Kapitel

Hauch der Verwesung in der Luft. Brutwarme sterbende Tage und neblige Nächte. Das faulende Gras der Wiesen frühmorgens bedeckt mit den schimmelweißen Flecken der Spinnengewebe. Zwischen den braunvioletten Schollen kalte, blinde Wasserpfützen, die der Sonne nicht mehr trauen; – strohgelbe Blumen, denen die Kraft fehlt, das Gesicht zum glasklaren Himmel zu erheben, – taumelnde Schmetterlinge mit zerfetzten, entstaubten Flügeln, – in den Alleen der Stadt: die Blätter der Bäume raschlig an mürben Stielen.

Wie eine welkende Frau, die sich nicht genug tun kann an grellen Farben, um ihr Alter zu verbergen, begann die Natur mit der bunten Schminke des Herbstes zu prahlen.

———————————

Der Name Eva van Druysen war längst vergessen in Amsterdam. Auch Baron Pfeill zählte sie zu den Toten, und Sephardi trauerte um sie; nur in Hauberrissers Brust konnte ihr Bild nicht sterben.

Aber er sprach nicht von ihr, wenn ihn bisweilen seine Freunde oder der alte Swammerdam besuchen kamen.

Er war wortkarg und verschlossen geworden und unterhielt sich mit ihnen nur mehr über gleichgültige Dinge.

Mit keiner Silbe verriet er, daß er sich in eine stille Hoffnung, Eva trotzdem wiederzufinden, versponnen hatte, die von Tag zu Tag im verborgenen in ihm wuchs, – denn er fürchtete sich, es auszusprechen, als zerrisse er damit ein feines Netz.

Nur Swammerdam gegenüber ließ er, wenn auch nicht in Worten, durchblicken, wie es um ihn stand.

Seit jener Stunde, in der er die Tagebuchrolle zu Ende gelesen, war eine Wandlung in ihm vorgegangen, die er selbst kaum begriff. Anfangs hatte er die Übung des Stillsitzens gemacht, wann sie ihm gerade einfiel, eine Stunde, oder länger oder kürzer, und war darangegangen teils neugierig, teils mit der innerlich ungläubigen Miene eines Menschen, der im Grunde seiner Seele das beständige, nüchterne: »Es führt ja doch zu nichts« wie einen Wahlspruch der Erfolglosigkeit mit sich herumschleppt.

Eine Woche später hatte er die Übung zwar auf eine Viertelstunde am Morgen beschränkt, aber er machte sie mit Aufgebot aller Kraft und um ihrer selbst willen und nicht mehr in der ermüdenden und jedesmal enttäuschten Erwartung, es müsse sich irgend etwas Wunderbares begeben. –

Bald wurde sie ihm unentbehrlich wie ein erfrischendes Bad, auf das er sich schon freute, wenn er sich abends niederlegte.

Wohl schüttelten ihn tagsüber noch lange nach wie vor die Anfälle wildester Verzweiflung, wenn ihm plötzlich einfiel, daß er Eva verloren hatte, und er wies die Zumutung, gegen solche Gedanken des Schmerzes auf magische Art anzukämpfen – und gewissermaßen davonzulaufen vor der brennenden Erinnerung an Eva, – wie Egoismus, Lieblosigkeit und Selbstbelügung zugleich jedesmal empört von sich, aber eines Tages versuchte er es doch, als das Leid so übermächtig geworden war, daß er glaubte, Selbstmord begehen zu müssen.

Er hatte sich der Vorschrift gemäß aufrecht hingesetzt und einen Zustand höheren Wachseins zu erzwingen getrachtet, um der unerträglichen Folter der Gramgedanken wenigstens für Augenblicke zu entrinnen, – und wider Erwarten war es ihm gleich beim erstenmal merkwürdig gut gelungen. – Ehe er noch in den Zustand eintrat, hatte er geglaubt, er werde aus ihm mit Reue im Herzen zurückkehren, um sich einem verdoppelten Schmerz freiwillig in die Arme zu werfen, aber nichts von alledem geschah. – Im Gegenteil: ein unbegreifliches Gefühl der Sicherheit, an dem jeder noch so künstlich hochgeschraubte Zweifel abprallte, erfüllte ihn von da an, daß Eva lebe und in keinerlei Gefahr schwebe.

Wenn ihn die Gedanken an sie während des Tages wohl hundertmal überfallen hatten, war es wie Schläge mit glühenden Peitschen gewesen, – jetzt empfand er sie, wenn sie kamen, wie jubelnde Botschaft, daß Eva in der Ferne an ihn denke und ihm Grüße schicke. Was früher Schmerz gewesen, hatte sich urplötzlich in eine Quelle der Freude verwandelt.

So hatte er durch die Übung eine Zufluchtsstätte in seinem Innern geschaffen, in die er sich jederzeit zurückziehen konnte, um immer neue Zuversicht und jenes geheimnisvolle Wachstum zu finden, das denen, die es nicht aus Erfahrung kennenlernen, das ganze Leben hindurch, sooft sie auch davon hören, ein totes, leeres Wort bleiben wird.

Bevor er den neuen Zustand gekannt, hatte er geglaubt, wenn er dem Schmerz um Eva entfliehe, werde es nur ein rascheres Vernarben der Wunden seiner Seele sein – ein Beschleunigen des gewissen Heilungsprozesses, mit dem die Zeit allen Menschen das Leid lindert, – und er hatte sich mit allen Fasern gegen ein solches Genesen gesträubt, wie jeder es tut, der klar voraussieht, daß ein Verklingen des Kummers um den Verlust einer geliebten Person auch das Verblassen ihres Bildes, von dem er nicht lassen möchte, in sich schließt.

Aber ein schmaler, blumenbestreuter Fußpfad zwischen diesen beiden Klippen, von dessen Möglichkeit er früher nichts geahnt, hatte sich ihm ganz wie von selbst erschlossen: das Bild Evas war nicht in den Staub der Vergangenheit hinabgesunken, wie er gefürchtet hatte, – nein, nur der Schmerz allein war verschwunden; Eva selbst, statt ihres von seinen Tränen umflort gewesenen Bildes, war auferstanden, und er konnte in Minuten ruhevollen innern Verweilens ihre Nähe so deutlich spüren, als stünde sie leibhaftig bei ihm.

Es kamen, je mehr er sich von der Außenwelt zurückzog, mitunter Stunden eines so tiefen Glückes über ihn, wie er es niemals für möglich gehalten hätte, in denen sich Erkenntnis an Erkenntnis reihte und er immer klarer und klarer begriff, daß es wirkliche Wunder innerer Erlebnisse gab, gegen die sich die Vorgänge des äußern Daseins nicht nur scheinbar, wie er früher stets gedacht, sondern tatsächlich wie Schatten zu Licht verhielten.

Das Gleichnis vom Phönix als dem Adler der ewigen Verjüngung wurde ihm täglich eindrucksvoller – erschloß ihm immer neue Bedeutung – ließ ihn den merkwürdigen Unterschied zwischen lebendigen und toten Symbolen in ungeahnter Fülle erfassen.

Alles, was er suchte, schien in diesem unerschöpflichen Sinnbild enthalten zu sein.

Es löste ihm Rätsel wie ein allwissendes Wesen, das er nur zu befragen brauchte, um die Wahrheit zu erfahren.

So hatte er zum Beispiel bei seinen Bemühungen, Herr über das Kommen und Gehen seiner Gedanken zu werden, bemerkt, daß es ihm manchmal vortrefflich gelang, aber wenn er dann glaubte, die Art und Weise, wie er es zuwege gebracht, genau zu wissen, fand er am nächsten Tage keine Spur mehr von Erinnerung daran in seinem Gedächtnis vor. Es war wie ausgewischt in seinem Hirn, und er mußte scheinbar wieder von vorne anfangen, um eine neue Methode zu ersinnen. –

»Der Schlummer des Körpers hat mich der gepflückten Frucht beraubt«, hatte er sich in solchen Fällen gesagt und, um dem vorzubeugen, beschlossen, sich nicht mehr schlafen zu legen, solange es irgend ginge, bis er eines Morgens von dem Einfall erhellt wurde, daß dieses sonderbare Verschwinden aus seiner Erinnerung nichts anderes war als die »Verbrennung zu Asche«, aus der der Phönix immer wieder verjüngt erstehen müsse, – daß es irdisch und vergänglich sei, sich Methoden zu schaffen und merken zu wollen – daß nicht ein zustande gebrachtes Gemälde das Wertvolle ist, wie Pfeill es in Hilversum ausgedrückt hatte, sondern das Malenkönnen.

Seit er diesen Einblick gewonnen hatte, war ihm die Bewältigung der Gedanken ein beständiger Genuß geworden, statt ein erschöpfendes Ringen zu sein, und er klomm von Stufe zu Stufe, ohne es zu bemerken, bis er plötzlich zu seinem Erstaunen wahrnahm, daß er bereits den Schlüssel zu seiner Herrschaft besaß, von deren bloßer Möglichkeit er sich nicht einmal hatte träumen lassen. – »Es ist, als wäre ich bisher von Gedanken umschwärmt gewesen wie von Bienen, die sich von mir Futter holten« – hatte er es Swammerdam erklärt, mit dem er sich damals noch über derlei innere Erlebnisse auszusprechen pflegte – »jetzt kann ich sie aussenden mit meinem Willen, und sie kommen mit Einfällen wie mit Honig beladen zu mir zurück. Früher haben sie mich beraubt, – jetzt bereichern sie mich.«

Fast in denselben Worten las er zufällig eine Woche später einen ähnlichen geistigen Vorgang in der Tagebuchrolle geschildert und erkannte daraus zu seiner Freude, daß er, ohne belehrt worden zu sein, den richtigen Weg zur Entwicklung eingeschlagen hatte.

Die Seiten, auf denen es gestanden hatte, waren vorher durch Schimmel und Feuchtigkeit zusammengeklebt gewesen; – unter dem Einfluß der Sonnenstrahlen am Fenster, vor dem sie lagen, hatten sie sich voneinander gelöst.

Auch in seinem Denken, fühlte er, war etwas Ähnliches geschehen.

Er hatte in den letzten Jahren vor und während des Krieges mancherlei über sogenannte Mystik gehört und gelesen und alles, was damit zusammenhing, unwillkürlich mehr oder weniger mit dem Begriff »Unklarheit« vereinigt, denn was er darüber erfahren konnte, trug immer den Stempel des Verschwommenen und glich den Ekstasen eines Opiumrausches. – Er hatte sich zwar in seinem Urteil nicht geirrt, da das, was unter dem Namen Mystik in aller Munde war, wirklich nichts anderes bedeutete als ein Umhertappen im Nebel, aber jetzt sah er ein, daß es auch einen wahren mystischen Zustand gab, – schwer zu finden und noch schwerer zu erringen – der nicht nur hinter der Wirklichkeit der täglichen Daseinserfahrung nicht zurückblieb, sondern sie an Lebendigkeit weit übertraf. –

Da war nichts mehr, was an die verdächtigen Wonnen der »mystisch« Verzückten gemahnte, – kein demütiges Gewinsel mehr um eine selbstsüchtige »Erlösung«, die, um Glanz zu gewinnen, als blutigen Hintergrund den Anblick der zu ewigen Höllenstrafen verdammten Frevler benötigt, – aber auch die sattgefressene schmatzende Zufriedenheit einer viehischen Menge, die auf dem Boden der Wirklichkeit zu stehen vermeint, wenn sie rülpsend verdaut, war verschwunden wie ein widerwärtiger Traum.

– – – – – – – – –

Hauberrisser hatte das Licht abgedreht, saß vor seinem Tisch und wartete. Wartete in die Finsternis hinein.

Vor dem Fenster hing die Nacht als schweres, dunkles Tuch.

Er fühlte, daß Eva bei ihm stand, aber er konnte sie nicht sehen. –

Wenn er die Augen schloß, wogten Farben wie Wolken hinter seinen Lidern, lösten sich auf und ballten sich wieder zusammen; er wußte aus den Erfahrungen, die er gesammelt, daß sie der Stoff waren, aus dem er sich Bilder schaffen konnte, wenn er wollte, – Bilder, die anfangs starr und leblos schienen, dann aber, wie von einer rätselhaften Kraft beseelt, ein selbständiges Leben bekamen, als seien sie Wesen gleich ihm.

Vor wenigen Tagen war es ihm zum erstenmal geglückt, auch Evas Gesicht in dieser Weise zu formen und lebendig zu machen, und er hatte geglaubt, auf dem richtigen Wege zu sein, auf eine neue geistige Art mit ihr zusammenzukommen, bis er sich an die Stelle in der Tagebuchrolle über die Halluzinationen der Hexen erinnerte und begriff, daß hier das uferlose Reich der Gespenster begann, in das er nur einzutreten brauchte, um nie wieder zurückzufinden.

Je mehr seine Kraft, die verborgenen unerkannten Wünsche seines Innern in Bilder umzugestalten, wuchs, desto größer, fühlte er, mußte auch die Gefahr für ihn werden, auf einen Pfad abzuirren, von dem es keine Heimkehr mehr gab.

Mit einem Gefühl des Grauens und brennender Sehnsucht zugleich dachte er an die Minuten zurück, wo es ihm gelungen war, Evas Phantom heraufzubeschwören. – Anfangs war es grau und schattenhaft gewesen, dann hatte es langsam Farbe und Leben bekommen, bis es vor ihm gestanden – so deutlich wie aus Fleisch und Blut.

Jetzt noch fühlte er die Eiseskälte, die seinen Körper damals ergriffen, als er, von magischem Instinkt getrieben, den Versuch gewagt hatte, auch seine übrigen Sinne – Gehör und Gefühl – an der Vision teilnehmen zu lassen.

Oft und oft hatte er sich seitdem auf dem Wunsch ertappt, das Bild nochmals vor seinen Blick zu zaubern, und immer seine ganze Kraft aufbieten müssen, um der Lokkung zu widerstehen.

– – – – – – – – –

Die Nacht schritt vor, aber er konnte sich nicht entschließen, schlafen zu gehen; beständig umkreiste ihn das dumpfe Ahnungsgefühl, es müßte auch ein magisches Mittel geben, Eva zu rufen, daß sie zu ihm käme – nicht wie damals als vampyrhafter Schemen, belebt von dem Hauch seiner eignen Seele, nein: leibhaftig und wirklich.

Er sandte seine Gedanken aus, damit sie mit neuen Eingebungen, wie er es anzufangen hätte, beladen zu ihm zurückkehren möchten; er wußte aus seinen Fortschritten in den letzten Wochen, daß diese Methode des Aussendens von Fragen und beharrlichen Wartens auf Antwort – dieses klarbewußte Wechseln von aktivem und passivem Zustand – selbst dann nicht zu versagen brauchte, wenn es sich um Dinge handelte, die durch logischen Denkprozeß herauszufinden unmöglich war.

Einfall auf Einfall schoß ihm durch den Kopf, einer krauser und phantastischer als der andere; er prüfte sie mit der Waage seines Gefühls: jeder wurde zu leicht befunden.

Wieder war es der Schlüssel des »Wachseins«, der das verborgene Schloß aufsperren half.

Nur mußte diesmal – erriet er instinktiv – sein Körper und nicht das Bewußtsein allein zu höherer Lebendigkeit erregt werden; im Körper lagen die magischen Kräfte schlafend, sie mußte er erwecken, wenn er auf die stoffliche Welt einwirken wollte.

Wie ein belehrendes Beispiel fiel ihm ein, daß die Wirbeltänze der arabischen Derwische im Grunde wohl auch nichts anderes bezweckten, als den Körper zu einem höheren »Wachsein« aufzupeitschen.

Er legte – wie unter einer Eingebung – die Hände auf die Knie und setzte sich aufrecht hin in der Stellung der ägyptischen Götterstatuen, die mit dem unbeweglichen Ausdruck ihrer Gesichter ihm plötzlich als die Sinnbilder magischer Gewalt erschienen, – zwang seinen Körper zu totenhafter Ruhe und schickte zugleich einen erregenden Feuerstrom von Willenskraft durch jede Faser des Leibes.

Schon nach wenigen Minuten durchtobte ihn ein Sturm von beispielloser Wut.

Wahnwitziges Durcheinanderschreien von menschen- und tierähnlichen Stimmen, wütendes Gebell von Hunden und das schrille Krähen zahlloser Hähne gellte durch sein Hirn; im Zimmer brach ein Tumult los, als berste das Haus; – metallenes Dröhnen von Gongschlägen, als läute die Hölle den Jüngsten Tag ein, vibrierte durch seine Knochen, daß er glaubte, er müsse in Staub zerfallen, die Haut brannte ihn wie ein Nessosgewand, – aber er biß die Zähne zusammen und gestattete seinem Körper nicht die geringste Bewegung.

Unablässig, mit jedem Herzschlag, rief er dabei nach Eva.

Eine Stimme, leise, kaum geflüstert und doch den Lärm durchdringend wie eine spitzige Nadel, warnte ihn, nicht mit Kräften zu spielen, deren Gewalt er nicht kenne – die zu beherrschen er noch nicht reif sei – die ihn jeden Augenblick in unheilbares Irresein stürzen könnten, – er hörte nicht darauf. –

Immer lauter und lauter wurde die Stimme, so laut, daß es schien, als sei ringsum das Getöse in weite Ferne gerückt, – sie schrie ihn an, er solle umkehren, – wohl müsse Eva kommen, wenn er nicht aufhöre, mit den entfesselten lichtlosen Kräften der Unterwelt nach ihr zu rufen, aber daß ihr Leben, wenn sie käme, ehe die Zeit ihrer geistigen Entwicklung um sei, noch in derselben Stunde verlöschen werde wie das Licht einer Kerze, und er selbst sich damit eine Bürde des Schmerzes auflüde, die er nicht werde tragen können, – – er biß die Zähne zusammen und hörte nicht hin. – Die Stimme suchte ihn mit Vernunftgründen zu überzeugen, daß Eva doch längst zu ihm gekommen wäre oder ihm eine Nachricht geschickt hätte, wo sie sei, wenn es hätte sein dürfen, – er habe doch den Beweis, daß sie lebe und ihm stündlich Gedanken voll heißer Liebe sende, aus dem untrüglichen Gefühl ihrer Nähe, das er Tag für Tag empfinde, – – er hörte nicht darauf und rief und rief.

Die verzehrende Sehnsucht, Eva in seine Arme zu schließen, und wäre es nur für einen kurzen Augenblick, hatte ihm jede Besinnung geraubt.

Plötzlich verstummte der Tumult, und er sah, daß das Zimmer taghell erleuchtet war.

Mitten drin, wie aus den Dielen gewachsen, ragte – fast bist zur Decke empor und einen Querbalken am oberen Ende – aus dem Boden ein modriger hölzerner Pfosten wie ein enthauptetes Kreuz.

Mit dem Kopf von dem Querbalken herabhängend, war eine armdicke, hellgrün schillernde Schlange herumgewunden und blickte ihn mit lidlosen Augen an.

Ihr Gesicht – die Stirn mit einem schwarzen Fetzen umwickelt – glich dem einer menschlichen Mumie; die Haut der Lippen, eingetrocknet und dünn wie Pergament, war straff über die morschen gelblichen Zähne gespannt.

Trotz der leichenhaften Verzerrung der Züge erkannte Hauberrisser in ihnen eine entfernte Ähnlichkeit mit dem Antlitz Chidher Grüns, wie es einst in dem Laden der Jodenbreestrat vor ihm gestanden hatte.

Das Haar vor Entsetzen gesträubt und mit stockendem Puls horchte er auf die Worte, die langsam und silbenweise in pfeifenden, halblauten, seltsam halbierten Tönen aus dem verwesten Munde hervorbröckelten:

»W–as wil–lst du von mir?«

Einen Augenblick lähmte ihn ein furchtbares Grauen, – er fühlte das Lauern des Todes hinter sich – glaubte, eine schwarze, scheußliche Spinne über den Glanz der Tischplatte huschen zu sehen, – – dann schrie sein Herz den Namen Eva.

Im Nu lag das Zimmer wieder in Finsternis und, als er sich schweißgebadet zur Tür tastete und das elektrische

Licht aufdrehte, war das geköpfte Holzkreuz mit der Schlange daran verschwunden.

Er hatte das Gefühl, als sei die Luft vergiftet, – er konnte kaum mehr atmen – die Gegenstände drehten sich vor seinen Augen. – –

»Es muß, es muß eine Fiebervision gewesen sein!« suchte er sich vergebens zu beruhigen, aber die drosselnde Angst: alles, was er soeben gesehen, habe sich buchstäblich und greifbar hier im Zimmer abgespielt, ließ ihn nicht los.

Eisige Schauer liefen ihm über den Rücken, wenn er sich an die warnende Stimme erinnerte; – schon der bloße Gedanke an die Möglichkeit, sie könne wieder aufwachen und ihm zuschreien, er hätte durch seine wahnwitzigen magischen Experimente Eva wirklich gerufen und damit in Lebensgefahr gestürzt, verbrannte ihm das Gehirn.

Er glaubte ersticken zu müssen, biß sich in die Hand, hielt sich die Ohren zu, rüttelte an den Sesseln, um wieder zu sich zu kommen, riß das Fenster auf und sog die kalte Nachtluft ein – – es half nichts: die innere Gewißheit, in der geistigen Welt der Ursachen etwas angerichtet zu haben, was sich nicht mehr gutmachen ließ, blieb bestehen.

Wie toll gewordene Bestien fielen die Gedanken, deren er für immer Herr geworden zu sein hochmütig geglaubt hatte, über ihn her, – da nützte kein »Stillsitzenwollen« mehr.

Auch die Methode des »Erwachens« versagte.

»Es ist Wahnsinn, Wahnsinn, Wahnsinn«, wiederholte er krampfhaft vor sich hin mit zusammengebissenen Zähnen und raste dabei im Zimmer auf und ab: »Nichts ist geschehen! Es war eine Vision! – nichts weiter! Ich bin ja verrückt! Einbildung! Einbildung! Die Stimme hat mich belogen, und auch die Erscheinung war nicht wirklich! Wo hätte denn das Holz mit der Schlange herkommen sollen, – und – und die Spinne!« –

Er zwang sich – mit verzerrtem Mund laut aufzulachen.

– – – »Die Spinne!! – Warum ist sie denn jetzt nicht mehr da?« versuchte er sich selbst zu verhöhnen; er zündete ein Streichholz an, um unter den Tisch zu leuchten, – fand in der unbestimmten Furcht, die Spinne könnte als Überbleibsel des spukhaften Erlebnisses wirklich noch vorhanden sein, den Mut nicht, hinzusehen. – – – – –

Wie befreit atmete er auf, als er von den Türmen drei Uhr schlagen hörte, – – »Gott sei Dank, die Nacht geht vorüber.«

Er trat ans Fenster, beugte sich hinaus und blickte lange in die neblige Finsternis, um, wie er glaubte, nach den ersten Zeichen des nahenden Morgens zu spähen, – – dann wurde ihm plötzlich der wahre Grund klar, weshalb er es tat: er hatte sich dabei ertappt, daß er mit angespannten Sinnen lauschte, ob Eva denn noch immer nicht käme!

»Meine Sehnsucht nach ihr ist so übermächtig geworden, daß mir die Phantasie bei wachem Bewußtsein die Truggestalten eines Alptraumes vorgegaukelt hat«, suchte er sich zu beschwichtigen, als er wieder im Zimmer auf- und niederschritt und sich abermals die Hand der Qual nach ihm ausstrecken wollte, – da blieb sein Blick auf einem dunklen Fleck im Fußboden haften, den er sich nicht entsinnen konnte, jemals früher bemerkt zu haben.

Er bückte sich und sah, daß an der Stelle, wo seiner Erinnerung nach das enthauptete Kreuz mit der Schlange gestanden hatte, das Holz der Dielen verfault war.

Sein Atem stockte. Undenkbar, daß der Fleck immer schon hier gewesen sein sollte! – – –

Ein lauter Schlag, wie einmaliges Klopfen, riß ihn aus seiner Betäubung.

Eva?

Da! Wieder!

Nein, unmöglich konnte es Eva sein: eine wuchtige Faust hämmerte ungestüm gegen die Haustür.

Er lief zum Fenster und rief in die Dunkelheit hinab, wer da sei.

Keine Antwort.

Dann wieder, nach einer Weile, dasselbe hastige, ungeduldige Klopfen.

Er griff nach der rotsamtnen Quaste des Strickes, der durch die Zimmerwand hindurch über die steile Treppe hinunter zum Tordrücker führte, und zog daran.

Die Riegel knallten.

Dann Totenstille.

Er lauschte. – – Niemand.

Nicht das leiseste Geräusch im Stiegenhaus.

Endlich: knisterndes, kaum hörbares Rascheln, als taste draußen eine Hand nach der Klinke.

Gleich darauf öffnete sich die Stubentür, und der Neger Usibepu, barfuß und das schüsselförmig in die Höhe gebürstete Haar feucht von der Nässe des Nebels, kam schweigend herein.

Unwillkürlich suchte Hauberrisser nach einer Waffe, aber der Zulu nahm nicht die geringste Notiz von ihm – schien ihn nicht einmal zu sehen – ging mit leisen zögernden Schritten, den Blick starr auf den Boden geheftet, die Nüstern weit offen und in steter zitternder Bewegung, wie ein schnuppernder Hund um den Tisch herum. –

»Was wollen Sie hier?« schrie ihn Hauberrisser an – er gab keine Antwort – wandte kaum den Kopf.

Seine tiefen röchelnden Atemzüge verrieten, daß er wie ein Nachtwandler vollkommen bewußtlos war.

Plötzlich schien er gefunden zu haben, was er suchte, denn er änderte seine Richtung, – ging, das Gesicht tief herabgeneigt, auf die verfaulte Stelle zu und blieb vor ihr stehen.

Dann wanderte sein Blick wie an einer unsichtbaren Linie langsam nach oben und blieb in der Luft hängen. – Die Geste war so lebendig und überzeugend gewesen, daß auch Hauberrisser einen Moment lang glaubte, das enthauptete Kreuz wieder aus dem Boden wachsen zu sehen.

Er konnte nicht länger daran zweifeln, daß es die Schlange war, die der Neger wahrnahm, denn seine Augen blieben emporgerichtet, fest auf einen Punkt gebannt, und die wulstigen Lippen bewegten sich murmelnd, als rede er mit ihr. Der Ausdruck seiner Miene wechselte ununterbrochen von brennender Begierde zu leichenhafter Erschöpfung, von wilder Freude zu lodernder Eifersucht und unbezähmbarer Wut.

Das unhörbare Gespräch schien zu Ende zu sein: er wandte den Kopf der Tür zu und kauerte sich auf den Boden nieder. –

Hauberrisser sah, daß er, wie von einem Krampf ergriffen, den Mund aufriß, die Zunge weit hervorstieß, sie mit einem Ruck wieder zurückzog und mit einem gurgelnden Laut – nach dem Würgen der Kehlmuskeln zu schließen, verschluckte. –

Seine Augäpfel drehten sich zitternd allmählich aufwärts unter die offenen Lider, und aschgraue Totenfarbe überzog sein Gesicht.

Hauberrisser wollte auf ihn zueilen und ihn wachrütteln, aber eine bleierne, unerklärliche Müdigkeit hielt ihn gelähmt im Sessel fest; er konnte kaum den Arm heben. – Die Starrsucht des Negers hatte ihn angesteckt.

Wie ein quälendes Traumbild, das aus der Zeit herausgefallen ist und unverrückbar bestehenbleibt, lag das Zimmer mit der regungslosen dunklen Gestalt darin vor seinem Blick; das eintönige Pendel seines Herzens war das einzige, das er noch als Leben empfand – selbst die Angst um Eva war verschwunden.

Wiederholt hörte er die Uhren von den Türmen dröhnen, aber er war nicht imstande, die einzelnen Schläge zu zählen: – der betäubende Halbschlaf schob jedesmal die Dauer einer Ewigkeit zwischen sie.

Stunden mochten vergangen sein, da begann sich der Zulu endlich zu regen.

Hauberrisser sah wie durch einen Schleier hindurch, daß er aufstand und, noch immer in tiefer Trance, das Zimmer verließ; – mit Aufgebot aller seiner Kräfte sprengte er den lethargischen Zustand und lief ihm nach die Treppe hinunter. Aber der Neger war bereits verschwunden – das Haustor stand weit offen – der dichte, undurchdringliche Nebel hatte jede Spur von ihm eingeschluckt. –

Schon wollte er wieder umkehren, da hörte er plötzlich einen leichten Schritt, und im nächsten Augenblick – – trat Eva aus dem weißlichen Dunst auf ihn zu.

Mit einem Aufschrei des Entzückens schloß er sie in die Arme, aber sie schien völlig erschöpft zu sein und kam erst wieder zu sich, nachdem er sie ins Haus getragen und behutsam in einen Sessel gebettet hatte. – – – –

Dann hielten sie sich lange, lange mit klopfenden Herzen umschlungen, – unfähig, das Übermaß ihres Glückes zu fassen.

Er lag vor ihr auf den Knien, stumm, keines Wortes mächtig, und sie hielt sein Gesicht in heißer Zärtlichkeit zwischen ihren Händen und bedeckte es wieder und wieder mit glühenden Küssen.

Die Vergangenheit war ihm ein vergessener Traum; jede Frage, wo sie die ganze lange Zeit über gewesen und wie alles gekommen sei, erschien ihm als Raub an der Gegenwart.

Ein Strom von Tönen flutete ins Zimmer: die Glockenspiele der Kirchen waren erwacht – sie hörten es nicht; das fahle Zwielicht des Herbstmorgens stahl sich durch die Scheiben – sie sahen es nicht – – sahen nur sich. Er streichelte ihre Wangen, küßte ihr die Hände, die Augen, den Mund, atmete den Duft ihres Haares – wollte noch immer nicht glauben, daß es Wirklichkeit war und er ihr Herz an seinem schlagen fühlte. – – –

»Eva! Eva! Geh nie wieder von mir!« – seine Worte erstickten in einer Flut von Küssen.

»Sag, daß du nie wieder von mir gehen willst, Eva!«

Sie legte die Arme um seinen Hals, schmiegte ihre Wange an seine – –: »Nein, nein, ich bleibe für immer bei dir. Auch im Tod. – Ich bin so glücklich, so unsagbar glücklich, daß ich zu dir gehen durfte.«

»Eva, Eva, sprich nicht vom Tod!« schrie er auf – ihre Hände waren plötzlich kalt geworden.

»Eva!«

»Fürchte dich nicht, – ich kann nicht mehr von dir gehen, Geliebter. – Die Liebe ist stärker als der Tod – Er hat es gesagt – Er lügt nicht! – Ich bin tot gelegen, und Er hat mich lebendig gemacht. – Er wird mich immer wieder lebendig machen, auch wenn ich sterben sollte« – sie redete wie im Fieber, er hob sie auf, trug sie auf sein Bett. – »Er hat mich gepflegt, als ich krank lag; wochenlang war ich wahnsinnig und hab' mit den Händen an dem roten Riemen, den der Tod um den Hals trägt, in der Luft zwischen Himmel und Erde gegangen; – Er hat ihm das Halsband zerrissen! – Seitdem bin ich frei. – Hast du nicht gefühlt, daß ich stündlich bei dir war? – – Warum – warum – rasen die Stunden so?« – Die Stimme versagte ihr – – – »Laß mich – laß mich dein Weib werden! – Ich will Mutter sein, wenn ich wieder zu dir komme.« – – –

Sie umschlangen sich in wilder, grenzenloser Liebe – versanken mit schwindenden Sinnen in einem Meer von Glück.
– – – – – – – –
– – – – – – – –

»Eva!«

»Eva!«

Kein Laut.

»Eva! Hörst du mich nicht?« – Er riß die Vorhänge des Bettes auseinander, – – – »Eva! – – – Eva!« – – faßte ihre

235

Hand: sie fiel leblos zurück. Er fühlte nach ihrem Herzen: es schlug nicht mehr. Ihre Augen waren gebrochen.

»Eva, Eva, Eva!« – Mit einem gräßlichen Schrei fuhr er empor, taumelte zum Tisch – »Wasser! – Wasser holen!« – stürzte zusammen wie von einer Faust vor die Stirn getroffen, – »Eva!« – das Glas zerbrach, zerschnitt ihm die Finger, er sprang wieder auf, raufte sich das Haar, lief zum Bett, – »Eva!« – wollte sie an sich reißen, sah das Lächeln des Todes in ihrem erstarrten Gesicht und sank wimmernd mit dem Kopf auf ihre Schulter nieder. – – – –

»Unten auf der Straße klappert jemand mit blechernen Eimern. – Die Milchfrau! – Ja, ja, natürlich. – Klappert. Die Milchfrau. – Klappert« – er fühlte, daß plötzlich sein Denken erloschen war, – hörte ein Herz klopfen dicht in seiner Nähe – zählte die ruhigen, regelmäßigen Schläge – wußte nicht, daß es sein eigenes war. – Mechanisch liebkoste er die langen, blonden, seidenen Strähnen, die vor seinen Augen auf den weißen Kissen lagen. – – »Wie schön sie sind!« – »Warum tickt eigentlich die Uhr nicht?« – Er hob den Blick. – »Die Zeit steht still.« – »Natürlich. Es ist ja noch nicht Tag.« – »Und da drüben auf dem Schreibtisch liegt eine Schere – und – und die zwei Leuchter daneben brennen.« – »Warum habe ich sie denn angezündet?« – »Ich hab' vergessen, sie auszulöschen, als der Neger fortging.« – »Freilich.« – »Und dann war keine Zeit mehr dazu, – weil Eva – kam« – »Eva??« – – »Sie ist – sie ist doch tot! Tot!« winselte es in seiner Brust auf. – Die Flammen fürchterlichsten, unerträglichen Schmerzes schlugen über ihm zusammen. –

»Ein Ende machen! Ein – Ende – machen! – Eva!« – »Ich muß ihr nach.« – »Eva! Eva! Warte auf mich!« – »Eva, ich muß dir nach!« – keuchend stürzte er auf den Schreibtisch los, packte die Schere, wollte sie sich ins Herz stoßen – hielt inne: – »nein, der Tod ist zuwenig! Blind will ich aus dieser verfluchten Welt gehen!« er spreizte die Spitzen auseinander, um sie sich, wahnsinnig vor Verzweiflung, in die Augen zu rennen, da schlug eine Hand so heftig auf seinen Arm, daß die Schere klirrend zu Boden fiel.

»Willst du ins Reich der Toten gehen, um die Lebendigen zu suchen?« – Chidher Grün stand vor ihm, wie einst im Laden in der Jodenbuurt: mit schwarzem Talar und weißen Schläfenlocken. – *»Glaubst du, ›drüben‹ ist die Wirklichkeit? Es ist nur das Land vergänglicher Wonnen für blinde Gespenster, so wie die Erde das Land vergänglicher Schmerzen für die blinden Träumer ist! Wer nicht auf der Erde das ›Sehen‹ lernt, drüben lernt er's gewiß nicht. – Meinst du, weil ihr Körper wie tot liegt«,* – er deutete auf Eva, – *könne sie nicht mehr auferstehen? Sie ist lebendig, nur du bist noch tot. Wer einmal lebendig geworden ist wie sie, kann nicht mehr sterben, – wohl aber kann einer, der tot ist wie du, lebendig werden.«* – Er griff nach den beiden Lichtern und stellte sie um: das linke nach rechts und das rechte nach links, und Hauberrisser fühlte sein Herz nicht mehr schlagen, als sei es plötzlich aus der Brust verschwunden. – *»So wirklich, wie du jetzt deine Hand in meine Seite legen kannst, so wirklich wirst du mit Eva vereint sein, wenn du erst das neue geistige Leben hast. – – Daß die Menschen glauben werden, sie sei gestorben, – was braucht's dich zu kümmern? – Man kann von den Schlafenden nicht verlangen, daß sie die Erwachten sehen.*

Du hast nach der vergänglichen Liebe gerufen« – er wies nach der Stelle, wo das enthauptete Kreuz gestanden hatte, fuhr mit dem Fuß über den vermoderten Fleck im Boden, und der Fleck verschwand, – *»ich habe dir die vergängliche Liebe gebracht, denn ich bin nicht auf der Erde geblieben, um zu nehmen: ich bin geblieben, um zu geben – jedem das, wonach er sich sehnt. Nur wissen die Menschen nicht, wonach ihre Seele sich sehnt; wüßten sie's, so wären sie sehend.*

Du hast im Zauberladen der Welt nach neuen Augen begehrt, um die Dinge der Erde in einem neuen Licht zu sehen

*– erinnere dich: habe ich dir nicht gesagt, du müßtest dir erst
die alten Augen aus dem Kopfe weinen, ehe du neue bekommen könntest?*

*Du hast nach Wissen begehrt: ich habe dir das Tagebuch ei-
nes der Meinigen gegeben, der hier in diesem Hause gelebt
hat, als sein Körper noch verweslich war.*

*Eva hat sich nach unvergänglicher Liebe gesehnt: ich
habe sie ihr gegeben – und werde sie um ihretwillen auch dir
geben. Die vergängliche Liebe ist eine gespenstische Liebe.*

*Wo ich auf Erden eine Liebe keimen sehe, die über die Liebe
zwischen Gespenstern hinauswächst, da halte ich meine
Hände wie schirmende Äste über sie zum Schutz gegen den
früchtepflückenden Tod, denn ich bin nicht nur das Phantom
mit dem grünen Gesicht – ich bin auch Chidher, der Ewig
Grünende Baum.«*

– – – – – – – –

– – – – – – – –

Als die Haushälterin, Frau Ohms, am Morgen mit dem
Frühstück das Zimmer betrat, sah sie zu ihrem Schrecken
die Leiche eines schönen jungen Mädchens im Bette liegen
und Hauberrisser kniend davor, die Hand der Toten an
sein Gesicht gedrückt.

Sie schickte einen Boten zu seinen Freunden, und als
Pfeill und Sephardi kamen und ihn, im Glauben, er sei bewußtlos, aufheben wollten, fuhren sie entsetzt zurück vor
dem lächelnden Ausdruck seines Gesichts und dem Glanz
in seinen Augen.

Dreizehntes Kapitel

Dr. Sephardi hatte Baron Pfeill und Swammerdam gebeten, in seine Wohnung zu kommen.

Über eine Stunde saßen sie im Bibliothekzimmer beisammen.

Es war bereits tiefe Nacht geworden, – sie sprachen über Mystik und Philosophie, über Kabbala, über den seltsamen Lazarus Eidotter, der schon vor längerer Zeit aus der ärztlichen Beobachtungszelle entlassen worden war und sein Spirituosengeschäft weiterführte, – aber immer wieder kehrte das Thema auf Hauberrisser zurück.

Morgen sollte Eva begraben werden.

»Es ist schrecklich! Der arme, arme Mensch!« rief Pfeill, erhob sich und ging unruhig auf und ab; – »mir wird heiß und kalt, wenn ich mich in seine Lage hineindenke.« – Er blieb stehen und blickte Sephardi an: »Sollten wir nicht doch noch zu ihm gehen und ihm Gesellschaft leisten? Was meinen Sie, Swammerdam? – Halten Sie es wirklich für vollkommen ausgeschlossen, daß er aus der unbegreiflichen Ruhe, in die er versunken ist, wieder aufwacht? Wenn er plötzlich zu sich kommt in seinem Schmerz und seiner Verlassenheit – – – –«

Swammerdam schüttelte den Kopf: – »Seien Sie ohne Sorge! – Die Verzweiflung kann nicht mehr an ihn heran; Eidotter würde sagen: die Lichter in ihm sind umgestellt.«

»Ihr Glaube hat etwas Furchtbares«, murmelte Sephardi, »wenn ich Sie so reden höre, packt es mich jedesmal wie – wie Angst!« – er zögerte eine Weile, unsicher, ob er nicht eine Wunde berühre, – »Damals, als Ihr Freund Klinkherbogk ermordet wurde, waren wir alle in großer Sorge um Sie. Wir meinten, Sie würden darüber zusammenbrechen. Eva legte mir noch ganz besonders ans Herz, ich sollte Sie aufsuchen und zu beruhigen trachten.

Woher schöpften Sie nur die Kraft, das entsetzliche Begebnis, das Ihren Glauben doch in seinen Grundfesten erschüttern mußte, so mutig zu tragen?«

Swammerdam unterbrach ihn. – »Erinnern Sie sich noch der Worte Klinkherbogks vor seinem Tode?«

»Ja. Satz für Satz. Später wurde mir auch die Bedeutung klar. Es kann kein Zweifel bestehen, daß er sein Ende genau vorausgesehen hat, noch ehe der Neger ins Zimmer trat. Allein schon der Ausspruch: ›der König aus Mohrenland würde ihm die Myrrhen eines andern Lebens bringen‹ – beweist es.«

»Und daß seine Prophezeiung in Erfüllung ging, – sehen Sie, Herr Doktor, gerade das hat meinen Schmerz geheilt. Zuerst war ich freilich wie zerschmettert, dann aber, als ich die Größe des Geschehnisses erfaßte, fragte ich mich: Was ist wertvoller, daß ein im Zustand geistiger Entrückung ausgesprochenes Wort zur Wahrheit wird, oder: daß ein krankes, schwindsüchtiges Mädchen und ein alter hinfälliger Schuhmacher noch eine Weile am Leben bleiben? Wäre es besser gewesen, die Zungen des Geistes hätten gelogen?

Seitdem ist mir die Erinnerung an jene Nacht zu einer Quelle ungetrübter, reinster Freude geworden.

Daß die beiden sterben mußten? Was liegt daran! Glauben Sie mir: jetzt ist ihnen wohler.«

»Sie sind also fest überzeugt, daß es ein Leben nach dem Tode gibt?« fragte Pfeill. – – »Allerdings, ich glaube ja selbst daran« – setzte er leise hinzu.

»Gewiß bin ich davon überzeugt. Natürlich ist das Paradies kein Ort, sondern ein Zustand; das Leben auf Erden ist doch auch nur ein Zustand.«

»Und – sehnen Sie sich danach?«

»N – nein.« – Swammerdam zögerte, als rede er ungern über dieses Thema.

Der alte Diener mit der maulbeerfarbenen Livree meldete, der gnädige Herr werde ans Telefon gebeten. – Sephardi stand auf und verließ das Zimmer.

Sofort fuhr Swammerdam in seiner Rede fort – Pfeill begriff, daß sie nicht für die Ohren Sephardis bestimmt war:

»Die Frage mit dem Paradies ist ein zweischneidiges Schwert. Man kann damit so manchen unheilbar verwunden, wenn man ihm sagt, daß drüben nur Bilder sind.«

»Bilder? Wie meinen Sie das?«

»Ich will es Ihnen an einem Beispiel erklären. Meine Frau – Sie wissen, sie ist vor vielen Jahren gestorben – hat mich unendlich liebgehabt – und ich sie; – jetzt ist sie ›drüben‹ und träumt, ich sei bei ihr.

Daß ich nicht wirklich bei ihr bin, sondern nur mein Bild, weiß sie nicht; wenn sie's wüßte, wäre ihr das Paradies eine Hölle.

Jeder Sterbende, der hinübergeht, findet drüben die Bilder derer vor, nach denen er sich gesehnt hat, und hält sie für Wirklichkeit – auch die Bilder der Dinge, an denen sein Herz gehangen hat«, – er deutete auf die Bücherreihen in der Bibliothek. – »Meine Frau hat an die Muttergottes geglaubt, – jetzt träumt sie ›drüben‹ in ihren Armen. –

Die Aufklärer, die die Menge von der Religion losreißen wollen, wissen nicht, was sie tun. Die Wahrheit ist nur für wenige Auserlesene und sollte für die große Masse geheim bleiben; wer sie nur halb erkannt hat, wenn er stirbt, der geht in ein farbloses Paradies ein.

Klinkherbogks Sehnsucht auf Erden war: Gott zu schauen; jetzt ist er drüben und schaut – ›Gott‹.

Er war ein Mensch ohne Wissen und Bildung, dennoch kamen aus seinem Munde Worte der Wahrheit, erzeugt durch das Verzehrtsein im Durste nach Gott, – nur hat ihm ein barmherziges Schicksal ihren innern Sinn nie enthüllt.

Lange habe ich nicht verstanden, warum das so war; heute weiß ich den Grund: er hätte die Wahrheit nur zur Hälfte begriffen, und sein Wunsch, Gott zu schauen, hätte nicht in Erfüllung gehen können – weder in den Träumen des Jenseits noch in Wirklichkeit.« – Schnell brach er seine Rede ab, als er Sephardi wieder hereinkommen hörte.

Pfeill erriet instinktiv, weshalb er es tat: Er wußte offenbar um die Liebe Sephardis zu der toten Eva – wußte auch, daß Sephardi trotz seines Gelehrtentums tief innerlich religiös und fromm war, – und wollte ihm das »Paradies« und den künftigen Wahn des Jenseits, mit Eva vereint zu sein, nicht zerstören.

Swammerdam fuhr fort:

»Ich sagte vorhin: die Erkenntnis, daß das Wahrwerden der Prophezeiung Klinkherbogks seinen gräßlichen Tod weit in den Schatten stellte, habe meinen Gram in Freude verwandelt. Es gibt auch ein solches ›Umstellen der Lichter‹ – es ist ein Verwandeln aus Bitter in Süß, wie es allein die Kraft der Wahrheit zustande bringen kann.«

»Trotzdem bleibt es mir ein unlösbares Rätsel«, mischte sich Sephardi wieder ins Gespräch, »was Ihnen die Kraft gibt, durch bloße Erkenntnis Herr über den Schmerz zu werden. Ich kann ja auch mit philosophischem Denken gegen das Leid, daß Eva gestorben ist, anzukämpfen versuchen, dennoch ist mir, als könnte ich nie mehr froh werden.«

Swammerdam nickte sinnend. – »Freilich, freilich. Es kommt daher, – weil Ihre Erkenntnisse aus dem Denken entstehen und nicht aus dem ›Inneren Wort‹. Den eignen Erkenntnissen mißtrauen wir heimlich, ohne es zu wissen, deshalb sind sie grau und tot, – die Eingebungen durch das Innere Wort dagegen sind lebendige Geschenke der Wahrheit, die uns unsäglich erfreuen – immer wieder, sooft wir uns an sie erinnern.

Seit ich den ›Weg‹ gehe, hat das Innere Wort nur wenigemal zu mir gesprochen; – aber es hat dadurch mein ganzes Dasein erhellt.«

»Und ist immer alles eingetroffen, was es Ihnen gesagt hat«, fragte Sephardi mit unterdrücktem Zweifel in der Stimme, – »oder waren es überhaupt keine Prophezeiungen?«

»Ja. Drei Prophezeiungen waren darunter, die die ferne Zukunft betrafen. Die erste hieß: durch mein Dazutun würde einem jungen Menschenpaar ein geistiger Weg erschlossen werden, der seit Jahrtausenden auf Erden verschüttet lag und in der neuen Zeit, die bevorsteht, vielen Menschen offenbar werden wird. – Es ist der Weg, der dem Leben erst wahren Wert verleiht und dem Dasein einen Sinn gibt. Diese Verheißung ist der Inhalt meines Lebens geworden.

Über die zweite möchte ich nicht reden, – Sie müßten glauben, ich sei wahnsinnig, wenn ich sie Ihnen sagte, und – – –«

Pfeill horchte auf: »Betrifft sie Eva?«

Swammerdam gab keine Antwort darauf und lächelte – »und die dritte scheint belanglos – obwohl das nicht sein kann – und würde Sie nicht interessieren.«

»Haben Sie Anzeichen, daß wenigstens eine der drei Voraussagen eintreffen wird?« fragte Sephardi.

»Ja. Das Gefühl unabwendbarer Gewißheit. Es ist mir gleichgültig, ob ich ihre Erfüllung jemals sehen werde; es genügt mir zu wissen, daß ich nicht imstande bin, daran zu zweifeln.

Sie können eben nicht begreifen, was es heißt: die Nähe der Wahrheit zu spüren, die niemals irren kann. – Das sind Dinge, die man an sich selbst erleben muß.

Ich habe niemals eine sogenannte ›überirdische‹ Erscheinung gehabt – nur einmal im Schlaf: das Bild meiner Frau, als ich einen grünen Käfer suchte. – Ich habe niemals begehrt, ›Gott zu schauen‹, niemals ist ein Engel zu mir gekommen, wie zu Klinkherbogk – ich bin nie dem Propheten Elias begegnet wie Lazarus Eidotter, – aber tausendfach hat mir alles das die Lebendigkeit des Bibelwortes ersetzt: ›Selig sind, die nicht sehen und doch glauben!‹ – Es ist an mir zur Wahrheit geworden.

Ich habe geglaubt, wo nichts zu glauben war, und habe gelernt, Dinge für möglich zu halten, die unmöglich sind.

Manchmal fühle ich: Es steht einer neben mir, riesengroß und allmächtig, – oder ich weiß: er hält seine Hand über den oder jenen; ich sehe und höre ihn nicht, aber ich weiß: Er ist da.

Ich hoffe nicht, daß ich ihn jemals sehen werde – aber ich hoffe auf ihn.

Ich weiß, daß eine furchtbare, erschütternde Zeit kommt, der ein Sturm vorangehen wird, wie ihn die Welt noch nie gesehen hat, – es ist mir gleichgültig, ob ich diese Zeit erleben werde, aber ich bin froh, daß sie kommt!« – Ein Frösteln überlief Pfeill und Sephardi bei den Worten, die Swammerdam kalt und gelassen aussprach. – »Sie haben mich heute morgen gefragt, wo ich glaubte, daß Eva so lange verborgen gewesen sein konnte, – woher hätte ich es wissen sollen? – Gewußt habe ich, daß sie kommen wird: Und sie ist gekommen!

So genau, wie ich weiß, daß ich hier stehe, so genau weiß ich auch, daß sie nicht – tot – ist! Er hält die Hand über sie.«

»Aber sie ist doch in der Kirche aufgebahrt! – Sie wird doch morgen begraben!« riefen Sephardi und Pfeill entsetzt durcheinander.

»Und wenn man sie tausendmal begrübe – und wenn ich ihren Totenschädel in der Hand hielte: Ich weiß, daß sie nicht gestorben ist.«

– – – – – – – –

»Er ist ein Wahnsinniger«, sagte Pfeill zu Sephardi, als Swammerdam gegangen war.

— — — — — — — —

*   *

*

Die farbigen hohen Bogenfenster der Nikolaskerk schimmerten matt erhellt, als schimmere im Innern der Kirche ein Licht, in den nächtlichen Nebel hinein.

Mit dem Rücken an die Mauer des Gartens gepreßt und im Schatten verborgen, wartete der Neger Usibepu regungslos, bis der Schutzmann, der seit den Unglücksfällen am Zee Dyk die verrufenen Gassen des Hafenviertels zu bewachen hatte, mit schwerem, müdem Schritt an ihm vorbeigekommen war, dann kletterte er über das Gitter, schwang sich von einem Baum aus auf den kapellenartigen Vorbau der Sakristei, öffnete vorsichtig die runde, gläserne Dachluke und ließ sich leise wie eine Katze zu Boden fallen.

Inmitten des Kirchenschiffs auf silbernem Katafalk aufgebahrt lag Eva in einem Hügel von weißen Rosen, die Hände über der Brust gefaltet, die Augen geschlossen, mit starrem, lächelndem Gesicht.

Ihr zu Häupten und an den Seiten des Sarges hielten armdicke, rot und goldene mannshohe Kerzen mit unbeweglichen Flammen die Totenwacht.

In einer Wandnische hing das Bild einer schwarzen Muttergottes mit dem Kind auf dem Arm und davor, von der Decke herab an glitzerndem Draht, das rubingläserne Herz eines Ewigen Lichts als blutiger Funken.

Bleiche wächserne Hände und Füße hinter gebauschten Gittern – Krücken daneben mit Zetteln: »Maria hat geholfen« – holzgeschnitzte, bemalte Statuen von Päpsten, weiße Tiaren auf den Häuptern, die Hand zum Gelöbnis erhoben, auf steinernen Postamenten – kannelierte, ra-

245

gende Marmorsäulen, – – – geräuschlos huschte der Neger
von einem Pfeilerschatten zum andern, erstaunt die ihm
fremden, seltsamen Dinge betrachtend, – nickte, als er die
Wachsglieder erblickte, grimmig vor sich hin, im Glauben,
sie stammten von erschlagenen Feinden, spähte durch die
Ritzen der Beichtstühle und betastete mißtrauisch die großen Figuren der Heiligen, ob sie nicht lebendig seien.

Als er sich überzeugt hatte, daß er allein war, schlich er
auf den Zehenspitzen zu der Toten und blieb lange und
traurig vor ihr stehen.

Er war betäubt von ihrer Schönheit, berührte scheu ihr
blondes, weiches Haar und zuckte wieder zurück, als
fürchte er, sie im Schlaf zu stören.

Warum hatte sie sich so vor ihm entsetzt – damals in jener Sommernacht am Zee Dyk?

Er konnte es nicht begreifen.

Noch jedes Weib, nach dem er begehrt, – Kaffernmäd-
chen und Weiße – waren stolz gewesen, ihm gehören zu
dürfen.

Sogar Antje, die Kellnerin in der Hafenschenke; und die
war doch auch eine Weiße und hatte gelbes Haar!

Bei keiner hatte er den Vidûzauber anwenden müssen: –
alle waren sie von selbst gekommen und ihm um den Hals
gefallen! – Nur sie nicht! Nur sie nicht!

Und wie gerne würde er um ihren Besitz das ganze viele
Geld gegeben haben, dessentwegen er den alten Mann mit
der Papierkrone erwürgt hatte!

Nacht für Nacht seit seiner Flucht vor den Matrosen war
er vergebens durch die Straßen gewandert, um sie zu finden: keine von den zahllosen Frauen, die in der Dunkelheit
nach Männern suchen gingen, hatte ihm sagen können, wo
sie sei.

Er fuhr sich mit der Hand über die Augen.

Wie ein wirrer Traum rauschten Erinnerungen an ihm
vorbei: die glutheißen Steppen seiner Heimat – der engli-

sche Händler, der ihn nach Kapstadt gelockt und versprochen hatte, ihn zum König von Zululand zu machen – das schwimmende Haus, das ihn nach Amsterdam gebracht – die Zirkustruppe verächtlicher, nubischer Sklaven, mit denen er jeden Abend Kriegstänze aufführen mußte für Geld, das man ihm immer wieder wegnahm, – die steinerne Stadt, in der sein Herz vor Heimweh verdorrte; – niemand, der seine Sprache verstand.

Er strich zärtlich mit der Hand über den Arm der Toten, und der Ausdruck grenzenloser Verlassenheit trat in sein Gesicht: sie wußte nicht, daß er ihretwegen seinen Gott verloren hatte! Damit sie zu ihm käme, hatte er den furchtbaren Souquiant, die Abgottschlange mit dem Menschengesicht, gerufen, und dadurch die Macht, über die glühenden Steine zu schreiten, aufs Spiel gesetzt und – eingebüßt.

Aus dem Zirkus davongejagt und ohne Geld hätte er zurück nach Afrika geschickt werden sollen – als Bettler statt als König: – er war vom Schiff ins Wasser gesprungen und ans Land geschwommen – hatte sich tagsüber in Obstkähnen verborgen gehalten und nachts den Zee Dyk durchstreift, um sie zu suchen, die er sehnsüchtiger liebte als seine Steppe, seine schwarzen Frauen, als die Sonne am Himmel, – als alles.

Ein einziges Mal noch seitdem war ihm der zornige Schlangengott erschienen – im Schlaf und mit dem grausamen Befehl, Eva in das Haus eines Nebenbuhlers zu rufen. Als Tote, hier in der Kirche, durfte er sie erst wiedersehen.

In tiefem Gram ließ er seine Blicke durch den düstern Raum schweifen: Ein Gekreuzigter mit Dornenkrone und eisernen Nägeln durch die Hände und Füße? – eine Taube mit grünen Zweigen im Schnabel – ein alter Mann, in der Hand eine große goldene Kugel – ein Jüngling von Pfeilen durchbohrt? – Lauter fremde weiße Götter, deren geheime Namen er nicht kannte, um sie zu rufen. – – Und dennoch mußten sie zaubern und die Tote wieder lebendig machen können! – Von wem sonst hätte Mister Zitter Arpád die Macht bekommen, sich Dolche durch die Gurgel zu stoßen, Hühnereier zu verschlucken und wieder erscheinen zu lassen?!

Eine letzte Hoffnung durchzuckte ihn, als er die Madonna in der Nische erspähte; sie mußte eine Göttin sein, denn sie trug ein goldenes Diadem auf dem Kopf; sie war eine Schwarze, vielleicht verstand sie seine Sprache?

Er hockte sich vor dem Bild nieder, hielt den Atem an, bis er den Jammerschrei der geopferten Feinde, die am Tor des Jenseits als Sklaven auf sein Kommen warten mußten, im Ohr hörte, – verschluckte röchelnd seine Zunge, um in das Reich hinüberzugehen, in dem der Mensch mit den Unsichtbaren reden kann –: Nichts.

Tiefe, tiefe Finsternis statt des fahlen grünlichen Scheins, den er zu sehen gewohnt war; er konnte den Weg zu der fremden Göttin nicht finden.

Langsam und traurig ging er zu der Bahre zurück, kauerte sich am Fußende das Katafalks zusammen und stimmte den Grabgesang der Zulus an – eine wilde, grausige Liturgie: bald in barbarischen, stöhnenden Kehllauten, bald als Antwort darauf ein atemloses Gemurmel wie das Trappeln flüchtiger Antilopen – geller Habichtsschrei dazwischen – heiseres, verzweifeltes Aufbrüllen und weiche, melancholische Klagerufe, die wie in fernen Wäldern erstickten, schluchzend wieder aufwachten und ausklangen in das dumpfe, langgezogene Geheul eines Hundes, der seinen Herrn verloren hat. –

– – – – – – – –

Dann stand er auf, griff in seine Brust, holte eine kleine weiße Kette, aneinandergereiht aus den Halswirbeln erdrosselter Königsfrauen, hervor: das Zeichen seiner Würde als Oberhaupt der Zulus – ein heiliger Fetisch, der jedem, der ihn ins Grab mitnimmt, die Unsterblichkeit verleiht, –

– und wand sie, als gräßlichen Rosenkranz, um die betend gefalteten Hände der Toten.

Es war sein Teuerstes gewesen, das er auf Erden besessen.

Was sollte ihm noch die Unsterblichkeit; er war heimatlos – hier wie drüben: Eva konnte nicht in den Himmel der schwarzen Menschen kommen und er nicht in das Paradies der Weißen!

– – – – – – – –

Ein leises Geräusch schreckte ihn auf.

Er lauerte wie ein Raubtier auf dem Sprung.

Nichts.

Es war nur ein Knistern in den welkenden Kränzen gewesen.

Da fiel sein Blick auf die Kerze am Kopfende des Katafalks, und er sah, daß die Flamme sich zitternd bewegte und dann schräg zur Seite bog, wie von einem Luftstrom getroffen:

Irgend jemand mußte die Kirche betreten haben!

Mit einem Satz war er hinter der Säule – starrte zur Sakristei hinüber, ob sich die Türe öffnen würde:

Niemand.

Als er den Kopf wieder zu der Leiche wandte, ragte dort anstelle der flackernden Kerze ein hoher, steinerner Thron empor. Darauf saß, schmal, von übermenschlicher Größe, die Federkrone des Totenrichters auf dem Haupt, unbeweglich, nackt, nur um die Lenden ein rotblaues Tuch und in den Händen Krummstab und Geißel: ein ägyptischer Gott.

Um den Hals hing ihm an einer Kette eine goldene Tafel. Ihm gegenüber zu Füßen des Sarges standen: ein brauner Mann mit dem Kopf eines Ibis, in der Rechten das grüne Ankh – das gehenkelte Kreuz der Ägypter, das Sinnbild des Ewigen Lebens – und zu beiden Seiten der Bahre, mit Sperberkopf und Schakalkopf – noch zwei Gestalten.

Der Zulu erriet, daß sie gekommen waren, um Gericht über die Verstorbene zu halten.

Die Göttin der Wahrheit, mit enganliegendem Gewand und Geierhaube, kam durch den Mittelgang heran, schritt zu der Toten, die sich starr aufrichtete, – nahm ihr das Herz aus der Brust und legte es auf eine Waage.

Der Mann mit dem Schakalkopf trat hinzu und warf eine kleine bronzene Statuette in die Schale.

Der Sperber prüfte das Gewicht.

Die Schale mit dem Herzen Evas sank tief herab.

Der Mann mit dem Ibiskopf schrieb es schweigend mit einem Schilfrohr in eine wächserne Tafel.

Dann sagte der Totenrichter:

»Sie wurde für fromm befunden auf Erden und hatte Sorge vor dem Herrn der Götter, darum hat sie erreicht das Land der Wahrheit und Rechtfertigung.

Sie erwacht als ein lebender Gott und strahlt im Chor der Götter, die im Himmel wohnen, denn sie ist von unserm Stamm.

So steht es geschrieben im Buch von der verborgenen Wohnung.«

Er versank im Boden.

Eva, die Augen geschlossen, stieg von der Bahre herab.

Die beiden Götter nahmen sie in die Mitte, schritten – der Mann mit dem Sperberkopf voran – stumm durch die Mauern der Kirche und verschwanden.

Dann verwandelten sich die Kerzen in braune Gestalten mit lohenden Flammen über den Häuptern und hoben den Deckel auf den leeren Sarg. – – –

Ein Knirschen lief durch den Raum, wie sich die Schrauben in das Holz bohrten.

Vierzehntes Kapitel

Ein eisiger, lichtloser Winter war über Holland hingegangen, hatte sein weißes Sterbeleilach auf die Ebenen gebreitet und langsam, langsam wieder weggezogen, – aber der Frühling blieb aus.

Als ob die Erde nie mehr erwachen könnte.

Fahlgelbe Maitage kamen und verschwanden: – noch immer sproßten die Wiesen nicht.

Die Bäume standen kahl und dürr – ohne Knospen, in den Wurzeln erfroren. Überall schwarze, tote Äcker, das Gras braun und welk; eine schreckhafte Windstille; das Meer unbeweglich wie aus Glas; seit Monaten kein Tropfen Regen, eine trübe Sonne hinter staubigen Schleiern, – die Nächte schwül und ohne Tau.

Der Kreislauf der Natur schien stillstehen zu wollen.

Eine beklemmende Angst vor drohenden Ereignissen, geschürt von wahnwitzigen Bußpredigern, die unter Psalmengeheul die Straßen der Städte durchzogen, hatte die Bevölkerung ergriffen wie zu den furchtbaren Zeiten der Wiedertäufer.

Man sprach von unabwendbarer Hungersnot und dem Ende der Welt. – – – –

Hauberrisser war aus seiner Wohnung in der Hooigracht hinaus in das Flachland im Südosten vor Amsterdam übersiedelt und lebte einsam in einem uralten alleinstehenden

Haus, von dem die Sage ging, es sei ursprünglich ein sogenannter Druidenstein gewesen. Es war mit dem Rücken
dicht an einen niedrigen Hügel angelehnt und lag inmitten
des von Wasserstraßen durchzogenen Slotermeer-Polders.

Er hatte es auf seiner Heimkehr von dem Begräbnis Evas
erblickt, – da es seit langem leer stand, kurz entschlossen
gemietet, noch am selben Tag bezogen und im Laufe des
Winters wohnlicher herrichten lassen: – er wollte allein mit
sich selbst sein und fern vom Gewühl der Menschen, die
ihm wie wesenlose Schatten erschienen.

Von seinem Fenster aus konnte er die Stadt mit ihren
düstern Bauten und den Wald von Schiffsmasten im Hintergrund wie ein dunsthauchendes, stachliges Ungeheuer
vor sich liegen sehen.

Wenn er in solchen Momenten das Fernglas zur Hand
nahm und den Anblick der beiden Spitzen der Nikolaskirche und der andern zahllosen Türme und Giebel nahe an
sein Auge rückte, wurde ihm jedesmal ganz unbeschreiblich sonderbar zumute –: so, als stünden nicht Dinge vor
ihm, sondern zu Formen erstarrte, quälende Erinnerungen, die mit grausamen Armen nach ihm greifen wollten. –
– Gleich darauf waren sie wieder zerronnen und mit den
Bildern der Häuser und Dächer in neblige Ferne versunken.

Anfangs hatte er zuweilen das Grab Evas auf dem unweit
liegenden Friedhof besucht, aber es war immer nur ein me-
chanischer, gedankenloser Spaziergang gewesen.

Wenn er sich vorstellen wollte, sie läge da unten in der
Erde und er müßte Schmerz darüber empfinden, erschien
ihm der Gedanke so widersinnig, daß er oft vergaß, die
Blumen, die er mitgebracht hatte, auf dem Hügel nieder-
zulegen, und sie wieder mit nach Hause nahm.

Der Begriff »seelischer Schmerz« war für ihn ein leeres
Wort geworden und hatte die Macht über sein Gefühlsle-
ben verloren. –

Manchmal, wenn er über diese seltsame Wandlung seines Innern nachdachte, beschlich es ihn fast wie Grauen vor sich selbst. –

– – – – – – – –

In einer solchen Stimmung saß er eines Abends an seinem Fenster und sah in die untergehende Sonne hinein.

Vor dem Hause ragte eine hohe verdorrte Pappel aus einer Wüste braunen, trocknen Rasens, – nur in einem kleinen grünen Wiesenfleck weit drüben wuchs wie in einer Oase ein blütenübersäter Apfelbaum – das einzige Zeichen von Leben weit und breit – zu dem bisweilen die Bauern wallfahrten kamen wie zu einem Marienwunder. – – –

»Die Menschheit, der ewige Phönix, hat sich im Lauf der Jahrhunderte zu Asche verbrannt«, fühlte er, wie er so die Augen über die trostlose Gegend schweifen ließ, »ob sie je wohl neu auferstehen wird?« – –

Er dachte an die Erscheinung Chidher Grüns, und seine Worte, daß er auf Erden geblieben sei, um zu »geben«, fielen ihm ein.

»Und was tue ich?« fragte er sich: »Ich bin eine wandelnde Leiche geworden – ein dürrer Baum wie die Pappel da draußen! – Daß es ein zweites geheimnisvolles Leben gibt, wer weiß es außer mir? – Swammerdam hat mich auf den Weg gewiesen, und ein Unbekannter hat ihn mir durch sein Tagebuch erschlossen, – nur ich geize mit den Früchten, die mir das Schicksal in den Schoß geworfen hat! – Nicht einmal meine besten Freunde, Pfeill und Sephardi, ahnen, was mit mir vorgeht; sie glauben, ich sei in die Einsamkeit gegangen und trauere um Eva. – Weil mir die Menschen wie Gespenster erscheinen, die blind durchs Dasein irren, – weil sie mir wie Raupen vorkommen, die über den Boden kriechen und nicht wissen, daß sie keimende Schmetterlinge sind, habe ich deswegen ein Recht, mich von ihnen fernzuhalten?«

Ein heißer Trieb, noch in derselben Stunde in die Stadt

zu gehen, sich an einer Straßenecke aufzustellen wie einer
der vielen Wanderpropheten, die das Hereinbrechen des
Jüngsten Tages verkündeten, und in die Menge hineinzu-
schreien, daß es eine Brücke gebe, die zwei Leben – das
Diesseits und das Jenseits – miteinander verbindet, ließ ihn
in jähem Entschluß auffahren.

»Ich würde nur Perlen vor die Säue werfen«, überlegte
er im nächsten Augenblick; »die große Masse könnte mich
nicht verstehen, – sie winselt danach, daß ein Gott vom
Himmel steigt, den sie verkaufen und kreuzigen darf. –
Und die wenigen Wertvollen, die nach einem Weg suchen,
um sich selbst zu erlösen, würden die auf mich hören?
Nein. – Die Wahrheitverschenker sind in Mißkredit gekommen«; er mußte an Pfeill denken, der in Hilversum
den Ausspruch getan hatte, man müsse ihn erst fragen, ob
er willens sei, sich etwas schenken zu lassen. –

»Nein, so geht es nicht«, sagte er sich und sann nach.
»Merkwürdig, je reicher man wird an innern Erlebnissen,
desto weniger kann man andern davon geben; ich wandere
immer weiter weg von den Menschen, bis plötzlich die
Stunde dasein wird, wo sie meine Stimme nicht mehr werden hören können.«

Er sah ein, daß er fast schon an dieser Grenze angekommen war. – – – –

Das Tagebuch und die merkwürdigen Umstände, unter
denen es in seinen Besitz gelangt war, fielen ihm wieder
ein; »ich werde es fortsetzen mit der Beschreibung meines
eignen Lebens«, beschloß er, – »und es dem Schicksal
überlassen, was daraus werden soll. Er, der mir gesagt hat,
›ich bin geblieben, um zu geben: jedem das, wonach er begehrt‹ – soll es in seine Obhut nehmen wie ein Testament
von mir und es den Menschen in die Hände spielen, für die
es heilsam sein kann und die nach dem innern Erwachen
dürsten. – Wenn nur ein einziger dadurch zur Unsterblichkeit erweckt wird, hat mein Dasein einen Sinn gehabt.«

Mit der Absicht, die Lehren der Tagebuchrolle durch die Erfahrungen, die er an sich selbst gemacht, zu erhärten, – sie dann in seine ehemalige Wohnung zu tragen und wieder in die Mauernische zu legen, aus der sie ihm in jener Nacht aufs Gesicht gefallen war, setzte er sich hin und schrieb:

An den Unbekannten, der nach mir kommt!

»Wenn du diese Blätter liest, ist die Hand, die sie geschrieben hat, vielleicht längst schon vermodert.

Ein sicheres Gefühl sagt mir, daß sie dir zu einem Zeitpunkt vor Augen kommen werden, wo sie dir nottun, wie der Anker einem mit zerrissenen Segeln auf Klippen zusteuernden Schiff.

Du wirst in dem Tagebuch, das dem meinigen beigeschlossen ist, eine Lehre niedergelegt finden, die alles enthält, dessen der Mensch bedarf, um wie auf einer Brücke in eine neue Welt voll von Wundern hinüberzuschreiten. –

Ich habe ihm nichts hinzuzufügen als eine Schilderung meines Lebenslaufs und der geistigen Zustände, die ich mit Hilfe der Lehre erklommen habe.

Wenn meine Zeilen auch nur dazu beitragen sollten, dich in der Zuversicht zu bestärken, daß es wirklich und wahrhaftig einen geheimen Weg gibt, der über sterbliches Menschentum hinausführt, so hätten sie damit schon voll und ganz ihren Zweck erfüllt.

Die Nacht, in der ich diese Zeilen für dich niederschreibe, ist erfüllt mit dem Hauch kommender Schrecknisse – Schrecknisse nicht für mich, aber für die Zahllosen, die am Baum des Lebens nicht reif geworden sind; – ich weiß nicht, ob ich die ›erste Stunde‹ der neuen Zeit, die du in der Tagebuchrolle meines Vorgängers erwähnt findest, mit leiblichen Augen schauen werde, – vielleicht ist diese Nacht meine letzte, – aber: ob ich morgen von der Erde

255

gehe oder erst Jahre später: ich strecke tastend meine Hand in die Zukunft hinein nach der deinen. Fasse sie, – so wie ich die Hand meines Vorgängers erfaßt habe – damit die Kette der ›Lehre vom Wachsein‹ nicht abreißt, und vererbe auch du deinerseits das Vermächtnis weiter!«

––––––––

Die Uhr zeigte bereits spät nach Mitternacht, als er in der Erzählung seines Lebenslaufes bis zu dem Punkte gelangt war, wo Chidher Grün ihn vor dem Selbstmord bewahrt hatte.

In Gedanken versunken schritt er auf und ab.

Er fühlte, daß hier die große Kluft begann, die das Fassungsvermögen eines normalen Menschen, selbst wenn er noch so phantasiereich und glaubenswillig war, von dem eines geistig Erweckten trennte.

Gab es überhaupt Worte, um auch nur annähernd zu beschreiben, was er von jenem Zeitabschnitt an fast ununterbrochen erlebt hatte?

Er schwankte lange, ob er seine Niederschrift nicht mit dem Begräbnis Evas schließen sollte, dann ging er in das anstoßende Zimmer, um aus dem Koffer die silberne Hülse zu holen, die er gelegentlich für die Rolle hatte anfertigen lassen; beim Suchen danach fiel ihm auch der papierne Totenkopf, den er vor einem Jahr in dem Vexiersalon gekauft hatte, in die Hände.

Sinnend betrachtete er ihn beim Schein der Lampe, und dieselben Gedanken, die damals sein Hirn durchkreuzt, fielen ihm wieder ein:

»Schwerer ist es, das ewige Lächeln zu erringen, als den Totenschädel zu finden, den man in einem früheren Dasein auf den Schultern getragen hat.«

Es klang ihm wie Verheißung, in einer frohen Zukunft das Lächeln zu lernen.

So unfaßbar fremd und fern erschien ihm sein verflossenes Leben mit all dem leidvollen Wünschen und Wollen, als hätte es sich wirklich in diesem albernen und doch so prophetischen Ding aus Pappendeckel abgespielt und nicht in seinem eignen Kopf; er mußte unwillkürlich lächeln bei dem Gedanken, daß er hier stand und – seinen Schädel in der Hand hielt.

Wie ein Zauberladen mit wertlosem Plunder lag die Welt hinter ihm. – – – – – – –

Er griff wieder zur Feder und schrieb:

»Als Chidher Grün von mir gegangen war und mit ihm auf unbegreifliche Weise auch jeglicher Schmerz um Eva, wollte ich zum Bette treten und ihre Hände küssen, da sah ich, daß ein Mann davor kniete, den Kopf auf ihren Arm gelegt, und erkannte voll Staunen in ihm meinen eignen Körper; ich selbst konnte mich nicht mehr sehen. Wenn ich an mir herunterblickte, war es leere Luft, – aber gleichzeitig war der Mann vor dem Bette aufgestanden und schaute auf seine Füße herab, – so wie ich es an mir zu tun glaubte. – Es war, als sei er mein Schatten, der jede Bewegung machen mußte, die ich ihm befahl.

Ich beugte mich über die Tote, da tat er es; ich vermute, er hat dabei gelitten und Schmerz empfunden, – es kann sein, aber ich weiß es nicht. Für mich war die, die da regungslos, mit starrem Lächeln auf den Zügen, vor mir lag, die Leiche eines fremden, engelschönen Mädchens – ein Bild wie aus Wachs, an dem mein Herz kein Teil hatte, – eine Statue, die Eva aufs Haar glich, aber doch nur ihre Maske war.

Ich fühlte mich so unendlich glücklich, daß nicht Eva, sondern eine Fremde gestorben war, daß ich vor Freude kein Wort hervorbringen konnte.

Dann traten drei Gestalten ins Zimmer: – ich erkannte meine Freunde in ihnen und sah, daß sie zu meinem Körper hingingen und ihn trösten wollten, aber er war ja nur mein ›Schatten‹, lächelte und gab keine Antwort.

Wie wäre er es auch imstande gewesen, wo er doch den

Mund nicht öffnen konnte – unfähig, etwas anderes zu tun, als was ich ihm befahl.

Aber auch meine Freunde und alle die vielen Menschen, die ich dann später in der Kirche und beim Begräbnis sah, waren Schemen für mich geworden wie mein eigner Körper; – der Leichenwagen, die Pferde, die Fackelträger, die Kränze, – die Häuser, an denen wir vorüberkamen, – der Friedhof, der Himmel, die Erde und die Sonne: alles war Bildwerk ohne inneres Leben, farbig wie ein Traumland, in das ich hineinblickte – froh und glücklich, daß es mich nichts mehr anging.

Seitdem ist meine Freiheit immer größer geworden, und ich weiß, daß ich über die Schwelle des Todes hinausgewachsen bin; ich sehe bisweilen meinen Körper des Nachts schlafen liegen, höre seine gleichmäßigen Atemzüge – und bin doch dabei wach; er hat die Augen geschlossen, und dennoch kann ich umherschauen und überall sein, wo ich will. Wenn er wandert, kann ich ruhen und – wenn er ruht, kann ich wandern. – Aber ich kann auch mit seinen Augen sehen und mit seinen Ohren hören, wenn es mir beliebt, nur ist dann alles ringsum trüb und freudearm, und ich bin dann wieder wie die andern Menschen: ein Gespenst im Reich der Gespenster.

Mein Zustand, wenn ich vom Leibe losgelöst bin und ihn wahrnehme wie einen automatisch meinem Geheiß gehorchenden Schatten, der am Scheinleben der Welt teilnimmt, ist so unbeschreiblich seltsam, daß ich nicht weiß, wie ich ihn dir schildern soll.

Nimm an, du säßest in einem Kinematographen-Theater, – Glück im Herzen, weil dir kurz vorher eine große Freude begegnet ist, – und sähest auf einem Film deiner eignen Gestalt zu, wie sie von Leid zu Leid eilt, am Sterbebette einer geliebten Frau zusammenbricht, von der du weißt, daß sie nicht tot ist, sondern zu Hause auf dich wartet, – hörtest dein Bild auf der Leinwand mit deiner eignen

Stimme, hervorgerufen durch eine Sprechmaschine, Schreie des Schmerzes und der Verzweiflung ausstoßen, – – würde dich dieses Schauspiel ergreifen? –

Es ist nur ein schwaches Gleichnis, das ich dir damit geben kann; ich wünsche dir, daß du es erlebst.

Dann wirst du auch wissen, so wie ich es jetzt weiß, daß es eine Möglichkeit gibt, dem Tod zu entrinnen.

Die Stufe, die zu erklimmen mir geglückt ist, ist die große Einsamkeit, von der das Tagebuch meines Vorgängers spricht; sie würde für mich vielleicht noch grausamer sein als das irdische Leben, wenn die Leiter, die aufwärts führt, damit zu Ende wäre, aber die jubelnde Gewißheit, daß Eva nicht gestorben ist, hebt mich darüber hinaus.

Wenn ich Eva auch jetzt noch nicht sehen kann, so weiß ich doch: es bedarf für mich nur mehr eines kleinen Schrittes auf dem Wege des Erwachens, und ich bin bei ihr – viel wirklicher, als es jemals früher hätte sein können. – Nur eine dünne Wand, durch die hindurch wir unsere Nähe bereits spüren können, trennt uns noch.

Wie unvergleichlich viel tiefer und ruhiger ist jetzt meine Hoffnung, sie zu finden, als in der Zeit, da ich stündlich nach ihr rief.

Damals war es ein verzehrendes Warten: – jetzt ist es eine freudige Zuversicht.

Es gibt eine unsichtbare Welt, die die sichtbare durchdringt; eine Gewißheit sagt mir: Eva lebt in ihr wie in einer verborgenen Wohnung und wartet auf mich.

Sollte dein Schicksal ähnlich dem meinen sein und du hast einen geliebten Menschen auf Erden verloren, so glaube nicht, daß du ihn auf andere Weise wiederfinden kannst als dadurch, daß du den ›Weg des Erwachens‹ gehst.

Denke daran, was mir Chidher gesagt hat: ›Wer nicht auf der Erde das Sehen lernt, drüben lernt er's gewiß nicht.‹

Hüte dich vor der Lehre der Spiritisten wie vor Gift, – sie

ist die furchtbarste Pest, die jemals die Menschen befallen hat; auch die Spiritisten behaupten, mit den Toten verkehren zu können, – sie glauben, die Toten kämen zu ihnen; – es ist eine Täuschung. – Es ist gut, daß sie nicht wissen, wer die sind, die da kommen. Wenn sie's wüßten, würden sie sich entsetzen.

Erst muß du selbst unsichtbar werden können, ehe du den Weg findest, zu den Unsichtbaren zu gehen und hier und drüben zugleich zu leben, – so, wie ich unsichtbar geworden bin – sogar für die Augen meines eigenen Körpers.

Ich bin selber noch nicht so weit, als daß mir der Blick für die jenseitige Welt erschlossen wäre, dennoch weiß ich: die, die blind von der Erde gegangen sind, sind nicht drüben; sie sind wie in der Luft verklungene Melodien, die durch den Weltraum wandern, bis sie wieder auf Saiten treffen, auf denen sie von neuem ertönen können; – das, wo sie zu sein glauben, ist kein Ort: es ist eine raumlose Trauminsel von Schemen, weit weniger wirklich noch als die Erde.

In Wahrheit unsterblich ist nur der erwachte Mensch; Sonnen und Götter vergehen, – er allein bleibt und kann alles vollbringen, was er will. Über ihm ist kein Gott.

Nicht umsonst heißt unser Weg: ein heidnischer Weg. Was der Fromme für Gott hält, ist nur ein Zustand, den er erreichen könnte, wenn er fähig wäre, an sich selbst zu glauben, – so aber zieht er sich in unheilbarer Blindheit eine Schranke, die er nicht zu überspringen wagt, – er schafft sich ein Bild, um es anzubeten, anstatt sich darein zu verwandeln.

Willst du beten, so bete zu deinem unsichtbaren Selbst; es ist der einzige Gott, der Gebete erhört: die andern Götter reichen dir Steine statt Brot.

Unglücklich die, die zu einem Götzen beten, und ihr Flehen wird erhört: sie verlieren dadurch ihr Selbst, da sie nie wieder zu glauben vermögen, daß nur sie selber es waren, die sich erhört haben.

Wenn dein unsichtbares Selbst als Wesenheit in dir erscheint, so kannst du es daran erkennen, daß es einen Schatten wirft: ich wußte auch nicht früher, wer ich bin, bis ich meinen eignen Körper als Schatten sah.

Eine Zeit, in der die Menschheit leuchtende Schatten werfen wird und nicht mehr schwarze Schandflecken auf die Erde wie bisher, will dämmern, und neue Sterne ziehen herauf. Trag du auch dazu bei, daß Licht wird!«

– – – – – – – –

Hastig stand Hauberrisser auf, rollte die Blätter zusammen und steckte sie in die silberne Hülle.

Er hatte die deutliche Empfindung, als sporne ihn jemand zu äußerster Eile an.

Am Himmel lag bereits der erste Schein des anbrechenden Morgens; die Luft war bleifarben und ließ die verdorrte Steppe vor dem Fenster wie einen riesigen wollenen Teppich mit den grauen Wasserstraßen als hellen Streifen darin erscheinen.

Er trat vors Haus und wollte den Weg nach Amsterdam einschlagen. Schon nach den ersten Schritten ließ er seinen Plan, das Dokument in seine alte Wohnung in der Hooigracht zu tragen, fallen, kehrte um und holte einen Spaten: er erriet, daß er es irgendwo in der Nähe vergraben solle.

Aber wo?

Vielleicht auf dem Friedhof?

Er wandte sich der Richtung zu:

Nein, auch dort nicht.

Sein Blick fiel auf den blühenden Apfelbaum; er ging hin, schaufelte ein Loch und legte die Hülse mit den Schriftstücken hinein.

Dann eilte er, so schnell er konnte, durch das Zwielicht über die Wiesen und Brückenstege der Stadt entgegen.

Eine tiefe Besorgnis um seine Freunde, als drohe ihnen eine Gefahr, vor der er sie warnen müsse, hatte ihn plötzlich befallen.

Trotz der frühen Stunde war die Luft heiß und trocken wie vor einem Gewitter.

Eine atembeklemmende Windstille verlieh der ganzen Gegend etwas unheimlich Leichenhaftes; die Sonne hing wie eine Scheibe aus blindem, gelbem Metall hinter dichten Dunstschleiern, und weit im Westen über der Zuidersee brannten Wolkenmauern, als sei es Abend statt Morgen.

In ungewisser Angst, zu spät zu kommen, kürzte er den Weg ab, wann es nur irgend ging, schritt bald querfeldein, bald auf den menschenleeren Straßen dahin, aber es schien, als wolle die Stadt nicht näherrücken.

Allmählich mit dem wachsenden Tag veränderte sich das Bild des Himmels; hakenförmige, weißliche Wolken krümmten sich wie gigantische Wurmleiber auf dem fahlen Hintergrund, von unsichtbaren Wirbeln gepeitscht, hin und her, – immer an derselben Stelle bleibend: – kämpfende Luftungeheuer, die der Weltenraum herabgesandt.

Kreisende Trichter, die Spitzen nach oben, wie umgestürzte, riesenhafte Becher, hingen frei in der Höhe – Tiergesichter fielen mit aufgerissenen Rachen übereinander her und ballten sich zu brodelndem Knäuel; nur auf der Erde herrschte immer dieselbe totengleiche, lauernde Windstille nach wie vor.

Ein schwarzes, langgestrecktes Dreieck kam mit Sturmesschnelle von Süden her, zog unter der Sonne weg, ihr Licht verfinsternd, daß das Land minutenlang in Nacht getaucht lag, und senkte sich mit schrägem Flug in weiter Ferne zu Boden: ein Heuschreckenschwarm, von den Küsten Afrikas herübergeweht.

Die ganze Zeit während seines Marsches war Hauberrisser nicht einem einzigen lebenden Wesen begegnet, da erblickte er plötzlich bei einer Krümmung des Weges, wie hinter knorrigen Weidenstämmen hervorkommend, eine seltsame dunkle Gestalt, den Nacken gebeugt, übermenschlich groß und in einen Talar gehüllt.

Er konnte ihre Gesichtszüge in der Entfernung nicht unterscheiden, erkannte aber sofort an der Haltung, an den Kleidern und den Umrissen des Kopfes mit den langen, herabhängenden Schläfenlocken, daß es ein alter Jude war, der auf ihn zuschritt.

Je näher der Mann herankam, desto unwirklicher schien er zu werden; er war mindestens sieben Schuh hoch, bewegte beim Gehen die Füße nicht, und seine Konturen hatten etwas Lockeres, Schleierndes; – Hauberrisser glaubte sogar zu bemerken, daß sich bisweilen ein Teil des Körpers – der Arm oder die Schulter – ablöste, um sich sofort wieder anzusetzen.

Wenige Minuten später war der Jude fast durchsichtig geworden, als bestünde er nur aus einem schütteren Gebilde zahlloser schwarzer Punkte und nicht aus einer festen Masse.

Gleich darauf sah Hauberrisser, als die Gestalt in unmittelbarster Nähe lautlos an ihm vorbeischwebte, daß es eine Wolke fliegender Ameisen war, die merkwürdigerweise die Form eines Menschen angenommen hatte und beibehielt, – ein unbegreifliches Naturspiel, ähnlich dem Bienenschwarm, den er einst in dem Amsterdamer Klostergarten gesehen.

Lange blickte er kopfschüttelnd dem Phänomen nach, das mit zunehmender Geschwindigkeit nach Südwesten, dem Meere zu, wanderte, bis es wie ein Rauch am Horizont verschwand.

Er wußte nicht, wie er die Erscheinung deuten sollte. War es ein rätselhaftes Vorzeichen oder nur eine belanglose Grimasse, die die Natur schnitt?

Daß Chidher Grün, um sich ihm sichtbar zu machen, eine so phantastische Form gewählt haben könnte, schien ihm wenig glaubhaft.

Den Kopf noch voll grüblerischer Gedanken, betrat er den West Park und schlug, um so rasch wie möglich zu

Sephardis Haus zu gelangen, die Richtung nach dem Damrak ein, da verriet ihm schon von weitem ein wilder Tumult, daß irgend etwas Aufregendes geschehen sein mußte.

Bald war ein Vordringen durch die breiten Straßen infolge der dichten Menschenmenge, die Schulter an Schulter gepreßt, in wilder Aufregung durcheinanderwogte, ein Ding der Unmöglichkeit, und er beschloß daher, die Jodenbuurt als Verbindungsgasse zu benützen.

Scharenweise zogen die Gläubigen der Heilsarmee, laut betend oder den Psalm brüllend: »Dennoch soll die Stadt Gottes fein lustig bleiben mit ihren Brünnlein« über die Plätze, – Männer und Weiber, verzückt in religiösem Wahnwitz, rissen einander die Kleider vom Leib – sanken, Geifer vor dem Mund, in die Knie, – schrien Hallelujas und Zoten zugleich zum Himmel empor, – fanatische Sektierermönche mit entblößtem Oberkörper geißelten sich unter grausigen hysterischen Lachkrämpfen die Rücken blutig, – da und dort brachen Fallsüchtige mit schrillem Schrei zusammen und wälzten sich zuckend auf dem Pflaster; andere wieder – Anhänger irgendeines hirnverbrannten Glaubensbekenntnisses – »demütigten sich vor dem Herrn«, indem sie sich zusammenkauerten und, von einer barhäuptigen, ergriffen zuschauenden Menge umstanden, wie Frösche herumhüpften und dazu quakten: »O, du mein herzallerliebstes Jesulein, erbarme dich unser!«

––––––––

Von Schauder und Ekel ergriffen, irrte Hauberrisser durch alle möglichen winkligen Gassen, immer von neuem durch Volksmassen aus seiner Richtung vertrieben, bis er schließlich keinen Schritt mehr weiter tun konnte und sich, wie eingekeilt, vor das schädelartige Haus in der Jodenbreestraat gedrängt sah.

Der Vexiersalon war mit Rolläden verschlossen und die Tafel entfernt; dicht davor stand ein vergoldetes Holzgerüst und oben drauf, auf einem Thronsessel, mit einem Hermelinmantel bekleidet und ein brillantstrotzendes Diadem wie einen Heiligenschein um die Stirn, saß der »Professor« Zitter Arpád, warf Kupfermünzen mit seinem Bildnis unter die ekstatisch verzückte Menge und hielt mit hallender Stimme eine infolge des ununterbrochenen Hosiannageschreies kaum verständliche Ansprache, in der sich beständig wie ein blutrünstiger Hetzruf die Worte wiederholten: »Werft die Huren ins Feuer und bringt mir ihr sündiges Gold!«

Mit größter Mühe gelang es Hauberrisser, sich nach und nach bis zu einer Häuserecke durchzuarbeiten.

Er wollte sich eben orientieren, da faßte ihn jemand am Arm und zog ihn in einen Tordurchlaß. Er erkannte Pfeill.

Sie waren beide mit ähnlichen Absichten in die Stadt gekommen, wie sie aus ihren gegenseitigen Zurufen über die Köpfe des Gedränges hinweg, das sie gleich darauf wieder auseinandergerissen hatte, entnahmen.

»Komm zu Swammerdam!« schrie Pfeill.

An ein Stehenbleiben war nicht zu denken; selbst die kleinsten Höfe und Winkelgäßchen waren überflutet von Menschen, und wenn die beiden Freunde zuweilen ein paar Schritte weit eine Lücke in dem Gewimmel erblickten, die ihnen gestattete, nebeneinander zu gehen, mußten sie eiligst die Gelegenheit benützen, um vorwärts zu laufen, so daß sie sich nur mit hastigen Worten verständigen konnten.

»Ein grauenhaftes Scheusal – dieser Zitter!« – erzählte Pfeill in Absätzen, bald vor, bald hinter, bald neben Hauberrisser, bald wieder durch Menschenmauern von ihm getrennt. »Die Polizei funktioniert nicht mehr und kann ihm das Handwerk nicht legen. – Und die Miliz schon lange nicht. – Er gibt sich für den Propheten Elias aus, und die Leute glauben ihm und beten ihn an. – – Neulich hat er im Zirkus Carré ein entsetzliches Blutbad angerichtet. – – Sie haben den Zirkus gestürmt – und fremde, vornehme Damen – Halbweltlerinnen natürlich – hineingeschleppt und die Tiger auf sie losgelassen. – – Er hat den Zäsarenwahnsinn. – Wie Nero. – – – Zuerst hat er die Rukstinat geheiratet und dann die Ärmste, um zu ihrem Geld zu kommen, ver – – –«

»Vergiftet« – verstand Hauberrisser undeutlich: eine Prozession dumpf singender, vermummter Gestalten, weiße, spitzige Kapuzen über den Gesichtern wie Fehmrichter und Fackeln in den Händen, hatte Pfeill von ihm abgedrängt, und ihr murmelnder, eintöniger Choral: »O sanktissima, o pi – issima, ducis virgo Maaa – riii – aaah« hatte die letzten Worte zur Hälfte verschlungen.

Pfeill tauchte wieder auf; sein Gesicht war geschwärzt von Fackelrauch: – »Und dann hat er ihr Geld in den Pokerklubs verspielt. – – Dann war er monatelang spiritistisches Geistermedium. – – Hat einen Riesenzulauf gehabt. – – Ganz Amsterdam war bei ihm.«

»Was macht Sephardi?« rief Hauberrisser hinüber.

»Ist seit drei Wochen in Brasilien! Ich soll dich vielmals von ihm grüßen. – – – Er war gänzlich verändert, schon ehe er abreiste. – – Ich weiß nicht allzuviel über ihn. – – Ich weiß nur: Der Mann mit dem grünen Gesicht ist ihm erschienen und hat ihm gesagt, er solle einen jüdischen Staat in Brasilien gründen, und: daß die Juden als einziges internationales Volk berufen seien, eine Sprache zu schaffen, die nach und nach allen Völkern der Erde als gemeinsames Verständigungsmittel dienen und sie dadurch einander näherbringen solle, – – – ein modernes Hebräisch, vermute ich – ich weiß nicht. – – Sephardi war seitdem wie über Nacht verwandelt. – – – Er hätte jetzt eine Mission, hat er gesagt. – – – Er scheint übrigens mit seinem zionistischen Staat drüben das Richtige getroffen zu haben. – – Fast alle Juden Hollands sind ihm nachgereist, und jetzt noch kommen zahllose aus allen möglichen Ländern, um nach dem

Westen auszuwandern. – – Es ist das reinste Ameisengewimmel – –«

Eine Truppe gesangbuchplärrender Weiber trennte sie
für eine Weile. – Hauberrisser hatte unwillkürlich, als Pfeill
den Ausdruck »Ameisengewimmel« gebraucht, an das sonderbare Phänomen denken müssen, das er draußen vor der
Stadt gesehen hatte. – –

»In letzter Zeit war Sephardi viel mit einem gewissen Lazarus Eidotter, den ich inzwischen kennengelernt habe,
beisammen«; fuhr Pfeill fort – »es ist ein alter Jude, eine
Art Prophet, – – er ist jetzt fast beständig in einem Zustand
von Entrückung – – alles, was er prophezeit, stimmt übrigens jedesmal. – – Neulich wieder hat er vorausgesagt, es
käme eine schreckliche Katastrophe über Europa, damit
eine neue Zeit vorbereitet werde. – – – Er freut sich, sagt
er, daß er dabei mit zugrunde gehen darf, denn dann
würde es ihm vergönnt sein, die vielen Toten, die hinübergehen, ins Reich der Fülle zu führen. – – Mit der Katastrophe hat er vielleicht nicht so unrecht. – – – Du siehst ja, wie
es hier zugeht. – – – Amsterdam erwartet die Sintflut. – – –
Die ganze Menschheit ist toll geworden. – – Die Eisenbah-
nen sind längst eingestellt, sonst wäre ich schon mal zu dir
in deine Arche Noah hinausgekommen. – Heute scheint
der Gipfelpunkt des Aufruhrs zu sein. – – Ach, ich hätte dir
ja so unendlich viel zu erzählen – – Gott, wenn nur nicht
dieses ewige Gewühl um uns herum wäre, man kann ja
kaum einen Satz zu Ende sprechen – – – mir ist inzwischen
auch unglaublich viel passiert – – –«

»Und Swammerdam? Wie geht es ihm?« überschrie
Hauberrisser das Geheul einer Rotte auf den Knien rut-
schender Geißelbrüder.

»Er hat einen Boten zu mir geschickt«, rief Pfeill zurück,
»ich solle augenblicklich zu ihm kommen und dich vorher
holen gehen und mitbringen. – – Gut, daß wir uns auf dem
Wege getroffen haben. – – – Er zittert um uns, hat er mir

sagen lassen; er glaubt, nur in seiner Nähe wären wir sicher.
– – – Er behauptet, sein inneres Wort hätte ihm einmal drei
Dringe prophezeit, darunter sei die Voraussage gewesen:
er werde die Nikolaskirche überleben. – – – Daraus schließt
er vermutlich, daß er gegen die bevorstehende Katastrophe
gefeit sei, und will, daß wir bei ihm sind, um uns ebenfalls
für die kommende neue Zeit zu erretten.«

Es waren die letzten Worte, die Hauberrisser verstand:
Ein plötzlich losbrechendes, ohrenbetäubendes Geschrei,
von dem freien Platz ausgehend, dem sie zusteuerten, erschütterte die Luft und pflanzte sich, immer lauter und
lauter anschwellend, in gellen Rufen: »Das neue Jerusalem
ist am Himmel erschienen« – »ein Wunder, ein Wunder!« –
»Gott sei uns gnädig« – von Dachfenster zu Dachfenster
über die Giebel hin fort bis in die entferntesten Winkel der
Vorstädte.

Er konnte nur noch erkennen, daß Pfeill hastig den
Mund bewegte, als brülle er ihm mit Aufgebot der ganzen
Lungenkraft irgend etwas zu, dann fühlte er sich von dem
wahnwitzig erregten Menschenstrom fast vom Boden gehoben, unwiderstehlich fortgerissen und in den Börseplatz
hineingestoßen.

Die Menge stand dort so dicht zusammengequetscht,
daß er, die Arme an den Leib gedrückt, kaum die Hände
bewegen konnte. – Aller Augen waren starr emporgekehrt.

Hoch oben am Himmel kreisten noch immer kämpfend
die seltsamen Dunstgebilde wie geflügelte Riesenfische,
aber darunter hatten sich schneegekrönte Wolkenberge
aufgetürmt, und mitten darin in einem Tal lag, von schrä-
gen Sonnenstrahlen beleuchtet, die Luftspiegelung einer
fremden, südländischen Stadt mit weißen flachen Dächern
und maurischen Bogentoren.

Männer mit wallenden Burnussen und dunkeln stolzen
Gesichtern schritten langsam durch die lehmfarbenen Straßen – und so nah und schreckhaft deutlich, daß man das

Rollen ihrer Augen sehen konnte, wenn sie den Kopf wandten, um, wie es schien, auf das entsetzte Getümmel Amsterdams gleichmütig herabzublicken. – – Draußen vor den Wällen der Stadt breitete sich eine rötliche Wüste, deren Ränder in den Wolken verschwammen, und eine Kamelkarawane zog schemenhaft in die flimmernde Luft hinein.

Wohl eine Stunde lang blieb die Fata Morgana in zauberischer Farbenpracht am Himmel stehen, dann verblaßte sie allmählich, bis nur mehr ein hohes, schlankes Minarett, blendend weiß wie aus glitzerigem Zucker, übrig war, das eine Weile später plötzlich im Wolkennebel verschwand.

– – – – – – – –

Erst spät nachmittags hatte Hauberrisser – Zoll für Zoll von dem Menschenmeer an den Häusermauern entlanggespült – Gelegenheit, über eine Grachtbrücke dem Getümmel zu entrinnen.

Zu Swammerdams Wohnung zu gelangen war gänzlich unausführbar, denn er hätte viele Straßen und abermals den Börseplatz überqueren müssen, und so beschloß er, in seine Einsiedelei zurückzukehren und einen günstigeren Tag abzuwarten. – – –

Bald nahmen ihn die totenstillen Wiesen des Polders wieder auf.

Der Raum unter dem Himmel war eine undurchdringliche, staubige Masse geworden.

Hauberrisser hörte das welke Gras unter seinen Füßen zischen, als er eilends dahinschritt, wie Rauschen des Blutes im Ohr, so tief war die Einsamkeit.

Hinter ihm lag das schwarze Amsterdam in der roten sinkenden Sonne wie ein ungeheurer brennender Pechklumpen.

Kein Hauch ringsum, die Deiche durchzogen von glühenden Streifen, nur hie und da ein tröpfelndes Plätschern, wenn ein Fisch aufsprang.

Als die Dämmerung herabsank, tauchten große, trüb-
graue Flächen aus der Erde und krochen über die Steppe
wie ausgebreitete, wandelnde Tücher, – er sah, daß es zahllose Scharen von Mäusen waren, die, aus ihren Löchern
geschlüpft, pfeifend und aufgeregt durcheinander huscht-
ten.

Je mehr die Dunkelheit zunahm, desto unruhiger schien
die Natur zu werden, trotzdem kein Halm sich regte.

Die moorbraun gewordenen Wasser bekamen zuweilen
kleine kreisrunde Krater, ohne daß auch nur ein Lufthauch
sie getroffen hätte, oder schlugen, wie unter unsichtbaren
Steinwürfen, vereinzelte, spitzige Wellenkegel, die gleich
darauf wieder spurlos verschwanden.

Schon konnte Hauberrisser von weitem die kahle Pappel
vor seinem Haus unterscheiden, da wuchsen plötzlich, bis
zum Himmel ragend, weißliche säulenartige Gebilde aus
dem Boden und stellten sich zwischen die Silhouette des
Baumes und seinen Blick.

Geisterhaft und lautlos kamen sie auf ihn zu, schwarze,
breite Spuren unter dem ausgerissenen Gras hinterlassend,
wo sie gegangen waren: Windhosen, die der Stadt zu wanderten.

Ohne das leiseste Geräusch zu verursachen, zogen sie an
ihm vorbei: stumme, tückische, todbringende Gespenster
der Atmosphäre.

––––––––

Schweißgebadet betrat Hauberrisser das Haus.

Die Gärtnersfrau des nahen Friedhofs, die ihn bediente,
hatte ihm sein Essen auf den Tisch gestellt; er konnte vor
Aufregung keinen Bissen anrühren.

Voll Unruhe warf er sich angezogen aufs Bett und wartete schlaflos auf den kommenden Tag.

Schluß

Mit unerträglicher Langsamkeit schlichen die Stunden, und die Nacht schien keine Ende nehmen zu wollen.

Endlich ging die Sonne auf, trotzdem blieb der Himmel tiefschwarz, nur ringsum am Horizont glomm ein greller, schwefelgelber Streifen, als habe sich eine dunkle Halbkugel mit glühendem Rand auf die Erde herabgesenkt.

Ein glanzloses Zwielicht irrte durch den Raum; die Pappel vor dem Fenster, die Sträucher in der Ferne und die Türme Amsterdams waren wie von trüben Scheinwerfern matt erhellt. Darunter lag die Ebene mit ihren Wiesen gleich einem großen erblindeten Spiegel.

Hauberrisser blickte mit seinem Feldstecher hinüber auf die Stadt, die sich – ein in Angst erstarrtes Bild – fahlbeleuchtet von dem schattenhaften Hintergrund abhob und jeden Augenblick den Todesstreich zu erwarten schien.

Banges, atemloses Glockenläuten zitterte in Wellen bis weit ins Land hinein, – plötzlich verstummte es jäh: ein dumpfes Brausen ging durch die Luft, und die Pappel beugte sich ächzend zur Erde nieder.

Windstöße fegten mit Peitschenhieben über den Boden hin, das welke Gras kämmend, und rissen die spärlichen, niedrigen Sträucher aus den Wurzeln.

Nach wenigen Minuten war die Landschaft in einer ungeheuren Staubwolke verschwunden, – dann tauchte sie wieder auf, kaum mehr zu erkennen: die Deiche weißer Gischt; Windmühlenflügel – abgerissen von ihren Leibern, die, in stumpfe Rümpfe verwandelt, in der braunen Erde hockten – quirlten hoch in den Lüften.

In immer kürzern und kürzern Pausen heulte der Sturm über die Steppe, bis bald nur mehr ein ununterbrochenes Gebrüll zu hören war.

Von Sekunde zu Sekunde verdoppelte sich seine Wut; die zähe Pappel war wenige Fuß hoch über dem Boden fast rechtwinklig abgebogen, – ohne Äste, kaum mehr als ein glatter Stamm, und blieb, niedergehalten von der Wucht der über sie hinwegrasenden Luftmassen, unbeweglich in dieser Stellung.

Nur der Apfelbaum stand regungslos wie in einer von unsichtbarer Hand vor dem Winde beschirmten Insel, und nicht eine einzige seiner Blüten rührte sich.

Balken und Steine, Häusertrümmer und ganze Mauern, Sparrenwerk und Erdklumpen flogen unablässig – ein nicht enden wollender Schauer von Wurfgeschossen – am Fenster vorüber.

Dann wurde der Himmel plötzlich hellgrau, und die Finsternis löste sich in kaltes, silbriges Glitzern auf.

Hauberrisser glaubte schon, die Wut des Orkans wolle nachlassen, da sah er mit Grauen, daß die Rinde der Pappel sich abschälte und, zu fasrigen Fetzen geworden, spurlos verschwand. – Gleich darauf, noch ehe er recht erfassen konnte, was geschah, brachen die hohen, ragenden Fabrikschornsteine im Südwesten des Hafens glatt an der Wurzel ab und verwandelten sich in dünne, fliehende Lanzen aus weißem Staub, die der Sturm mit Blitzesschnelle davontrug.

Kirchturm auf Kirchturm folgte, – sekundenlang noch schwärzliche Klumpen, von Taifunwirbeln hoch emporgerissen, dann zu jagenden Streifen am Horizont geworden – dann Punkte – und nichts mehr.

Bald war die ganze Gegend nur noch ein mit waagrechten Linien schraffiertes Bild vor dem Fenster, so rasend geschwind und für den Blick nicht mehr zu unterscheiden folgten die vom Sturm losgerissenen Grasbüschel einander.

Sogar der Friedhof mußte bereits unterwühlt und bloßgelegt worden sein, denn Leichensteine, Bretter von Särgen, Kreuze und eiserne Grablaternen flogen am Hause vorüber, – ohne die Richtung zu ändern, ohne sich zu heben oder zu senken, immer gleich waagrecht, als hätten sie kein Gewicht.

Hauberrisser hörte das Gebälk im Dachstuhl stöhnen – jeden Moment erwartete er, es werde in Trümmer gehen; er wollte hinunterlaufen, um das Haustor zu verriegeln, damit es nicht aus den Angeln gehoben würde, – an der Stubentür kehrte er um: von einer innern Stimme gewarnt, begriff er, daß, wenn er jetzt die Klinke niederdrückte, die entstehende Zugluft die Fensterscheiben zertrümmern, die an den Mauern entlang fegenden Sturmgewalten einlassen und in einem Augenblick das ganze Haus in einen Schuttwirbel verwandeln mußte.

Nur solange es der Hügel vor dem Anprall des Orkans schützte und die Stuben durch die verschlossenen Türen wie Bienenzellen abgeteilt blieben, konnte es der Vernichtung trotzen.

Die Luft im Zimmer war eiskalt und dünn geworden wie unter einem Vakuum; ein Blatt Papier flatterte vom Schreibtisch, preßte sich ans Schlüsselloch und blieb angesaugt daran haften.

Hauberrisser trat wieder zum Fenster und blickte hinaus: Der Sturm war zu einem reißenden Strom angeschwollen und blies das Wasser aus den Deichen, daß es wie ein Sprühregen in der Luft zerstäubte; die Wiesen glichen glattgewalztem, grauglänzendem Samt, und da, wo die Pappel gestanden hatte, stak nur mehr ein Stumpf mit wehendem, faserigem Schopf.

Das Brausen war so gleichförmig und betäubend, daß Hauberrisser allmählich zu glauben anfing, alles ringsum sei in Totenstille gehüllt.

Erst als er einen Hammer nahm, um mit Nägeln den zitternden Fensterladen zu befestigen, damit er nicht eingedrückt würde, merkte er an der Lautlosigkeit seiner Schläge, wie furchtbar draußen das Getöse sein mußte.

Lange wagte er nicht, den Blick nach der Stadt zu wenden, aus Furcht, die Nikolaskirche mitsamt dem dicht daneben befindlichen Haus am Zee Dyk, in dem sich Swammerdam und Pfeill befanden, könnte weggeweht sein, – dann, als er zögernd und voll Angst hinschaute, sah er, daß sie wohl noch unversehrt zum Himmel ragte, aber aus einer Insel von Schutt: – fast das ganze übrige Giebelmeer war ein einziger flacher Trümmerhaufen.

»Wieviel Städte mögen heute wohl noch in Europa stehen?« fragte er sich schaudernd. »Ganz Amsterdam ist abgeschliffen wie ein mürber Stein. Eine morsch gewordene Kultur ist in stiebenden Kehricht aufgegangen.«

Mit einemmal packte ihn die Furchtbarkeit des Geschehnisses in ihrer ganzen Größe.

Die Eindrücke des gestrigen Tages, die darauf folgende Erschöpfung und das plötzliche Hereinbrechen der Katastrophe hatten ihn in einer ununterbrochenen Betäubung erhalten, die jetzt erst von ihm wich und ihn wieder zu klarem Bewußtsein kommen ließ.

Er griff sich an die Stirne. – »Habe ich denn geschlafen?«

Sein Blick fiel auf den Apfelbaum, der, wie durch ein unbegreifliches Wunder, in vollem unversehrtem Blütenschmuck prangte.

An seiner Wurzel hatte er gestern die Rolle vergraben, erinnerte er sich, und es kam ihm vor, als wäre in der kurzen Spanne Zeit inzwischen eine Ewigkeit verflossen.

Hatte er nicht selbst geschrieben, er besäße die Fähigkeit, sich von seinem Körper loszulösen?

Warum hatte er es denn nicht getan? Gestern, die Nacht über, heute morgen, als der Sturm losbrach?

Warum tat er es jetzt nicht?

Einen Augenblick lang glückte es ihm wieder: er sah seinen Körper als schattenhaftes, fremdes Geschöpf am Fenster lehnen, aber die Welt draußen, trotz ihrer Verwüstung, war nicht mehr ein gespenstisches, totes Bild wie früher in solchen Zuständen: eine neue Erde, durchzittert von Lebendigkeit, breitete sich vor ihm aus – ein Frühling voll Herrlichkeit, wie sichtbar gewordene Zukunft, schwebte darüber – das Vorgefühl eines namenlosen Entzückens durchbebte seine Brust; alles ringsum schien sich in einer Vision zu bleibender Deutlichkeit verwandeln zu wollen; – – der blühende Apfelbaum, war er nicht Chidher, der ewig »grünende« Baum?!

Im nächsten Moment war Hauberrisser wieder mit seinem Körper vereinigt und sah in den heulenden Sturm hinein, aber er wußte, daß sich hinter dem Bild der Zerstörung das neue verheißungsvolle Land verbarg, das er soeben mit den Augen seiner Seele geschaut hatte.

Das Herz klopfte ihm vor wilder, freudiger Erwartung: er fühlte, daß er auf der Schwelle zum letzten, höchsten Erwachen stand – daß der Phönix in ihm die Schwingen erhob zum Flug in den Äther. Er fühlte die Nähe eines weit über alle irdische Erfahrung hinausreichenden Geschehnisses so deutlich, daß er vor innerer Ergriffenheit kaum zu atmen wagte, – es war fast wie damals im Park von Hilversum, als er Eva geküßt hatte: dasselbe eisige Fittichwehen des Todesengels, aber jetzt zog sich gleich einem Blütenhauch die Vorahnung eines kommenden unzerstörbaren Lebens hindurch; – die Worte Chidhers: »Ich werde dir um Evas willen die nimmer endende Liebe geben« drangen an sein Ohr, als riefe sie der blühende Apfelbaum herüber.

Er gedachte der zahllosen Toten, die unter den Trümmern der verwehten Stadt dort drüben verschüttet lagen:

Er konnte keine Trauer empfinden; – »sie werden wieder auferstehen, wenn auch in veränderter Form, bis sie die letzte und höchste Form, die Form des ›erwachten Menschen‹, gefunden haben, der nicht mehr stirbt. – Auch die Natur wird immer wieder jung wie der Phönix.«

Eine plötzliche Erregung ergriff ihn so gewaltig, daß er glaubte, ersticken zu müssen: stand nicht Eva dicht neben ihm?

Ein Atemhauch hatte sein Gesicht gestreift. Wessen Herz schlug so nahe bei seinem, wenn nicht das ihre!?

Neue Sinne, fühlte er, wollten in ihm aufbrechen und ihm die unsichtbare Welt, die die irdische durchdringt, erschließen. Jede Sekunde konnte die letzte Binde, die sie ihm noch verhüllte, von seinen Augen fallen.

»Gib mir ein Zeichen, daß du bei mir bist, Eva!« – flehte er leise. »Laß meinen Glauben, daß du zu mir kommst, nicht zuschanden werden.«

»Was wäre das für eine armselige Liebe, die nicht Raum und Zeit überwinden könnte«, – hörte er ihre Stimme flüstern, und das Haar sträubte sich ihm im Übermaß seelischer Erschütterung. »Hier in diesem Zimmer bin ich genesen von den Schrecknissen der Erde, und hier warte ich bei dir, bis die Stunde deiner Erweckung gekommen ist.«

Eine stille friedvolle Ruhe senkte sich über ihn; er blickte umher: auch in der Stube dasselbe freudige, geduldige Warten wie verhaltener Frühlingsruf, – alle Gegenstände dicht vor dem Wunder einer unbegreiflichen Verwandlung.

Sein Herz schlug laut.

Der Raum, die Wände und Dinge, die ihn umgaben, waren nur äußere, täuschende Formen für seine irdischen Augen, fühlte er, – sie ragten herein in die Welt der Körper wie Schatten aus einem unsichtbaren Reich, – jede Minute konnte sich ihm die Pforte auftun, hinter der das Land der Unsterblichen lag.

Er versuchte, sich auszumalen, wie es sein müßte, wenn

seine innern Sinne erwacht sein würden. – »Wird Eva bei mir sein, werde ich zu ihr gehen und sie sehen und mit ihr sprechen – so, wie die Wesen dieser Erde einander begegnen? – Oder werden wir zu Farben, zu Tönen, – ohne Gestalt – die sich vermischen? Umgeben uns dann Dinge wie hier, – schweben wir als Lichtstrahlen durch den unendlichen Weltenraum, oder verwandelt sich das Reich des Stoffes mit uns, und wir verwandeln uns in ihm?« – Er erriet, daß es ein ähnlicher, ganz natürlicher und doch vollkommen neuer, ihm jetzt noch unfaßbarer Vorgang sein würde, wie vielleicht das Entstehen der Windhosen, die er gestern aus dem Nichts – aus der Luft heraus zu greifbaren, mit allen Sinnen des Leibes wahrnehmbaren Formen sich hatte bilden sehen, – aber dennoch konnte er sich keine klare Vorstellung davon machen.

Das Vorgefühl eines so unsagbaren Entzückens durchzitterte ihn, daß er genau wußte: die Wirklichkeit des wunderbaren Erlebnisses, das ihm bevorstand, mußte alles, was er sich auszumalen imstande sei, weit übertreffen.

– – – – – – – –

Die Zeit verrann.

Es schien Mittag zu sein: – hoch am Himmel schwebte ein leuchtender Kreis im Dunst.

Tobte der Sturm noch immer?

Hauberrisser lauschte:

Nichts, woran er es hätte erkennen können. Die Deiche waren leer. Ausgeblasen. Kein Wasser, keine Spur von Bewegung mehr darin. Kein Strauch, soweit der Blick reichte. – Das Gras flach. Nicht eine einzige ziehende Wolke – regungsloser Luftraum.

Er nahm den Hammer und ließ ihn fallen – hörte ihn laut auf dem Boden aufschlagen: »Es ist still draußen geworden«, begriff er.

Nur Zyklone rasten noch in der Stadt, wie er durch das Fernglas erkannte; Steinblöcke wirbelten empor in die

Luft, – aus dem Hafen tauchten Wassersäulen, brachen auseinander, türmten sich wieder auf und tanzten dem Meere zu.

Da! – War es eine Täuschung? Schwankten nicht die beiden Türme der Nikolaskirche?

Der eine stürzte plötzlich in sich zusammen; – der andere flog wirbelnd hoch in die Luft, zerbarst wie eine Rakete, – die ungeheure Glocke schwebte einen Augenblick frei zwischen Himmel und Erde.

Dann sauste sie lautlos herab.

Hauberrisser stockte das Blut:

Swammerdam! Pfeill!

Nein, nein, nein, – es konnte ihnen nichts geschehen sein: »Chidher, der Ewige Baum der Menschheit beschirmt sie mit seinen Ästen!« Hatte Swammerdam nicht vorausgesagt, er werde die Kirche überleben?

Und gab es nicht Inseln, so wie dort der blühende Apfelbaum inmitten des grünen Rasenflecks, in denen das Leben gegen Vernichtung gefeit war und aufbewahrt wurde für die kommende Zeit? – –

Jetzt erst erreichte der Schall der zerschmetterten Glocke das Haus.

Die Mauern erdröhnten unter dem Aufprall der Luftwellen: ein einziger, furchtbarer, erschütternder Ton, daß Hauberrisser glaubte, die Knochen im Leibe seien ihm wie Glas zersplittert, und einen Moment sein Bewußtsein schwinden fühlte.

»*Die Mauern von Jericho sind gefallen*«, hörte er die bebende Stimme Chidher Grüns laut im Raume sagen. – »*Er ist aufgewacht von den Toten.*«

Atemlose Stille. – –

Dann schrie ein Kind. – – –

Hauberrisser blickte verstört umher.

Endlich kam er zu sich.

Er erkannte deutlich die kahlen, schmucklosen Wände

seines Zimmers, und doch waren es zugleich die Wände eines Tempels, mit Fresken ägyptischer Göttergestalten bemalt; er stand mitten darin – beides war Wirklichkeit; er sah die hölzernen Dielen des Bodens, und zugleich waren es steinerne Tempelfliesen, – zwei Welten durchdrangen einander – in eine verschmolzen und doch voneinander getrennt – vor seinem Blick, als sei er wach und träume in ein und derselben Sekunde; er fuhr mit der Hand über den Kalk der Wand, fühlte die rauhe Fläche und hatte dennoch die untrügliche Gewißheit, daß seine Finger eine hohe goldene Statue berührten, die er als die Göttin Isis, auf einem Throne sitzend, zu erkennen glaubte.

Ein neues Bewußtsein war zu seinem gewohnten, menschlichen, das er bisher besessen, dazugetreten – hatte ihn mit der Wahrnehmung einer neuen Welt bereichert, die die alte in sich schlang, berührte, verwandelte und dennoch auf wunderbare Weise fortbestehen ließ.

Sinn für Sinn wachte doppelt in ihm auf – wie Blüten, die aus Knospen hervorbrechen.

Schuppen fielen ihm von den Augen; wie jemand, der ein ganzes Leben hindurch alles nur in Flächen wahrgenommen hat und dann mit einem Schlage eine räumliche Gestaltung sich daraus bilden sieht, konnte er lange nicht fassen, was sich begeben hatte.

Allmählich begriff er, daß er das Ziel des Weges, den zu Ende zu gehen der verborgene Daseinszweck jedes Menschen ist, erreicht hatte: ein Bürger zweier Welten zu sein.

– – – –

Wieder schrie ein Kind.

– – – – – – – –

Hatte Eva nicht gesagt, sie wolle Mutter sein, wenn sie wieder zu ihm käme? – Wie Schrecken durchfuhr es ihn.

Hielt die Göttin Isis nicht ein nacktes, lebendiges Kind im Arm?

Er hob den Blick zu ihr und sah sie lächeln. –

Sie bewegte sich.

Immer schärfer, farbiger und klarer wurden die Fresken, – heilige Geräte standen umher. So deutlich war alles, daß Hauberrisser den Anblick des Zimmers darüber vergaß und nur mehr den Tempel und die rot und goldene Malerei ringsum erkannte.

Geistesabwesend starrte er in das Antlitz der Göttin, und langsam, langsam kam es wie eine dumpfe Erinnerung über ihn: Eva! – Das war doch Eva und nicht die Statue der ägyptischen Göttin, der Mutter der Welt!

Er preßte die Hände an die Schläfen – konnte es nicht fassen.

»Eva! Eva!« schrie er laut auf.

Wieder traten die kahlen Mauern der Stube durch die Tempelwände hindurch, die Göttin thronte noch immer lächelnd darin, aber dicht vor ihm, seinem Schauen leibhaftig und wirklich, stand als irdisches Ebenbild die Erscheinung eines jungen, blühenden Weibes. – –

»Eva! Eva!« – mit einem jauchzenden Schrei grenzenlosen Entzückens riß er sie an sich und bedeckte ihr Gesicht mit Küssen – »Eva!« – – – –

Dann standen sie lang, eng umschlungen vor dem Fenster und sahen zu der toten Stadt hinüber.

»Helft, wie ich, den kommenden Geschlechtern ein neues Reich aus den Trümmern des alten wiederaufzubauen«, fühlte er einen Gedanken, als sei es die Stimme Chidhers, sagen, »damit die Zeit anbricht, in der auch ich lächeln darf.«

Das Zimmer und der Tempel waren gleich deutlich geworden.

Wie ein Januskopf konnte Hauberrisser in die jenseitige Welt und zugleich in die irdische Welt hineinblicken und ihre Einzelheiten und Dinge klar unterscheiden:

er war hüben und drüben
ein lebendiger Mensch.

I

»Er wohnt, wo kein lebender Mensch wohnen kann: an der Mauer zur letzten Latern.« Dieser Satz aus dem Roman »Golem« hat eine leitmotivische Bedeutung. Schließlich siedelt Gustav Meyrink selbst in einem geistigen Raum, der den meisten Menschen unzugänglich scheint. Wie Athanasius Pernath stürzen sie ab, sobald sie am Fenster jenes »Zimmers ohne Zugang« vorbeigleiten, weil das existentielle Seil, an dem sie sich festhalten, einfach reißt. Es gelingt ihnen nicht, die Seinskategorien zu versöhnen und »hüben und drüben ein lebendiger Mensch« zu werden. Und damit ist dann auch gleich das zweite Motiv angeschlagen, über dem sich Meyrinks Lebenswerk erhebt . . .

Weil die Geistesgeschichte von Zeit zu Zeit Revisionen ihres Bestandes durchführen muß, treten auch Gestalten, deren Konturen verblaßt waren, mit einem Male wieder sichtbarer ins Licht. Auch für Meyrink trifft das zu. Schließlich war nicht nur sein Leben ein ständiges Auf und Ab, auch seine literarische Wirkung erfüllte sich auf Wellenbergen und in Wellentälern. Als er die ersten Satiren im Münchner »Simplicissimus« veröffentlichte, begann man aufzuhorchen. Die Stimme wurde gehört: bis nach Frankreich, bis in den europäischen Norden. Jedoch erst mit dem »Golem« gelang ihm 1915 ein Bestseller. Der Autor wurde Mode, sein Name ein Programm. Man spannte den Vergleichsbogen zu E. T. A. Hoffmann, zu Poe. Allenthalben wurde sogleich versucht, ihm das Atmosphärische seiner Gebilde abzugucken. Kundige Literaten folgten ohne zu erröten seinen Spuren: und zeigten dabei nur, daß ein bißchen Unheimlichkeit, eine Handvoll Gespensterei und geheimnisvoll tuendes Abracadabra noch lange keinen richtigen Meyrink ergaben. Im Gegenteil: Die ungeratenen Schüler des Meisters bewiesen bloß, daß sie eben nur – Lehrlinge waren . . .

Um diese Zeit beschäftigte sich die Literaturkritik immer wieder mit Meyrink. Man suchte die passende Schublade für ihn. Bald verstaute man ihn beim Expressionismus, bald bei der Weltanschauungsdichtung, bald beim Sensationalismus, bald bei der Kolportageliteratur. Den Autor selbst focht das wenig an. Er ging bedächtig seinen Weg, schrieb nach dem »Golem« das »Grüne Gesicht« (1916), die »Fledermäuse« (1916), die »Walpurgisnacht« (1917), den »Weißen Dominikaner« (1921) und schließlich den »Engel vom westlichen Fenster« (1927). Dazwischen Erzählungen und Skizzen (manche würde man heute okkulte short stories nennen) und die (danebengeratenen) »Goldmachergeschichten« (1925). In allen Literaturkompendien stand er, vorsichtig gelobt oder heftig gescholten. Viele waren ihm herzlich gram, weil sie durch die Satiren, die »Des deutschen Spießers Wunderhorn« (1913) in die Welt hinaustrompetet hatte, unsterblich lächerlich geworden waren.

Doch dann ging allmählich der Literatenwirbel vorbei. Es wurde still um Meyrink, man begann ihn zu vergessen. Als er (1932) starb, war er vom breiten Markt längst verschwunden.

Seine Anhänger gingen in die Katakomben.

II

Indes: als diese erste Wirkung vorbei war, setzte eine zweite ein. Viel langsamer; viel weniger knallig und sensationell. Eine leise, aber in die Tiefe dringende Wirkung. Sie ging nicht von den ständig hektisch nur hinter dem Neuesten vom Neuen herjagenden Literaturkritikern aus, sondern von den Psychologen. Der Schweizer C. G. Jung entdeckte Meyrink als eine Persönlichkeit, die aus tiefer visionärer Quelle schöpfe wie Dante, Nietzsche, Wagner,

Spitteler, William Blake, E. T. A. Hoffmann oder Ridder Haggard, Benoit, Kubin, Barlach. Dieser Psychologe hatte auch echtes Verständnis für die besonderen Gesetze dieses Kunstschaffenden. »Der Wert und die Wucht«, fand er, »liegen auf der Ungeheuerlichkeit des Erlebnisses, das fremd und kalt oder bedeutend und erhaben aus zeitlosen Tiefen auftaucht, einerseits schillernd, dämonisch-grotesker Art, menschliche Werte und schöne Formen zersprengend, ein schreckerregender Knäuel des ewigen Chaos, anderseits eine Offenbarung, deren Höhen und Tiefen zu ergründen menschliche Ahnung kaum genügt.« Damit wird aber auch Verständnis bekundet für Grenzbezirke, deren eindeutige Zuordnung selbst dem Psychologen kaum mehr möglich ist. Denn dieses visionäre Schaffen »zerreißt« den Vorhang, auf den die Bilder des Kosmos gemalt sind, »von unten bis oben und eröffnet einen Blick in unbegreifliche Tiefen des Ungewordenen. In andere Welten? oder in Verdunkelungen des Geistes? oder in vorweltliche Ursprünge der menschlichen Seele? oder in Zukünfte ungeborener Geschlechter?« Der Psychologe weiß es nicht; an dieser Stelle läßt Jung die Frage offen: er kann sie weder bejahen noch verneinen.

Etwas freilich wissen wir heute: daß Meyrinks Bücher eine ununterbrochene Konfession darstellen, Zeugnis eines Kampfes, die ständig seine geistige Existenz bedrohenden Dämonen zu überwinden. Auf drei Ebenen vollzog sich diese Auseinandersetzung. Zuerst auf der biographischen. Hier prallte der Haß gegen ihn, um ihn fast körperlich zu vernichten. Dann auf der literarischen. Hohn, Spott, Satire, Ironie fochten da wie spitze Florette und trafen manchen Gegner mit einem Herzstich. Aber auf einer dritten und höchsten Ebene, dort, wo sich das »Haupt der Meduse« erhebt, wird der traumatische Seelenzustand ins Metaphysische emporgesteigert. Der Haß mischt sich mit allen Ängsten einer gequälten Seele, vielleicht verschärft durch bewußte und unbewußte Schuldgefühle. Mit diesem »Medusenhaupt«, wie es sich im »Weißen Dominikaner« drohend enthüllt, hat Meyrink zeitlebens gerungen. Es mag für ihn archetypisches Symbol gewesen sein, dessen Auftauchen aus dem kollektiven Unterbewußtsein ins helle Tageslicht er fürchtete. Stieg es aber auf, dann setzte ein geistiger Kampf auf Leben und Tod ein. Über welch dünne Schicht sich dabei der visionäre Kämpfer bewegt, ahnt der Leser. Und ein Grauen, das ihn überfällt, ist die heilsame Reaktion.

III

Um das ganz zu verstehen, muß man auch Meyrinks Biographie kennen. Schwer hat er unter seiner unehelichen Herkunft gelitten. Sein Vater war der württembergische Staatsminister Freiherr von Varnbüler. Auf dem Geburts- und Taufschein Gustav Meyrinks (der am 19. Januar 1868 das Licht der Welt erblickte) ist als Ort der Geburt das Hotel »Blauer Bock« in Wien, Mariahilferstraße, angegeben; als Kindsmutter Maria Meyer, geboren in Breslau, ev. AB, Eltern Friedrich August Meyer und Gattin Maria, geb. Abseger (welch letztere auch als Taufpatin fungierte). Diese Maria Meyer (oft verwechselt mit der jüdischen Schauspielerin Clara Meyer, die zur selben Zeit wie Meyrinks Mutter am Hoftheater in München wirkte), warf ein Leben lang dunkle Schatten in Meyrinks Dasein.

Noch andere Ängste indes erschütterten die Seele des Visionärs: archetypische Kräfte greifen nach ihm, über die lebende Generation der Eltern hinaus. Aber diese Verbindung zurück bringt nicht die Lösung, die zur Erlösung werden kann. Gerade aus dieser Schicht jedoch scheinen viele Gestalten der Meyrinkschen Visionen hervorzubrechen. Hier ist eine Struktur gegeben, zusammengesetzt

aus Komponenten der gesamten Vorfahrenreihe, die – z. B.
im »Weißen Dominikaner« – beim »Urahn« beginnt und
bei Christopher endet. »Du sollst der Wipfel des Baumes
werden, der das lebendige Licht schaut; ich bin die Wurzel,
die die Kräfte der Finsternis in die Helligkeit schickt. Aber
du bist ich und ich bin du, wenn das Wachstum des Baumes vollendet sein wird.«

Die Unmöglichkeit, diese Dissonanzen aufzulösen, be-
dingte wohl auch die chronische Bereitschaft zur Aggres-
sion: und damit die Fähigkeit zur tödlichen Satire. Lebens-
schwierigkeiten, in die ihn seine Herkunft als uneheliches
Kind eines adeligen Staatsministers und einer bürgerlichen
Hofschauspielerin immer wieder gebracht hatten, schufen
die psychisch gespannte Situation. Bei einem nichtschöpfe-
rischen Menschen hätte hier bloß eine Flucht in die Neu-
rose eingesetzt. Bei Meyrink dagegen erfolgten die Nie-
derschläge schichtenweise und wurden produktiv.

Den Alpdruck als solchen empfand Meyrink unentwegt.
Darum auch seine ständige Suche nach »Lösung«: wobei
die Form, die Hülle, nicht einmal besonders wichtig ist. Im
»Weißen Dominikaner« heißt sie geradezu symbolhaft
»Lösung« (von Leichnam und Schwert) und ist hier in
taoistisches Gewand gekleidet. Anderswo sind es buddhi-
stische, kabbalistische oder sonstige Verhüllungen. Denn
der Wege beschritt er verschiedene. Auch Irrwege waren
darunter, obwohl er griffigen Antworten auswich und
schematische Denkmodelle mied. Darum blieb er ein Su-
cher sein Leben lang.

Freilich: die psychologische Sicht ist nur eine unter mehreren möglichen. Aber sie ist vielleicht heute die zeitgemä-
ßeste. Gerade heute, da man z. B. auch in Kafkas Dichtun-
gen unheimlich visionäre Vor-Spiegelungen einer Welt
erkennt, die erst lange nachdem sie »erfunden« worden
war – wie auch Kubins »Andere Seite« –, sich als künftige
Wirklichkeit erwiesen hatte; gerade in einer solchen Zeit

285

wird man zu Meyrinks Visionen eine neue Stellung beziehen müssen, weil hier nicht nur persönliche Affekte sublimiert sind, sondern weil Stellen im Geflecht der Gegenwart vorhergeahnt wurden, deren Kenntnis Erschütterungen auslöst. Erschütterungen, die von den einen als grauenhaft, von den andern als heilsam empfunden werden.

IV

In besondere Tiefen dringt der Roman »Das grüne Gesicht«. Als Meyrink das Buch schrieb, trieb das Schicksal sein launiges Spiel mit ihm. Kaum hatte zum Beispiel der Verfasser den Titel »Der grüne Mann von Amsterdam« gewählt, so war er plötzlich als Filmplakat an allen Reklamesäulen zu lesen. Und solche Zufälle wiederholten sich immer aufs neue. Als dann aber – den Widerständen zum Trotz – das Manuskript fertig war, zeigte sich, daß nun ein Werk vorlag, das neben dem »Golem« die geschlossenste innere und äußere Form zeigte. Meyrink erzählt in leichter Verhüllung in diesem Roman von einem entscheidenden Abschnitt seiner innersten Entwicklung. Die Überwindung des Körpers durch den Geist ist das Leitmotiv. Theurgische Haltung bestimmt den Mystiker Swammerdam: »Wenn Sie im Ernst wollen, daß Ihr Schicksal galoppiert, müssen Sie – ich warne Sie davor und rate es Ihnen zugleich, denn es ist das einzige, was der Mensch tun soll, und gleichzeitig das schwerste Opfer, das er bringen kann! – müssen Sie Ihren innersten Wesenskern, den Wesenskern, ohne den Sie eine Leiche wären (und sogar nicht einmal das), anrufen und ihm – befehlen, daß er sie den kürzesten Weg zu dem großen Ziel führt, – dem einzigen, das des Erstrebens wert ist, sowenig Sie es jetzt auch erkennen, – erbarmungslos, ohne Rast, durch Krankheit,

286

Leiden, Tod und Schlaf hindurch, durch Ehren, Reichtum, und Freude hindurch, immer hindurch wie ein rasendes Pferd, das einen Wagen vorwärts reißt über Äcker und Steine hinweg und an Blumen und blühenden Hainen vorbei! Das nenne ich Gott rufen. Es muß sein wie ein Gelöbnis vor einem lauschenden Ohr.« Wenn der Anruf mißlingt, wenn der »Pfeil nicht trifft«, dann senkt sich der Geist der Verwirrung über die Suchenden, und Usipebus dunkle Kräfte finden ihre Opfer. Meyrink zeigt an den einzelnen Gestalten der holländischen Mystikergruppe die möglichen Wege und Irrwege auf. Hinter allen steht Chidher Grün, der »Baum« der chassidischen Kabbala, sein Geheimnis enthüllend: »Die vergängliche Liebe ist eine gespenstische Liebe. Wo ich aber auf Erden eine Liebe keimen sehe, die über die Liebe zwischen Gespenstern hinauswächst, da halte ich meine Hände wie schimmernde Äste über sie zum Schutz gegen den früchtepflückenden Tod, denn ich bin nicht nur das Phantom mit dem grünen Gesicht, – ich bin auch Chidher, der ewig grünende Baum.« Hauberrisser und Eva erreichen das Ziel der »Heiligen Hochzeit«: wie schon im »Golem« Athanasius Pernath und Mirjam.

Gerade im »Grünen Gesicht« gibt Meyrink einen nur wenig verhüllten Stufenweg der Entwicklung vom dreidimensionalen Zustand bloßen »Daseins« in den mehrdimensionalen psychischen Grenzzustand des »Wachseins«.

V

Eng verbunden war seine biographische Existenz mit der magischen Stadt der Schwelle, mit Prag. Hier lebte er lange als Bankier; hier widerfuhr ihm schwerstes Unrecht, das seine bürgerliche Lebensgrundlage zerbrach; hier fand er aber auch in Philomena Bernt die Gefährtin seines Lebens. An den Literaturstammtischen war er ein willkommener Gast. Im »Blauen Stern« scharte sich eine Gruppe um Meyrink und um den Prager Mystiker Karl Weinfurter, die neue Wege der Erkenntnis suchte. Auch in München und Wien sah man den blendenden Unterhalter gern. Peter Altenberg, Roda Roda, Egon Friedell, Ludwig Ganghofer, Paul Busson und zahlreiche andere kreuzten seinen Weg. Viel verdankte er dem Polyhistor und Globetrotter, Chemiker und Fabrikanten, Naturwissenschaftler und Philologen Fritz Eckstein: einem Genie des Gesprächs, das kaum eine Zeile veröffentlicht hat. Wissende und Scharlatane, echte und falsche Mystiker, Heilige und Scheinheilige begegneten ihm: Symbole der Weisheit oder Warnung.

Wenn auch Meyrink schließlich Prag verließ, innerlich kam er nie wieder los von dem seltsamen Zauber dieser Stadt am dunklen Strom. Ihr blieb er verfallen für immer. Feinnervig wie kaum ein zweiter erlebte er die Überschneidung der kulturellen Kräftewellen zwischen West und Ost und Nord und Süd im Schnittpunkt dieser hunderttürmigen Siedlung, deren Signaturen er kundig deutete. Oft war er in der Nacht die alte Schloßstiege hinaufgewandert, zum Alchymistengäßchen, zum Hirschgraben. Immer auf der Suche nach der »Lösung«, nach dem »Hüben und Drüben«.

Und war es nicht mehr als bloß bewußtes Spiel, wenn Meyrinks Heim am Starnberger See, in dem er am 5. Dezember 1932 starb, den Namen jenes inbrünstig gesuchten Hauses an der Mauer des Hradschins trug, das seit sagengrauer Zeit hieß: das »Haus zur letzten Latern«? . . .

Dr. Eduard Frank